ACCESO GRATIS *a la Lectura en la Nube*

Para visualizar el libro electrónico en la nube de lectura envíe junto a su nombre y apellidos una fotografía del código de barras situado en la contraportada del libro y otra del ticket de compra a la dirección:

ebooktirant@tirant.com

En un máximo de 72 horas laborables le enviaremos el código de acceso con sus instrucciones.

El entorno estratégico tras la guerra de Ucrania

Procedimiento de selección de originales, ver página web:

www.tirant.net/index.php/editorial/procedimiento-de-seleccion-de-originales

El entorno estratégico tras la guerra de Ucrania

Coordinadores

GUILLEM COLOM PIELLA
JOSEP BAQUÉS QUESADA

tirant lo blanch
Valencia, 2023

En caso de erratas y actualizaciones, la Editorial Tirant lo Blanch publicará la pertinente corrección en la página web www.tirant.com.

Directores de la Colección:
ISMAEL CRESPO MARTÍNEZ
Catedrático de Ciencia Política y de la Administración en la Universidad de Murcia
PABLO OÑATE RUBALCABA
Catedrático de Ciencia Política y de la Administración en la Universidad de Valencia

EDITA: TIRANT LO BLANCH
C/ Artes Gráficas, 14 - 46010 - Valencia
TELFS.: 96/361 00 48 - 50
FAX: 96/369 41 51
Email: tlb@tirant.com
www.tirant.com
Librería virtual: www.tirant.es
DEPÓSITO LEGAL: V-3718-2023
ISBN: 978-84-1197-388-5

Si tiene alguna queja o sugerencia, envíenos un mail a: *atencioncliente@tirant.com*. En caso de no ser atendida su sugerencia, por favor, lea en *www.tirant.net/index.php/empresa/politicas-de-empresa* nuestro Procedimiento de quejas.

Responsabilidad Social Corporativa: http://www.tirant.net/Docs/RSCTirant.pdf

Índice

Introducción

El libro que el lector tiene en sus manos viene a cubrir una necesidad que, a raíz de la guerra de Ucrania, se ha vuelto perentoria. Nos referimos a poner algo de orden, desde una óptica académica, a la sensación de creciente desorden internacional. Aunque el desarrollo de las operaciones acapara todas las miradas, lo realmente importante son las consecuencias geopolíticas de esta guerra. Un conflicto que está removiendo los cimientos de una sociedad internacional cada vez más crispada e inestable.

Porque los actores en liza son muchos más que Rusia y Ucrania. También se juegan su futuro organizaciones internacionales como la OTAN, la UE e, incluso, la ONU; y países como Alemania, Francia, India, China o Estados Unidos, entre muchos otros. De hecho, mientras el liderazgo de este último es cada vez más cuestionado por propios y extraños, es probable que China se convierta en la gran vencedora de esta contienda.

En medio de tanta confusión, los países europeos deben decidir qué quieren ser de mayores. De hecho, la UE pretende ser un actor estratégico, aunque los consensos internos no son tan fuertes como, en ocasiones, se nos traslada desde los gobiernos y medios de comunicación. En esta organización conviven viejas potencias que, si bien lejos de su mejor momento, continúan disponiendo de una agenda propia y de pretensiones de liderazgo (notoriamente, Alemania y Francia) pero ahora deben convivir e, incluso, competir, con Estados que han adquirido un protagonismo inusitado, precisamente debido a papel en la guerra de Ucrania. Pensamos, sobre todo, en Polonia, pero también en los tres países bálticos cuyo protagonismo, objetivamente hablando, está muy por encima de su poder real.

En definitiva, estamos ante un escenario presidido por impulsos revisionistas del sistema político mundial, con ramificaciones geoeconómicas e ideológicas. En esta tesitura, mientras Rusia eleva la apuesta y China se prepara para asumir el papel de gran potencia, Estados Unidos está obligado a repensar su gran estrategia, y Europa lo está a diseñar un modelo de cooperación transatlántica que permita a sus países disponer de capacidad de influencia en el mundo.

Sin embargo, los retos no terminan en el campo de batalla ucraniano. Rusia y China han apostado, desde hace años, por expandir sus intereses a otras zonas del planeta, desde América Latina, Oriente Medio o África. Este segundo caso es especialmente relevante para Europa en general, y para España en particular, dada nuestra proximidad geográfica con el Magreb y con el Sahel. Cualquier análisis multifactorial pone de relieve la cantidad de variables que inciden en la misma dirección: una mayor conflictividad. Desde el cambio climático y el auge del populismo y los extremismos hasta la proliferación de los tráficos ilícitos o el recrudecimiento del yihadismo, todavía latente, son factores que prometen nuevos problemas de seguridad en Europa y en sus fronteras.

Son muchas las ideas que se han planteado y escrito sobre estos asuntos, la mayoría de ellas en lengua inglesa. Otras, debido al shock que ha generado la guerra, en español, pero en clave periodística. Sin embargo, es conveniente contar con esta otra mirada, más académica, que ofrece la Universidad. Para ello, este libro cuenta con un elenco de autores que aportan un análisis riguroso, no siempre políticamente correcto, ni tópico (lo cual identificamos, claro está, como una virtud).

Este libro constituye, por consiguiente, una muy buena aproximación a la situación del mundo, cuando la guerra de Ucrania cumple un año y medio. Aunque es demasiado pronto para identificar unas conclusiones definitivas, nos aventuramos, a lo largo de los capítulos que lo componen, a identificar tendencias. Esas tendencias que, a buen seguro, jalonarán el camino hacia un nuevo estatus mundial. Probablemente, estemos ante el principio del fin del orden liberal internacional consolidado tras la Guerra Fría y con Estados Unidos como potencia hegemónica del mismo. El sueño idealista cuyo máximo exponente se observó en los felices años noventa se ha tornado en pesadilla. Mientras el realismo y la *realpolitik* vuelven a campar a sus anchas, las nuevas potencias revisionistas dificultan la gestión de la seguridad a escala global. Por su parte, los defensores del orden existente —Estados Unidos, la OTAN o la UE, como ejemplos más representativos— muestran sus cartas, como también las dificultades inherentes a su manejo, ante la creciente indocilidad de muchos actores del "sur global". Razón de más, por añadidura, para estar pendientes del nuevo marco de relaciones internacionales que emerge en medio de esta vorágine.

Esperamos que esta obra proporcione algunas claves sobre las dinámicas que están influyendo sobre el sistema internacional y contribuya a consolidar los estudios estratégicos en nuestro país. Solamente incrementando nuestro pensamiento estratégico podremos navegar por el proceloso mundo que está configurándose delante de nuestros ojos.

Guillem Colom Piella
Josep Baqués Quesada
Junio de 2023

La geopolítica mundial tras la guerra de Ucrania

Josep Baqués Quesada

Introducción: ¿por qué la geopolítica es importante?

El análisis del impacto de la geografía en la política exterior de los Estados, especialmente en el caso de las grandes potencias, es un asunto relevante en Ciencia Política. Sin embargo, esta no se limita a la geografía física, sino que debe tener en cuenta la geografía humana, incluyendo cuestiones etnográficas, sociológicas y de valores, así como la geografía económica o geoeconomía.

Estos presupuestos son esenciales para entender la geopolítica de manera efectiva. Por lo tanto, este capítulo pretende resaltar su relevancia y evitar su omisión en el análisis geopolítico. Sus grandes clásicos siempre concedieron un peso importante a esa dimensión cultural, etológica (que no necesariamente etnológica) y, hasta sociológica. Ya ocurría con los precursores de la disciplina, como el francés Turgot, que afirmaba que la geografía política es la relación de la geografía con las formas de gobierno, pero también "...con el carácter, el genio y la laboriosidad de las gentes"[1]. Pero eso es más evidente, si cabe, en la obra de los grandes referentes de la geopolítica. Es el caso de Mahan, con su insistencia en la preeminencia del espíritu comercial, que caracterizaría a buena parte de las potencias marítimas, caso del Reino Unido, pero también —o esa era su esperanza[2]— de Estados Unidos, como motor de sus éxitos en el tablero mundial, no menos que el de Mackinder, con su énfasis en el espíritu

---

1 TURGOT, A., *Ouvres de Turgot et documents le concernant*, Felix Alcan, París, 1913.

2 MAHAN, A., *Interés de los Estados Unidos de América en el poderío marítimo*, Universidad Nacional de Colombia, Bogotá, 1897, 73.

guerrero del que harían gala, sobre todo, las potencias continentales por antonomasia, como Rusia[3].

Explicaciones geopolíticas de la guerra de Ucrania

En muchas ocasiones, los análisis del quehacer de éste o aquel país, o potencia, se enfocan desde el punto de vista del *¿Quo Vadis?* Es un punto de vista necesario, pero solo al final del camino. Está mejor comenzar por otra pregunta, quizá más elemental, pero, precisamente por ello, más necesaria: *¿Ubi Sunt?*

Esta guerra tiene explicación. Podrá parecer más o menos suficiente desde el punto de vista moral. ¿Ubi Sunt, Ucrania? ¿Ubi Sunt, Rusia? Mackinder decía que quien dominara el "área pivote" (en su acepción de 1904) o el *Heartland* (en su concepción definitiva de 1919) dominaría el mundo. Pero no era ruso, ni ucraniano, sino británico, aunque, eso sí, temeroso de Rusia.

La cuestión es, en primer lugar, que Rusia es el epicentro del *Heartland* y Ucrania constituye su puerta de entrada occidental (en la versión de 1904) o su extremo occidental (en la de 1919). Pero todavía hay más: si bien el *Heartland* es una suerte de fortaleza natural (o ciudadela, según Mackinder), esto es así si sus fronteras naturales cumplen su función. Por el norte, el Ártico protege el *Heartland* y lo continuará haciendo hasta que el deshielo se consuma, lo que traerá nuevos problemas a la estabilidad internacional. El otro cinturón defensivo está formado por el "cinturón interior" (así tildado por Mackinder) que otras primeras espadas de la geopolítica denominan *Rimland*. Se trata de una masa de tierra que discurre desde Francia, la península ibérica e Italia hasta extremo oriente, incorporando en su camino, por una cuestión de contigüidad territorial, a Oriente Medio, la península arábiga y el subcontinente indio. Por tanto, el *Heartland* estará seguro si el *Rimland* está controlado. Si no es así, no hay "ciudadela" que valga, a modo de defensa pasiva frente a cualquier invasión. ¿Por qué? Parafraseando a Clinton, en plena campaña contra Bush padre: "¡Es la geografía, estúpido!". Porque, una vez operas

---

3 MACKINDER, H., "The geographical pivot of history", *The Geographical Journal*, 170-4, 1904, 298-315.

en el interior del *Heartland*, ya no hay ninguna barrera natural que se interponga entre las principales potencias occidentales y Moscú. No, al menos, en dirección Oeste-Este, que es la que ahora nos incumbe. Por comparación, véase en cualquier mapa lo diferente que es la situación a las espaldas de Moscú: la cordillera de los Urales y el clima que la caracteriza sí es un considerable obstáculo físico.

Rusia ya fue atacada por la Francia napoleónica; luego, fue atacada por la Alemania nazi, Y luego, en pleno siglo XXI, la OTAN "amenaza" (pues tal es la percepción rusa) con incorporar Ucrania a su seno, con lo cual podría haber fuerzas de la citada organización a escasa distancia de Moscú.

Sirva el párrafo anterior para evitar que la gente diga que esto es, simplemente, un capricho de Putin. Hay razones geopolíticas, no menores que las que están dando pábulo a la multimillonaria ayuda militar de la Casa Blanca a un (todavía) no-miembro de la OTAN. ¿Por qué tanta insistencia de Estados Unidos en apoyar al gobierno Zelenski con tantos millones de dólares? Porque así evita que Rusia se haga con el control del extremo occidental del *Heartland*. Es algo que ya había adelantado Brzezinski, quien afirmó, en 1997, que: "... sin Ucrania, Rusia deja de ser un imperio euroasiático", pero también advirtió que "...si Rusia vuelve a hacerse con el control de Ucrania, con sus importantes recursos, y su acceso al Mar Negro, volverá a contar automáticamente con los suficientes recursos como para convertirse en un poderoso Estado imperial"[4].

Pero también se da ese apoyo debido a otras consideraciones, que provienen, de nuevo, del precursor, esto es, de Mackinder: el escenario más temido por el británico era que Rusia lograra abrirse paso a través de Europa Central, a través de Alemania. ¿Y que era, si no eso, el *Nord Stream II*? Según el padre británico de la geopolítica moderna, ante esa señal, al mundo atlántico no le quedaría otra que cerrar filas contra Rusia. ¿Acaso nadie se acuerda de la velocidad con la que Biden anunciaba, en los albores de la guerra de Ucrania, que lo del *Nord Stream II* se había terminado? Pues bien, eso es geoeconomía, una parte inextricable de la geopolítica. Y queda otra razón, a mi

---

4 BRZEZINSKI, Z., *El gran tablero mundial. La supremacía estadounidense y sus imperativos geoestratégicos*, Paidós, Barcelona, 1998, 54.

entender fundamental, conectada con estas dos primeras. A saber, lo que está sucediendo en Ucrania es un *bloodletting* de cajón. Se trata, según nos explica Mearsheimer[5], de una de las estrategias más seguidas, a lo largo de la historia de la Humanidad, en la competición estratégica entre grandes potencias. Para que se entienda, y para que nadie piense que estamos ante una mera adaptación, *ad hoc*, al caso ucraniano, lo explicaré en términos abstractos. El *bloodleting* ocurre cuando, una potencia "A" observa que una potencia alternativa, "B" entra en un conflicto con otro país, "C". Siendo así, ¿Qué suele hacer "A" actuando como un actor racional? Pues ayudar a la parte más débil en el enfrentamiento entre "B" y "C". ¿Por qué a la más débil? Para que así la guerra dure más y, de ese modo, "B" se desgaste más en el ínterin.

Huelga decir que Zelenski también ha venido pecando de excesos de imprudencia, especialmente la vehemencia de la que hizo gala por entrar en la OTAN, incorporando eso en una reforma constitucional de mediados de 2021, pocos meses antes de la movilización masiva de tropas rusas en la frontera ucraniana: ¿casualidad o causalidad? Huelga decir que Ucrania tiene todos los derechos que son propios de un Estado soberano. Pero la cuestión aquí es el acierto, o no, en su gestión. La geopolítica está basada en el sentido común, en cálculos racionales, y en el ejercicio de la prudencia. Si la moral es poco relevante es, paradójicamente, para evitar daños mayores, derivados de un exceso de idealismo.

La geopolítica mundial tras la guerra: La inexistente "Comunidad internacional"

Si hasta ahora hemos aludido a la geopolítica *de* y *en* la guerra de Ucrania, a partir de aquí abordaremos la cuestión de la geopolítica mundial *a partir de* la guerra de Ucrania. Por lo tanto, daremos un salto geográfico, para contemplar el mundo como tablero de juego. Y ya no hablaremos de la necesidad de explicar una guerra que ya ha

5 MEARSHEIMER, J., *The Tragedy of Great Power Politics*, Norton & Norton, Londres, 2001, 229.

comenzado sino de la necesidad de interpretar los corrimientos de tierras que esta guerra está provocando.

De nuevo, podemos comenzar con algunas evidencias empíricas para, partiendo de esa base, emplear la capacidad argumentativa aportada por los clásicos de la geopolítica. Una fuente primaria de datos de la máxima relevancia son las votaciones desarrolladas en la Asamblea General de la ONU para condenar la agresión rusa. Comencemos por la más importante, la fundacional, de 2 de marzo de 2022, en plena indignación generalizada por la agresión rusa. ¿Generalizada? En realidad, no. 141 votos de condena; apenas 5 votos de no-condena (Bielorrusia, Corea del Norte, Eritrea, Siria y Rusia, claro). ¿Y el resto? Porque, si sumamos a esos 141 votos de condena, ahí no está representada ni la mitad de la población mundial. Siendo así, ¿Dónde está representada?

Pues en los 35 Estados que optaron por la tampoco-condena, por medio de la abstención en la ONU, "votando abstención" y de la abstención de toda la vida, que consiste en desentenderse del problema, y no emitir voto alguno. Sea como fuere, los Estados que han optado por una de esas dos vías de no-condena de la agresión rusa incluyen a China e India que, entrambos, implican a casi la mitad de la población mundial. Pero también a Pakistán y Bangladesh (que suman el triple de población de la propia Rusia, y que superan a la de España, Francia y Alemania juntas). O a Irán, Etiopía, Vietnam (en torno a los 100 millones de habitantes por cabeza). O a tantos otros Estados que, por diferentes motivos, no cierran filas con Occidente. Entre ellos están los bolivarianos (Bolivia, Nicaragua, Cuba, Venezuela), así como Argelia, pero, también, Marruecos, Kazajstán y una cifra importante de Estados del África subsahariana, un continente tomado por China y Rusia. También muchos países asiáticos y alguno más de entre los latinoamericanos. Esto es un hecho: no es opinable.

Entonces, ¿cómo puede ser que afirmemos que esa votación fue un éxito para la defensa del orden liberal internacional? Por cierto, Qatar sí voto a favor de la condena, pero, a estas alturas, después del mundial de fútbol, probablemente se haya arrepentido. Luego explicaré el sentido de mi razonamiento, cuando exponga la deriva que está tomando el mundo. Mientras, parece evidente que la postura occidental peca de exceso de optimismo. Y, ¿por qué he enfatizado tanto la cuestión del número de habitantes representados por los Estados dispuestos a condenar la agresión rusa? Primero, porque apunta al *demos* que hay detrás de las decisiones. En el mundo hay más gente que no condena que gente que sí lo hace. Se puede decir que, en China, o en India, habrá gente que está con Ucrania. Muy bien. Pero… ¿Acaso no hay prorrusos en Occidente? De hecho, una de las cosas que más me ha llamado la atención es la escasísima movilización del ¿movimiento? pacifista. Nada que ver con lo sucedido en la guerra de Irak, por cierto. Es un caso digno de estudio. Tengo mis propias hipótesis al respecto, pero no las desarrollaré en este libro porque extrapolarían sus objetivos, geopolíticos, cuando lo del ¿movimiento? pacifista es pura ideología. Tan tendenciosa, como la que más, repleta de fobias no siempre confesables, y de filias bastante incómodas.

El segundo motivo del énfasis en los números (de habitantes) tiene que ver, de nuevo, con la geoeconomía. La idea de castigar a Rusia con sanciones no tuvo en cuenta que Rusia mantendría tantos apoyos. De nuevo, no lo planteo en términos éticos. Pero, si lo hiciera, el veredicto sería todavía más duro, porque las sanciones económicas tienen una doble mala reputación: pocas veces tienen éxito y, si algo hacen, es empeorar la vida de la población civil del país que las sufre. Pero no, vayamos a los comentarios estrictamente geopolíticos: ¿De qué sirve sancionar a Rusia, si lo que no le compre Occidente se lo compran China e India, que poseen un mercado mucho mayor que el occidental? Pero si a eso le añadimos que, además de los 1.300 millones de habitantes de cada uno de esos gigantes, le sumamos los casi 1.000 millones adicionales del resto de los 40 Estados no dispuestos a condenar, el resultado de la ecuación es más decepcionante, si cabe[6]. Pero, claro… nadie se lo podía imaginar (sic). Y nadie se podía

---

[6] Aunque también podríamos añadir a Estados que, si bien condenaron, dejaron claro que los paquetes de sanciones los aplicarían a su manera, entre ellos Turquía e Israel. La primera, miembro de la OTAN y aspirante, aunque hastiada, a entrar en la UE y el segundo, siempre (o casi siempre) tan cerca de Washington. El presidente turco incluso ha pasado a la ofensiva, en septiembre de 2022, acusando a la UE de la crisis económica provocada por las sanciones contra Rusia (*Infobae*, "Erdogan acusa a la UE de la crisis energética por sancionar a Rusia", 6 de septiembre de 2022 [en línea] www.infobae.com/america/agencias/2022/09/06/erdogan-acusa-a-la-ue-de-la-crisis-energetica-por-sancionar-a-rusia [Consulta: 10/05/2023].

imaginar, tampoco, que Putin se tomara tan mal la ampliación de la OTAN hacia el Este.

En sucesivas votaciones en la Asamblea General de las Naciones Unidas no se ha logrado romper el bloque que, o está abiertamente alineado con Rusia o, al menos, está lo suficientemente alejado de Estados Unidos como para no molestar al Kremlin. Pero Rusia ha desplegado una jugada maestra, al promover una votación en la misma sede, para aprobar una propuesta de resolución de Moscú, en la que se condenaba cualquier forma de fascismo, incluyendo el nazismo, y al margen de en qué país se diera. Pues bien, votada el 15 de diciembre de 2022, la propuesta envenenada de Putin fue aprobada, con el voto en contra de 50 Estados, entre ellos los del bloque occidental, liderado por Estados Unidos. ¿Qué es lo importante, aquí? Aparentemente, que los países occidentales votaron en contra, porque de ese modo impedían que se sospechara que el fascismo ucraniano tiene peso sobre las políticas de Zelenski. Eso es algo a investigar, en su caso: no a obviar. Pero, como digo, en clave geopolítica, eso es lo importante solo en apariencia.

En la práctica, asumiendo que el sentido del voto de esta resolución ha venido mediatizado por la guerra de Ucrania, lo relevante es que países que en otras votaciones derivadas del mismo conflicto habían estado del lado occidental, en ésta, a pesar de que todo el mundo sabía que se leería en clave ucraniano-rusa, se han pasado al lado ruso. No: no es algo definitivo. No lo interpreto así. No: no era una votación expresamente diseñada para re-posicionarse en torno a una condena de una agresión. Sin embargo, países como Brasil, Argentina y México, que votaron, disciplinadamente, condenando la invasión rusa, no han dejado de sostener posturas bastante ambiguas sobre el mismo tema en sedes como la Organización de Estados Americanos[7]. Y, ahora, dando un paso más, pero en la misma dirección, ya están entre los que se desmarcan, indisciplinadamente, de los de-

---

7 Por ejemplo, en la votación del 6 de octubre de 2022 (*Infobae*, "Asamblea de la OEA: Argentina, Brasil y México no apoyaron una declaración en repudio a la invasión de Vladimir Putin a Ucrania", 6 de octubre de 2022 [en línea] https://www.infobae.com/america/america-latina/2022/10/06/asamblea-de-la-oea-argentina-brasil-y-mexico-no-apoyaron-una-declaracion-en-repudio-a-la-invasion-de-vladimir-putin-a-ucrania/ [Consulta: 10/05/2023].

signios de Occidente. Más claro, si cabe. ¿Se deteriora el bloque antioccidental, o más bien, los signos de deterioro están en el bloque de los "buenos"?

En todo caso, la conclusión para este epígrafe es clara: la tan cacareada "comunidad" internacional no existe, ni se la espera. Cuando digo esto, empleo el concepto de "comunidad" al uso en las ciencias sociales, que es el de Ferdinand Tönnies, donde "comunidad" (*gemeinschaft*) implica la existencia de una vida "interior", e incluso "íntima"[8], de modo que la vida en el seno de la *gemeinshaft* implica compartir los "bienes y males anejos", como si fueran propios. En cambio, la sociedad (*gesellschaft*) es menos intensa y demandante. Es, apenas, "lo público, el mundo", de modo que se entra en ella, casi por inercia, sí, pero también, por idéntico motivo, como "en lo extraño"[9]. ¿Por qué? Porque, a diferencia de lo que sucede con la *gemeinschaft*, en la que se comparten valores, en la *gesellschaft* eso no sucede. A lo sumo, se comparten intereses. La diferencia es clara. Así como las implicaciones de estar en uno u otro orden. En ese sentido, la guerra de Ucrania ha puesto de relieve, que el mundo no es una comunidad. Algunos seguirán empleando esta expresión, ya sea por desidia intelectual, por confundir sus deseos con la realidad o por pura demagogia idealista. Pero conviene que los académicos le llamemos a cada cosa por su nombre, venciendo esas tentaciones. Aunque eso nos haga antipáticos a ojos de demagogos e idealistas.

La geopolítica mundial tras la guerra de Ucrania II: ¿Hacia una nueva dinámica de bloques?

Podemos partir de lo que está ampliamente consensuado. Por ejemplo, que el orden bipolar de la Guerra Fría, basado en la dicotomía entre capitalismo y comunismo, ha pasado a la historia. Sí. Pero también que la promesa de un orden unipolar, basado en los principios del capitalismo triunfante, no se ha hecho realidad. ¿Han fracasado, entonces, los dos, vencidos y vencedores de una guerra que nunca se libró? Probablemente. Los primeros, porque esa derro-

---

8 TÖNNIES, F., *Comunidad y Sociedad*, Losada, Buenos Aires, 1947, 19.
9 *Ibíd.*, 20.

ta en zona gris no fue casual, sino el resultado de la inoperancia de su modelo político y económico; los segundos, porque no han sabido, o no han podido, rentabilizar su éxito. Trató de hacerlo, muy tempranamente, y quizá precipitadamente, Francis Fukuyama en 1989. Pero su aportación era retórica propagandista.

En su opinión, el final de la Guerra Fría es también el comienzo de una nueva (y última) etapa de la historia, en la que un modelo se erige como el único plausible. Tal era su convicción al respecto, que "inventa" la conocida tesis del *Fin de la Historia*. En realidad, eso no se lo inventa, sino que lo copia de otros autores que, antes que él, ya cayeron en la tentación teleológica. Los casos más conocidos son los de Hegel y Marx. El primero, en 1815, tras la derrota de Napoleón, estaba convencido de que se consolidaría el Estado de Derecho, que lograría superar dialécticamente los conflictos sociales que hubiere en su seno. Años más tarde, Marx, discípulo suyo, se encargó de destruir su obra. Y lo cambió todo, desmintiendo *ipso facto* que la historia haya terminado. Sin embargo, Marx venía viciado por la metodología de su maestro, de modo que también se dedicó a hacer de profeta, y en los mismos términos, en el sentido de que vendría un final feliz. Ahora bien, el tipo de felicidad pergeñada por Marx tampoco era la misma que la deseada y prevista por Hegel. Porque Marx, en vez de teorizar un final feliz a partir de un Estado capaz de integrar contrarios, teoriza un final feliz gracias a la destrucción del Estado, en cualquiera de sus formas (incluyendo las democráticas) y previo paso por una etapa de dictadura del proletariado, que puede ser varias cosas, pero nunca un Estado de Derecho, así como a la eliminación de los opositores. En el mundo de los marxistas, la burguesía debe ser eliminada. Como buen teleólogo, y mal científico. Esta última afirmación no es cosa mía, sino de Karl Popper, el principal gurú de las ciencias sociales contemporáneas. En su obra *La sociedad abierta y sus enemigos,* Popper destroza sin piedad las pretensiones de cientificidad que pudiera tener el marxismo, si bien no se olvida de Hegel, por la misma arrogancia intelectual. A su entender, la teleología —que él denomina "historicismo"— es culpable de abandonar la "ingeniería social gradual" en beneficio de la "ingeniería social utópica", que acaba dando pie, porque busca imposibles, a regímenes "totalitarios". Les acusa de haber incurrido en una confusión inaceptable, que consiste en confundir la legítima "predicción científica", con la peligrosa "profecía histórica" y lo achaca a que hegelianos y marxistas sostenían "una idea errónea del método de la ciencia"[10].

Pero Marx, a lo suyo, entendió que ese final de la historia era irrevocable. De esta manera, cada vez que veía una revolución, pensaba que era la definitiva... y siempre se equivocaba. De modo que solía proyectar sus frustraciones a libros escritos para desahogarse. En este primer caso, fue el *18 Brumario* (1852). Pero como el ser humano es el único animal que tropieza muchas veces en la misma piedra, la cosa fue a más con la revolución de 1870. De modo que, en 1871 escribió *La guerra civil en Francia.* ¿Qué caracteriza ambas obras? El talante marxista: ellos no se equivocan nunca. Si la historia, que estaba llamada a darles la razón, los desdice, pues, no hay problema: la que se equivoca es la realidad. Pero hay que buscar enemigos, cómplices o hasta propiciadores de esos errores de la historia. Y Marx va incrementando de ese modo la lista de quienes quedan en el campo enemigo de la lucha de clases: los campesinos, la pequeña burguesía y, por supuesto, los pobres entre los más pobres: el lumpenproletariado: son contrarrevolucionarios que deben correr la misma suerte que la alta burguesía. Lo que sucede es que, contra sus predicciones y/o deseos, en 1848 votaron a Luis Napoleón Bonaparte, futuro Napoleón III. Pero Marx no se podía equivocar, por lo que se equivocaron los "...libertinos arruinados con equívocos medios, vagabundos, licenciados de tropa, alcahuetes, mendigos, escritorzuelos [sic], mozos de cuerda, afiladores, traperos y caldereros" que votaron en la dirección inadecuada para que la profecía se haga realidad. De todos ellos, Marx dijo, volcando su frustración, o su vanidad malherida, que eran, por ese motivo, "...la hez, el desecho y la escoria de todas las clases"[11]. Con los campesinos, su crueldad fue mayor, ya que, tras afirmar que la Bonaparte es la dinastía del campesinado, del que admite que es la "mayor masa del pueblo francés" (no en vano, ganó las elecciones con sus votos), remata el argumento indicando

---

10 POPPER, K., *La sociedad abierta y sus enemigos*, Paidós, Barcelona, 2006 [1945], 16-17.

11 MARX, K., "El dieciocho Brumario de Luis Bonaparte", en: *Obras Escogidas*, Progreso, Moscú, 1980, 136-137.

que "no pueden representarse [a sí mismos] sino que tienen que ser representados"[12].

¿Por qué es importante hacer una referencia a esos antecedentes? Lo es para valorar en su justa medida la importancia de la aportación de Fukuyama. Como ideólogo de algo: la que se le quiera dar. Como científico social: ninguna.

¿Qué dijo Fukuyama? Que, con el fin de la Guerra Fría, la historia había terminado, en el sentido de que ya solamente existiría un modelo de sociedad posible, que es el que pivota sobre un doble eje: el Estado liberal-democrático de derecho, por una parte, y la economía de libre mercado, por otra parte. A lo que hay que sumar, claro está, que Estados Unidos es quien lo lidera, y el resto del mundo occidental quien lo emula. ¿Y qué sucede, entonces, con los demás países? Que, de momento, siguen en la historia. Pero, eso sí, solo tienen un camino para salir de ella, y ese es el que acabamos de definir, que opera sobre esos dos pivotes. Por consiguiente, más temprano que tarde, pasarán por el redil y asumirán como propios los valores occidentales. ¿Se puede pedir más? No creo. Pero ¿Tiene algún fundamento? Tampoco lo creo.

En todo caso, como siempre, no es cuestión de opiniones, sino de tomar nota de las evidencias. Tras la tesis de Fukuyama hemos visto el recrudecimiento del islamismo ideológico y político; o la reemergencia de movimientos populistas por doquier, e incluso variantes del neofascismo, y de la extrema izquierda, e incluso del comunismo. El detalle no es lo más importante. Pero sí lo es que, al parecer, a la sociedad feliz de Fukuyama, más hegeliana que marxista, pero similar a ambas en su arquitectura y pretensiones, en la cual, según sus propias palabras, "todos los problemas realmente cruciales habrían sido resueltos"[13] le están surgiendo nuevos, y no tan nuevos, inconvenientes. A lo largo de los últimos años, le han salido (muchos) detractores. Demasiados, para pensar que la historia ha llegado a su fin, y que los descontentos con el orden liberal se van a quedar con los brazos cruzados. Pero Estados Unidos comienza a ser víctima del mismo tipo de presunción que amargaba a Marx: si yerro, debe ser

---

12 *Ibíd.*, 171-172.

13 FUKUYAMA, F., *El fin de la historia y el último hombre*, Planeta, Barcelona, 1992, 13.

que la historia se equivoca. Lo que veremos a continuación, debería invitar a la que todavía es primera potencia mundial a la humildad.

Para empezar, autores de todas las escuelas y tendencias vienen advirtiendo, en una línea bien diferente de la propuesta por Fukuyama, de la existencia de síntomas de cansancio en la principal potencia. Paul Kennedy, en su clásico *Auge y caída de las grandes potencias* (1987) expone, más allá de lo que pase en Estados Unidos, lo que ha acontecido con los grandes imperios habidos en la historia de la humanidad, induciendo unos patrones comunes. Desde el imperio romano al británico, a su esplendor le ha seguido un gasto exagerado, imposible de sostener en el tiempo, de modo que ni siquiera es tan relevante que haya una gran derrota militar para certificar su hundimiento. Y, cuando la haya, no es más que un subproducto de las dificultades inherentes a gestionar esa decadencia económica y el malestar social asociado. El imperio romano se hundió tras más de cien años de crisis económica, despilfarros suntuarios, corrupción, y mala gestión. Solo entonces, se produjo en saqueo final de Roma, armas en mano. Pero es que el imperio británico se hundió ¡tras una gran victoria militar como la Segunda Guerra Mundial! Los analistas deberían tener en cuenta estas lecciones de la historia, en vez de desarrollar descripciones lineales y poco profundas. Los gobernantes, también. Escuchemos, de primera mano, lo que cuenta Paul Kennedy de su propio país:

> "A simple vista, Gran Bretaña era imponente. En 1906 poseía el imperio más extenso que jamás había visto el mundo, formado por unos 20 millones de km^2 de tierra y tal vez un cuarto de la población del globo (...) [pero también se comenzaba a notar] la erosión de la preeminencia industrial y comercial de Gran Bretaña, en la que se apoyaba, en último término, su fuerza naval, militar e imperial [...] Y en las más nuevas y cada vez más importantes industrias, como la del acero, los productos químicos, las máquinas herramientas y los artículos eléctricos, Gran Bretaña perdió pronto el primer lugar que ocupaba"[14].

La diferencia está en que, como apunta el propio Kennedy, el país que presionaba en 1900 era Estados Unidos, mientras que ahora

---

14 KENNEDY, P., *Auge y caída de las grandes potencias*, Plaza y Janés, Madrid, 1989, 288-91.

es China... y Estados Unidos es quien debe gestionar una situación que Kennedy tilda de "decadencia relativa"[15]. Relativa porque, en un sistema internacional, ni siquiera es imprescindible que uno haga las cosas fatal para perder su hegemonía. Basta con que otro las haga mejor.

¿He hablado de hegemonía? Sí, pero solo para argumentar más. Porque quedan pocos intelectuales serios que se atrevan a hablar de un mundo unipolar o, directamente, de que Estados Unidos sea una potencia hegemónica. Por el contrario, ese discurso dominante tras la Guerra Fría[16], ya está caducado. Brzezinski apuntó que, si bien Washington había sido la primera y la única potencia hegemónica, también sería la última, y que en la Casa Blanca deberían comenzar a preocuparse por la gestión de su ancianidad, en vez de por sacar pecho. Brzezinski incluso afirma que el país "...debe evitar amenazar los intereses vitales de los potenciales aspirantes a la primacía regional en Eurasia", todo ello en aras a un objetivo final, que sería, "...en un plazo mucho más largo, progresar hacia la constitución de un núcleo global de responsabilidad política genuinamente compartida"[17]. ¿Sorprendente? Pues... ha hablado un realista.

De hecho, Mearsheimer añade, desde hace más de dos décadas, que Estados Unidos ya no es la hegemonía mundial, por diversos motivos, desde la proliferación de armas nucleares entre otras potencias[18], hasta el hecho de que Washington no estaría en condiciones de imponer a ninguna de esas potencias, *manu militari*, su voluntad, ni siquiera con fuerzas meramente convencionales capaces de cruzar los océanos hacia las costas de las potencias díscolas[19].

Wallerstein es bastante más cruel con su propio país, porque este neoyorquino apunta que la hegemonía estadounidense comienza a hacer aguas tras la derrota de Vietnam, aunque el hundimiento de la URSS generara un espejismo en otra dirección. Sin embargo, más

---

15 *Íbíd.*, 626.

16 KRAUTHAMMER, C., "The Unipolar Moment", *Foreign Affairs*, 70-1, 1990, 23-33 y MASTANDUNO, M., "Preserving the unipolar moment: Realist theories and US grand strategy after the Cold War", *International Security*, 21-4, 1997, 49-88.

17 BRZEZINSKI, *op. cit.*, 201.

18 MEARSHEIMER, *op. cit.*, 229.

19 *Ibíd.*, 127.

allá de esas apariencias, siguiendo la senda de Paul Kennedy, arguye que "...estamos en una fase inmediatamente post-hegemónica", ya que "Estados Unidos ha perdido su liderazgo productivo, si bien lo mantienen en el ámbito comercial y en el financiero" para rematar diciendo que, siendo así, sin depreciar su liderazgo político y militar, este ya no es tan "abrumador" como lo fue pocas décadas atrás[20]. Todo esto, dicho a mediados de los años 80 del siglo XX, resulta tan inquietante como revelador de una tendencia que no parece haberse frenado. Sino que, más bien, tiende a proyectarse al ámbito comercial y al financiero, con China penetrando con fuerza en los mercados de Europa occidental, gracias a la Nueva Ruta de la Seda, e incluso en América Latina que es, cada vez más, el patio trasero de Pekín. Por no hablar de África, pues desde un triple eje (Argelia, Angola y Etiopía) China ya ha llegado al corazón mismo del continente negro a través de sus empresas textiles, farmacéuticas y de automoción, pero también gracias a sus líneas de crédito barato, planteadas expresamente como alternativa al FMI y al Banco Mundial.

Eso sí, de acuerdo con la perspectiva académica de Wallerstein, las caídas de las grandes potencias son lentas. Así fue en el caso romano y en el británico. No está siendo distinto en el del estadounidense. Si se confirma la tendencia apuntada por Wallerstein a lo largo de la historia, los cambios de hegemonía se consolidan tras una larga guerra mundial, en la que la potencia incapaz de asumir su decrepitud es arrojada a la cuneta de la historia por la emergente. Así sucedió tras la Guerra de los 30 años (1648); tras las guerras napoleónicas (1792-1815) y tras las dos guerras mundiales que, a sus ojos, constituyen las dos partes de un mismo partido (1914-1945)[21]. ¿Cuál será la próxima? Si nadie lo remedia, habría comenzado en Ucrania y, en algún momento, conectará con Taiwán y/o Corea del Sur, implicando con ello, directamente, a China del lado de Rusia.

Mientras tanto, ¿qué se cuece en la no-comunidad internacional? ¿Cuál es, en definitiva, la situación geopolítica actual? ¿Todo el mundo contra Rusia? No, no... el resultado de las votaciones que se están llevando a cabo en la Asamblea General de las Naciones Unidas no

---

20 WALLERSTEIN, I., *The Politics of the World Economy*, CUP, Cambridge, 1984, 46.
21 *Ibíd.*, 41-42.

dan esa sensación. Lo que sí dicen es que está surgiendo un nuevo bloque, a modo, de momento, de contra-bloque occidental, liderado espiritualmente por Rusia, y materialmente por China. Lo que ahora añado es que estamos ante un choque de civilizaciones, que sigue la estela de las tesis de Huntington, pero que ha dejado de surcar sus aguas, virando en una dirección imprevista, para desviarse de un modo dramático de la derrota original.

Entonces, es necesario recordar el legado de Huntington. No anticipó todo lo que está pasando, pero sí buena parte de las tendencias que nos conducen a la actual situación. Es así como hay que leer los libros de los clásicos: no contienen soluciones mágicas. Esto, en cambio, es algo muy serio. Por ello, haremos siempre bien en rebuscar las pistas que nos dejan en sus libros, muchas veces complejos.

Huntington nos dice, en esencia, que el *cleavage* de la Guerra Fría era económico-ideológico, basado en la dicotomía capitalismo-comunismo. Eso es lo que generó los bloques, en una dinámica de dos bandos: el típico "nosotros contra ellos". Luego, contra la tesis de Fukuyama, ya revisada, Huntington advierte que no estaba llegando una era de paz, basada en la hegemonía del discurso capitalista y democrático-liberal.

¿Cuál es, entonces, la situación? Que afloran las "civilizaciones", a modo de las unidades culturales más grandes en las cuales uno se siente tan identificado, que se siente como en casa. Para ello, tiene en cuenta diversos aspectos de la cultura, como las "lenguas", la "historia", las "religiones", las "costumbres" y las "instituciones"[22]. Se trata, más o menos, de agrupaciones de Estados. Pero la ideología ya no es lo importante, máxime si la asociamos, como se hacía en la Guerra Fría, a modelos económicos y sus derivadas. Personalmente, estoy convencido de que, para Huntington, la ideología sigue siendo importante. Pero al mismo tiempo entiendo que se desmarque de esa

---

22 HUNTINGTON, S., *El Choque de civilizaciones y la reconfiguración del orden mundial*, Paidós, Barcelona, 1997, 48. En todo caso, conviene señalar que, cuando alude a las lenguas, no lo hace en el sentido que nos tienen acostumbrados los nacionalismos, preñados de parroquialismo, o de provincianismo. En realidad, la mayor parte de esas disputas, digamos, domésticas, tienen lugar dentro de una misma civilización y, a parte de debilitar al Estado que las sufre, no aportan nada al debate civilizacional.

palabra, por el motivo indicado: ya no la plantea como la racionalización, digamos, superestructural, de modos enfrentados de entender la relación triangular entre individuo, mercado y Estado.

En realidad, lo que más y mejor contribuye a saber ante qué civilización estamos es, según Huntington, la religión. No necesariamente en su acepción teológica, pues ese debate no le interesa para nada. Más bien, lo importante sería la religión entendida en su sentido más sociológico, es decir, a modo de correa de transmisión y recipiente de una serie de legados, a los que también los podemos llamar "cultura" o "tradición". Sin ir más lejos, apunta que "el término Occidente se usa universalmente para referirse a lo que se solía denominar cristiandad occidental"[23]. Pero eso, siendo así, ni siquiera implica que las reglas morales del Occidente actual sean las que sostuvo durante siglos esa cristiandad... el aborto (cada vez más) libre, la transexualidad, son, hoy en día, una seña de identidad de la civilización occidental, cuando no lo eran de la cristiandad. Porque, como el propio Huntington admite, las civilizaciones son como los seres vivos: nacen, evolucionan y pueden morir. Pero siempre a fuego lento.

Para no ser tediosos, y asumiendo que, a través del ejemplo propuesto, se ha entendido la línea argumental de Huntington, podemos pasar a indicar los Estados que conforman la civilización occidental. Básicamente, los protestantes (Estados Unidos, Reino Unido, Canadá, Australia y Nueva Zelanda) y los católicos (los de la Europa continental). Nótese que hay católicos en Estados Unidos y Canadá, o que el protestantismo está presente en Francia y, sobre todo, Alemania, además de dominar en los menos poblados países escandinavos y en Holanda o Dinamarca. Pero no es una diferencia relevante, a nivel civilizacional. Lo fue hace no tantos siglos, en la era de las guerras de religión. Pero eso solamente es una muestra más de que las civilizaciones evolucionan. Si él hubiera escrito su libro en 1550, o todavía en 1630, no hubiera hablado de una civilización occidental, sino de dos: una católica y otra protestante.

Dando un paso más, podremos conectar con algunos de los acontecimientos de nuestros días. Hay varias civilizaciones además de la occidental: el cristianismo ortodoxo constituye la suya; alrededor de

---

23 *Ibíd.*, 52.

China (pero incluyendo Corea y Vietnam), se genera la confuciana; tenemos, por supuesto, el islam, dividido en cuatro "subcivilizaciones" (tres sunitas y una chiita: turca, árabe, malaya/indonesia y persa); la hindú, liderada por India; la japonesa (sintoísta) y algunos casos fronterizos. América Latina puede ser vista como una subcivilización occidental, o como algo distinto, en función de cómo evolucionen las tendencias indigenistas presentes en esas sociedades. No está claro que se pueda hablar de una civilización africana, cuando algunos de los más importantes Estados de África se integran en otras civilizaciones —sobre todo, en el islam árabe— ni tampoco de una judía, debido, sobre todo, a su tendencial fagocitación por la occidental, cosa más evidente en Estados Unidos[24].

¿Qué es lo importante? Que Huntington ya detecta que alguna de esas civilizaciones es especialmente beligerante con la occidental. ¿Cuáles? Dos de ellas, en las cuales se produce un fenómeno que Gilles Kepel definió como la "revancha de Dios"[25]. Se trata del islam y de la civilización ortodoxa. La beligerancia de los sectores más radicales del primero fue, de hecho, el primer síntoma de que Fukuyama estaba equivocado (los atentados del 11-S), pero la ulterior aparición del ISIS, con su acentuada propensión a la violencia y su vocación de ocupación del terreno, para ir adelantando la construcción del califato, son exabruptos de un fenómeno más amplio y poliédrico, que tenía raíces en la etapa de la Guerra Fría, pero que se liberó de las cadenas impuestas por el mundo bipolar una vez éste se disolvió: diferentes formas de salafismo, algunas enfrentadas entre sí, han vuelto a poner en el epicentro del debate la identidad cultural basada en la religión, así como la defensa de un *modus vivendi* que respete las tradiciones.

Pero con la civilización ortodoxa, liderada, lógicamente, por Rusia, sucedía tres cuartos de lo mismo. Conviene tomar buena nota de lo que diré ahora: las sociedades en las que sus religiones fueron silenciadas durante la Guerra Fría han sido aquellas en las que esa especie de efecto *boomerang* ha sido más fuerte. De la muy atea y mate-

---

24 *Ibíd.*, 50-53.

25 KEPEL, G., *Revenge of God: the Resurgence of Islam, Christianity, and Judaism in the Modern World*, Penn State University Press, Pennsylvania, 1994.

rialista URSS, hemos pasado a un resurgir impresionante de la iglesia ortodoxa. En el mundo musulmán ha ocurrido algo similar: desde el kemalismo al *Ba'az*, se ha intentado ocultar, neutralizar, disolver en otra sustancia y finalmente, ningunear, la idiosincrasia religiosa. ¿Con qué resultado? En realidad, sus expresiones de violencia son solamente la punta de un iceberg. Debajo de ello, encontramos el resurgimiento (voluntario) del velo entre jóvenes marroquís o turcas (entre otras) y el regreso de esa forma de espiritualidad y, ojo, también de sociología.

Huntington vive en la civilización occidental, pero tiene la empatía necesaria para comprender que el mundo liberal (más que cristiano) en el que se ha convertido esa civilización, se ha basado tanto en el individuo, y el individualismo, que en ocasiones olvida elementos básicos de la vida y de la convivencia en (y entre) sociedades, como que "...la gente no vive solo con la razón. No puede calcular y actuar racionalmente persiguiendo su propio interés hasta que define su yo (...) las cuestiones de identidad priman sobre las de interés"[26]. En ese sentido, el mundo ortodoxo, como el islámico, pretende mantener su propia personalidad, si es necesario contra un "Occidente" al que consideran decadente. Pero también consideran que el discurso occidental es la herramienta de un nuevo tipo de imperialismo, más sutil, que va penetrando cual Caballo de Troya, en sus propias sociedades. No desean salvar de nada a la civilización occidental sino, más bien, evitar ser arrastrados por el remolino causado por su hundimiento.

Pero Huntington no es el único de los grandes autores que, desde este lado de la pista, asume que algo va mal. Volvamos, por un instante, a Brzezinski. Refiriéndose al Imperio romano de antaño y a los motivos de su hundimiento, alude al creciente "hedonismo cultural" subyacente al mundo occidental de nuestros días, así como a "la inflación sostenida en el tiempo"[27] como las palancas de cambio a peor. La reacción del mundo islámico, y del ortodoxo lo es tanto a la asimilación por los (presuntos) valores de una civilización extraña a la suya, como también, a esos valores.

---

26 HUNTINGTON, *op. cit.*, 113.
27 BRZEZINSKI, *op. cit.*, 21.

¿Dónde está lo relevante? En que a sus gentes les suele gustar la defensa de la tradición, en términos diferentes a la anomia hedonista propia de Occidente. Tanto es así que Huntington afirma que "la democratización está en conflicto con la occidentalización"[28]. Algo así como, démosles democracia, que nos darán más Putin; o más victorias electorales de los Hermanos musulmanes. Esto tiene mala solución porque, si optamos por imponerles nuestra forma de entender la democracia, quizá le daremos la razón a quienes piensan, en esas otras civilizaciones, que todo esto es neo-imperialismo. Y, aunque no logremos imponer la agenda occidental, el mero hecho de plantearlo genera más antipatías, por un motivo: delata que pensamos que somos moralmente superiores. Entonces, los tratamos como Marx al lumpenproletariado y a los campesinos: como seres inferiores que ni siquiera pueden representarse a sí mismos. Mientras tanto, frente a nuestras urnas, la protección, la participación y el desarrollo del *demos* en las sociedades implicadas en la "revancha de Dios" opera, siempre de acuerdo con Huntington, con base en otros parámetros: "...es una reacción contra el laicismo, el relativismo moral y los excesos, y una reafirmación de los valores del orden, la disciplina, el trabajo, la ayuda mutua y la solidaridad humana. Los grupos religiosos cubren necesidades que las burocracias estatales dejan desatendidas"[29].

Dicho todo lo cual, ¿qué delatan los resultados de esas votaciones celebradas en la Asamblea General de la ONU? Primero, que la inmensa mayoría del mundo musulmán vota (o se abstiene) contra los postulados antirrusos de Occidente. Es decir, que se alinea con la muy ortodoxa Rusia, lejos de la "occidentalizada" Ucrania, a pesar del cisma que ha culminado con la independencia de su iglesia. Llama la atención que se abstengan juntos la muy sunita Pakistán y la muy chiita Irán; o que hagan lo propio los enemigos íntimos, Argelia y Marruecos. Y que, en la votación, que también hemos comentado en anteriores epígrafes, de condena del nazismo, hasta Arabia y Qatar se alinearan con Rusia, pese a las presiones de Washington. Pero también el número de países musulmanes del África subsahariana que siguen la misma senda y que se unen, en eso, a las cristiano-ortodoxas Eritrea y Etiopía, dos Estados con muy malas relaciones

---

28 HUNTINGTON, *op. cit.*, 111.
29 *Ibíd.*, 116.

recíprocas, pero perfectamente alineados en esta causa. Segundo, que China se haya sumado a la fiesta, cuando no es un país religioso. No lo es no, pero la institución más importante de la sociedad china es la familia tradicional. Tercero, que hasta India —siempre celosa de su independencia, no solo política— tampoco está por la labor de dejarse occidentalizar.

¿Qué lectura podemos sacar de todo esto? Varias. Sobre todo, si somos capaces de elevar la mirada. La principal es que, frente a la interpretación oficial de lo sucedido, elaborada desde Washington, Londres y Kiev, la realidad no es que el mundo está alineado contra Rusia. El mundo está profundamente dividido. Pero, puestos a ver quién rodea a quién, más bien parece que es la civilización occidental la que se halla en un apuro. Esto, además, tiene nombre y apellidos. Porque esta posible alianza se ha venido larvando a partir de fórmulas más o menos incisivas, a lo largo de las últimas décadas. Desde el colectivo BRICS (Brasil, Rusia, India, China y Sudáfrica) hasta la Organización para la Cooperación de Shanghái (OCS), que, tras el impulso inicial de Rusia y China, ya incluye a la India, Pakistán o Irán, además de varias de las antiguas repúblicas socialistas soviéticas de Asia Central. Hasta la fecha, a Rusia y China les ha costado mucho avanzar en ese macroproyecto.

En mi interpretación de las cosas, debido a que ha venido prevaleciendo la doctrina de las ganancias relativas, en un contexto complicado para ambos, ya que mantienen disputas, desde mediados del siglo XIX, en la extensa frontera común siberiana, que se basan en la denuncia china de tratados internacionales desiguales que implicaron la pérdida de inmensas masas de tierra en beneficio de Rusia, incluyendo toda la zona de Vladivostok[30]. Es decir, había argumentos para que unos Estados Unidos más conscientes de cuál es la situación geopolítica real en el mundo, se plantearan frenar el auge chino acercándose a Rusia, debilitando de ese modo al BRICS, y a la OCS. Pero, lejos de jugar esa carta, las políticas de la Casa Blanca no han hecho otra cosa que arrojar a Rusia a los brazos de China, y ahora

---

30 BAQUÉS, J., "Los dilemas estratégicos de Rusia", *Revista General de Marina*. 278 (3), 2020, 271.

van a fortalecer la OCS, en detrimento de sus propios intereses… ¿Se acuerdan del QUAD anti-chino? Pues India tiene un pie fuera.

No es una buena noticia para Estados Unidos ni para la Alianza Atlántica en la medida en que, desde la pasada Cumbre de Madrid, China ha pasado a ser considerada como un "desafío a los intereses" que defiende esta Organización[31]. Siendo así, con la mirada puesta al control de la proyección internacional china, India era una de las bazas más importantes, mientras que el hecho de formar parte de seudoalianzas informales como el QUAD, se antojaba una jugada maestra de Washington, que así mostraba cierta capacidad para aunar esfuerzos de países como Japón, India o Australia, en aras a lograr que Pekín se diera cuenta de que estaba quedando aislado. A lo que habría que sumar la aportación de la marina de guerra india, en caso de necesidad. Pero todo eso hay que comentarlo en pasado, porque otro de los grandes efectos geopolíticos de la guerra de Ucrania está siendo su contribución al refuerzo de la alianza entre Rusia, China e India (más Irán que ya era, de hecho, un buen socio de India). Mala guerra es ésta, que supuestamente ha puesto al mundo contra Putin y que, lejos de ello, está uniendo a los principales rivales de la civilización occidental.

De aquí, hasta el final de capítulo, quedan dos tareas por hacer. En primer lugar, plantear cómo ha evolucionado el choque de civilizaciones de Huntington en Rusia. De ese modo, podremos observar la profundidad de la herida y su complicada cicatrización. En segundo lugar, plantear hasta qué punto este vuelco de la geopolítica mundial está perjudicando a los Estados Unidos, poniendo en peligro, de un modo definitivo, su presunta hegemonía, hasta llevarnos a un salto mortal que deja muy corto, por su impacto, a la caída del muro y la implosión de la URSS.

La visión rusa del choque de civilizaciones

Aunque se sigue discutiendo qué intelectuales están detrás de la política de Putin, parece evidente cuál de ellos ha hecho más por

---

[31] Organización del Tratado del Atlántico Norte, *NATO 2022 Strategic Concept*, División de Diplomacia Pública, Bruselas, 2022. Punto 11.

adaptar su aportación al contexto del debate propuesto por Huntington: Alexander Duguin.

En buena medida, Duguin se adhiere, asimismo, al marco del debate que nosotros hemos seleccionado para comenzar este capítulo. Es decir, a la dicotomía entre Mahan (y su énfasis en el espíritu comercial) y Mackinder (y su énfasis en el carácter guerrero). A partir de ahí, para Duguin no es tan necesario como sí lo es para Huntington, definir varias civilizaciones diferentes. Las tesis de Duguin son dicotómicas: "...un enfrentamiento perpetuo entre la "civilización de los mercaderes" (talasocrática, ateniense, cartaginesa) y la "civilización heroica" (telúrica, espartana, romana) se prolonga hasta el día de hoy. La Guerra Fría terminó con la victoria del "espíritu pútrido de la plutocracia"[32].

Pero, ¿con quién cuenta Duguin, para reducir el poliédrico análisis de Huntington a una pugna entre dos colectivos que, por nuestra cuenta y riesgo, tratando siempre de mantener la esencia de la aproximación de Duguin, podríamos definir como super-civilizaciones? La que debe liderar el nuevo bloque es la ortodoxa, con Rusia a la cabeza. Duguin habla de Rusia como la "Tercera Roma", aludiendo a que es el cristianismo verdadero, por contraposición al languideciente mensaje católico-protestante, incapaz de frenar la creciente corrupción moral de Occidente[33]. En líneas generales, opina que Europa ha sido fagocitada por Estados Unidos, de modo que está perdida para la causa. ¿Qué causa? Sustraerse a la égida liberal (en economía, y en moral) que amenaza con convertir el mundo entero en el nuevo patio trasero de Washington: "Rusia es una civilización original. No solo está llamada a contraponerse a Occidente, salvaguardando la identidad de su propio desarrollo, sino que también aspira a colocarse a la vanguardia de otros pueblos y países de la Tierra en defensa de su propia libertad [de cada uno de esos pueblos] en cuanto a civilización"[34].

---

32 DUGUIN, A., *La geopolítica de Rusia. De la Revolución rusa a Putin*, Hipérbola Janus, Barcelona, 2015, 70.

33 *Ibíd.*, 117.

34 DUGUIN, A., *Proyecto Eurasia.* Teoría y Praxis, Hipérbola-Janus, Barcelona, 2016, 2.

¿Qué significa esto? Sencillamente, que Rusia convoca a la rebelión contra Occidente al resto de las civilizaciones definidas en su momento por Huntington, con la promesa de respetar la idiosincrasia de cada una de ellas. Pero esto es así, porque China, India, o el islam, tienen cosas (importantes) en común: la defensa de la tradición[35]; la crítica del individualismo, así como una acendrada espiritualidad, incluso milenaria (alejada de los sucedáneos del *new age* occidental).

Lo resumiré de un modo palmario. Puede decirse que Putin, siguiendo en esto a Duguin, defiende una nueva lógica geopolítica, que crece en torno al concepto de eurasianismo, y que opera como el freno al globalismo o como la "plataforma conceptual del antiglobalismo", sin perjuicio de que pueda llegar a ser también el embrión de un globalismo alternativo[36] aunque, por el momento, la tarea más perentoria es servir como dique de contención de ese fenómeno.

En definitiva, ocurre que la Rusia de Putin ha asumido como parte de su agenda el hecho de convertirse en un Estado-civilización capaz de liderar una cruzada contra la posmodernidad, al rescate de los valores de la tradición. Esa cruzada se plantea como superación de teorías políticas que Duguin considera caducas, a fuer de equivocadas: liberalismo, marxismo y fascismo. Y, para ello, Putin, siguiendo la estela de Duguin, está armando una colación de civilizaciones cuyo nexo común es su oposición a la lógica occidental[37].

El gran problema de la geopolítica estadounidense

La cuestión es la siguiente: a) sabemos que Estados Unidos tienen a Rusia como principal amenaza para la seguridad internacional y que eso así lo recoge, también, el Concepto Estratégico de la OTAN, surgido de la Cumbre de Madrid[38]. El mismo que, como también he-

---

35 DUGUIN, A. *The Fourth Political Theory*, Eurasian Movement, Moscú, 2012, 203.

36 DUGUIN, *Proyecto…*, *op. cit.*, 20.

37 BAQUÉS, J. y FOJÓN, E., "Rusia más allá de Putin. la influencia de las tesis de Aleksandr Duguin en la política exterior rusa", *Instituto de Política Internacional*, 8, 2022, 13 [en línea] https://ipi-ufv.com/rusia-mas-alla-de-putin-la-influencia-de-las-tesis-de-aleksandr-duguin-en-la-politica-exterior-rusa [Consulta: 10/05/2023].

38 Organización del Tratado del Atlántico Norte, *op. cit.*, punto 8.

mos visto, sitúa en su punto de mira a China; b) sabemos, asimismo, que la política exterior de la Casa Blanca, así como la del Bulevar Leopoldo III, han tendido a potenciar, a mi modo de ver de modo negligente, la buena relación entre Moscú y Pekín.

Pues bien, ¿Qué comentan los clásicos al respecto de esta hipótesis? Brzezinski dijo que, a fin de mantener por algún tiempo más su hegemonía, crecientemente disputada, Estados Unidos debía impedir que se unieran Rusia, China, e Irán. Antes que él, Spykman dejó claro que los grandes retos para Estados Unidos residían en el control del *Rimland,* donde se halla la costa china, porque, de no hacerlo, quedarían sometidos a un *strategic encirclement* (vid. Mapa 1). Por otro lado, Grygiel expone que, cuando China ha tratado de salir a aguas abiertas, para emprender el tipo de aventuras oceánicas que permiten construir imperios, lo que ha frenado su ímpetu es tener un enemigo continental a sus espaldas. En sus propias palabras: "Cuando, a mediados del siglo XV, la estrategia de la dinastía Ming falló en su intento de asegurar su frontera Norte, el imperio fue obligado a retirarse del mar, dejando un vacío que fue ocupado por los piratas europeos, China comenzó su declive en los siglos XVI y XVII, en particular respecto a los Estados europeos, que rápidamente se expandieron a lo largo de las rutas marítimas asiáticas"[39].

Si sumamos todos esos argumentos, ofrecidos en diferentes momentos por expertos estadounidenses, podemos afirmar que a Washington le saldría más a cuenta mantener una buena relación con Rusia. Le conviene para balancear a China que es, a la larga la principal competidora por la hegemonía mundial[40]. Creo que se trata de una explicación suficiente, si bien, para los más interesados, la he desarrollado con más detalle en otro lugar[41].

En definitiva, tenemos por delante importantes retos geopolíticos que la guerra de Ucrania no ha hecho más que profundizar. Que la visión liberal de la defensa a ultranza de un orden liberal internacio-

---

39 GRYGIEL, J., *Great Powers and Geopolitical Change,* John Hopkins University Press, Baltimore, 2006, 124.

40 BAQUÉS, *op. cit.*, 9.

41 BAQUÉS, J., "Consideraciones geopolíticas de la guerra de Ucrania", Instituto de Política Internacional, 12, 2022 [en línea] https://ipi-ufv.com/consideraciones-geopoliticas-guerra-de-ucrania-josep-baques [Consulta: 10/05/2023].

nal que a muchos nos beneficia no nos evite discernir las dinámicas más estructurales que están produciéndose en el mundo y que, más pronto que tarde, nos afectarán de lleno.

Del “fin de la Historia” al retorno de la competición

Rocío Vales Calderón

Introducción

El colapso de la Unión Soviética motivó la desaparición de una de dos potencias del sistema internacional bipolar de la Guerra Fría. Con ello, Estados Unidos, la potencia que emergió victoriosa de esta contienda que se había resuelto sin necesidad de un conflicto armado directo, se encontró en una posición de superioridad inalcanzable por el resto de Estados. Se daba comienzo a un periodo marcado por la hegemonía estadounidense y el optimismo propio del “fin de la Historia” con en el triunfo de los valores liberales.

Sin embargo, con el transcurso de los años, este dulce optimismo ha ido adquiriendo cada vez un sabor más amargo, a medida que se sucedían diferentes acontecimientos en el escenario internacional que ponían en cuestión tales afirmaciones. No solamente los sistemas autoritarios no estaban avanzando hacia la democracia liberal, sino que las resurgidas aspiraciones geopolíticas asociadas al crecimiento económico ponían en duda la inoperancia de la política de poder en el siglo XXI, hasta culminar con la invasión de Ucrania el 24 de febrero de 2022.

Así las cosas, el presente capítulo realizará un recorrido histórico y descriptivo desde la construcción del orden liberal internacional tal y como se conoce en la actualidad hasta el resurgimiento de la competición estratégica entre grandes potencias, todo ello con el fin de poder observar con mayor claridad y detalle la evolución de la política de poder y del escenario internacional en las últimas décadas. De este modo, sería necesario a fin de cumplir con el objetivo propuesto abordar el colapso de la Unión Soviética por constituir el momento determinante en la evolución posterior del sistema internacional para pasar a acometer las transformaciones que ha sufrido el sistema internacional en el siglo XXI y que han dado paso al retorno de la competición estratégica entre grandes potencias.

La construcción del orden liberal internacional

El orden liberal internacional que da forma en la actualidad al escenario donde los Estados se relacionan es el producto de la labor llevada a cabo por Estados Unidos en los años inmediatamente posteriores a la Segunda Guerra Mundial, siendo en aquel momento el único país con la capacidad y la voluntad de instaurar un nuevo orden internacional.

En este sentido, la construcción de un orden internacional se erigió como un objetivo formal de su política exterior en la década de 1940[1]. Asimismo, ha constituido la línea de actuación más duradera de la gran estrategia estadounidense desde 1945, habiendo sido denominada por parte del académico estadounidense Barry Posen como "hegemonía liberal"[2]. A este respecto, la centralidad e importancia del orden liberal internacional en la estrategia estadounidense sería puesta de manifiesto por los elementos que han sido calificados de esenciales en la posición que Estados Unidos ha de ocupar en el mundo, puesto que, junto al liderazgo global, la defensa y promoción de la libertad, la democracia y los derechos humanos y, finalmente, la prevención de la emergencia de posibles hegemones regionales en Eurasia, se incluiría asimismo la defensa del orden liberal internacional[3].

Sobre el particular, este orden internacional promovido por Estados Unidos es, en palabras de John Ikenberry, un orden liberal hegemónico[4]. Este orden se caracterizaría no sólo por la promoción de un orden abierto y basado en normas por parte de Estados Unidos,

---

1 MAZARR, M. et al., *Understanding the Current International Order*, RAND Corporation, Santa Monica, 2016, 43.

2 POSEN, B.: *Restraint: A New Foundation for U.S. Grand Strategy*, Cornell University Press, Nueva York, 2014.

3 O'ROURKE, D., *U.S. Role in the World: Background and Issues for Congress*, Congressional Research Service, Washington DC, 2022.

4 IKENBERRY, J.: *Liberal Leviathan: The Origins, Crisis, and Transformation of the American World Order*, Princeton University Press, New Jersey, 2012, 2.

sino por haberse convertido el mismo en el organizador y administrador del mencionado orden, fusionándose el sistema político estadounidense con el más amplio orden internacional. Por consiguiente, este orden internacional se habría caracterizado en términos generales por un énfasis en las normas y valores liberales, tales como el liberalismo económico y político, así como en otros conceptos, siendo los más conocidos aquellos que propugnan la no agresión, el derecho a la autodeterminación y la solución pacífica de controversias. Estas normas y valores, recogidos y enunciados por organizaciones internacionales y multilaterales, tales como la Organización Mundial del Comercio (OMC), las Naciones Unidas (NNUU) y la Unión Europea (UE), se han visto reforzados por arreglos geopolíticos que han fomentado el clima internacional en el que puede florecer un orden liberal[5].

Por otro lado, en relación a las motivaciones que han respaldado la promoción y el liderazgo de un orden internacional basado en normas por parte de Estados Unidos, habrían de mencionarse necesariamente la visión de que un orden internacional creado a imagen y semejanza de Estados Unidos, y del que el mismo sería el principal responsable, traería consigo la promoción y avance de sus propios intereses[6], así como un necesario elemento ideológico, menos relacionado con la estrategia y más asociado con la corriente de política exterior conocida como *idealismo wilsoniano*, la cual abogaría por hacer el mundo seguro para las democracias, evitando las guerras, así como destacaría la relevancia de las organizaciones internacionales. Así las cosas, durante más de siete décadas, Estados Unidos ha contribuido de manera notable al avance, y éxito, de este concreto orden, si bien la forma y las manifestaciones precisas de este apoyo han podido variar en ciertos momentos[7].

No obstante, a pesar de las pretensiones de evitar la política de poder que había conducido a la Segunda Guerra Mundial, ésta re-

---

5 BRANDS, H., *American Grand Strategy and the Liberal Order*, RAND Corporation, Santa Monica, 2016, 2.

6 CHAUDOIN, S., MILNER, H. y TINGLEY, D., "Down but not out" en: *Chaos in the Liberal Order: The Trump Presidency and International Politics in the Twenty-First Century*, Columbia University Press, Nueva York, 2018, 79.

7 BRANDS, *op. cit.*, 2; MAZARR et al., *op. cit.*, 43.

surgió poco tiempo después con el estallido de la Guerra Fría y la emergencia de un nuevo escenario internacional de carácter bipolar, donde se enfrentaban las dos potencias más poderosas de aquel momento: Estados Unidos y la Unión Soviética. Sin embargo, más allá de enfrentar únicamente a los Estados Unidos y la Unión Soviética, tuvo lugar el enfrentamiento entre dos sistemas contrapuestos, a saber: un sistema democrático y capitalista vs. un sistema autocrático y comunista.

En este sentido, la competición que se estaba desarrollando en ese escenario de carácter bipolar entre ambos actores fue una fuente de orden para el sistema internacional en los años durante los que se extendió la Guerra Fría. Sin embargo, no fue la única fuente de orden, en tanto que el orden liberal promovido por Estados Unidos dentro de su esfera, el cual, como anteriormente se recalcaba, reflejaba su propio sistema político y se contraponía al promovido por la Unión Soviética, operaba al margen de la competición por el poder que estaba teniendo lugar en el sistema internacional.

De este modo, tal y como Richard Haass afirma, con el final de la Guerra Fría, si bien la distribución de poder que había caracterizado el escenario internacional durante aquellas décadas transitó hacia la unipolaridad, el orden promovido por Estados Unidos en el bloque occidental no solamente sobrevivió, sino que se extendió al resto del escenario internacional[8]. Por tanto, con el colapso de la Unión Soviética, este orden liberal internacional liderado por Estados Unidos se convirtió en el núcleo de un sistema global en expansión, lo que tendría como consecuencias la entrada en el momento unipolar y la transformación de Estados Unidos en la única superpotencia[9].

---

8 HAASS, R., *A World in Disarray: American Foreign Policy and the Crisis of the Old Order*, Penguin Random House, Londres, 2017.

9 IKENBERRY, J., "The end of liberal international order?", *International Affairs*, 94-1, 2018, 18; HUNTINGTON, S., "The Lonely Superpower", *Foreign Affairs*, 78-2, 1999, 35.

El "fin de la Historia" y la "ilusión unipolar"

El final de la Guerra Fría dio comienzo a lo que popularmente se ha conocido como la *Pax Americana*, periodo así denominado por la indubitada e incontestada primacía estadounidense en el escenario internacional, y al cobro del dividendo de la paz, con el consiguiente beneficio económico derivado de la disminución del gasto en defensa ante la desaparición de los conflictos entre grandes potencias.

A este respecto, Samuel P. Huntington afirmó en un artículo publicado en la revista *Foreign Affairs*, "The Lonely Superpower", que la estructura global de poder durante la Guerra Fría, de carácter bipolar, había evolucionado tras la desmembración de la Unión Soviética hacia un breve momento de unipolaridad marcado por la Guerra del Golfo y, posteriormente, hacia la "uni-multipolaridad", donde los Estados Unidos eran la única superpotencia global. Este sistema "uni-multipolar" se caracterizaba porque había una superpotencia hegemónica, Estados Unidos, rodeada de varias grandes potencias y muchas potencias pequeñas. Entre las grandes potencias, influyentes pero sin alcanzar la capacidad de influencia global de Estados Unidos, se encontraban Rusia, China, Irán, Francia y Alemania, entre otras[10].

Sin embargo, como anteriormente se concluyera, el final de la Guerra Fría no trajo únicamente consigo el tránsito hacia una nueva distribución de poder en el escenario internacional, sino asimismo el triunfo de una ideología, el liberalismo, acompañado de su propio sistema económico, el capitalismo, de los que se había imbuido el sistema que había ido construyéndose en el bloque occidental. Consecuentemente, durante años se promulgó el triunfo definitivo del sistema cuyas bases se remontaban al final de la Segunda Guerra Mundial, así como el cada vez más reiterado fin de la historia.

Así las cosas, tras la caída de la Unión Soviética, se extendió la creencia de que la democracia liberal era el sistema definitivo al que habrían de transitar el resto de los actores internacionales, caracterizándose por un marcado determinismo que ha influido durante décadas en la política exterior de Occidente. Este determinismo que

10 *Ibíd.*, 35-36.

caracterizó el pensamiento occidental de la Posguerra Fría se fundamentaba en la suposición de que, en una economía globalizada, las naciones no tendrían más remedio que, en primer lugar, liberalizarse económicamente y, posteriormente, políticamente, si deseaban sobrevivir[11]. De este modo, se sostenía que, a medida que las economías crecieran y, con ellas, las clases medias, éstas demandarían mayor poder político y legal, que se les sería otorgado por parte de los gobernantes de sus Estados. En este sentido, en aquellos años predominaba una visión lineal de la historia, entendiendo que la historia únicamente avanza hacia el progreso.

Por tanto, dado que el capitalismo y la democracia liberal constituían el único modelo de éxito, todos los Estados que quisieran desarrollarse elegirían eventualmente ese camino y, por tanto, la democracia terminaría siendo el sistema político mayoritario. Es en este contexto de notable optimismo, por tanto, donde adquiere sentido la inclusión de China en la globalización y la famosa alusión de Robert Zoellick de 2005 a la necesidad de convertir a China en un "responsible stakeholder". En este sentido, la inclusión del gigante asiático en la globalización se basó en la expectativa de que una China pacífica, estable y próspera sería de interés estadounidense, en tanto que la apertura económica y política chinas conducirían a su emergencia como una potencia mundial responsable y participativa en el orden internacional[12].

De este modo, tras la desintegración de la Unión Soviética, se extendió la creencia entre Occidente de que la "paz perpetua", en palabras de Mearsheimer, parecía estar cerca[13]. A este respecto, tal y como Robert Kagan afirma, este optimismo era comprensible en aquellos años, en tanto que la desmembración del imperio soviético y la aparente acogida por parte de Rusia de la democracia permitían augurar una nueva era en las relaciones internacionales, si bien,

---

11 KAGAN, R., "The Return of History", *Los Angeles Times*, 5 de agosto de 2007 [en línea] https://carnegieendowment.org/2007/08/05/return-of-history-pub-19477 [Consulta: 03/12/2022.]

12 HU, W., "The United States, China, and the Indo-Pacific Strategy", *China Review*, 20-3, 2020, 127-142.

13 MEARSHEIMER, J., *The tragedy of great power politics*, Norton, Nueva York, 2001, 1.

como se atenderá posteriormente, los postulados sobre los que se asentó tal optimismo se demostraron falsos al poco tiempo de formularlos[14].

Así las cosas, dentro de este contexto de marcado optimismo y determinismo ideológico, uno de los principales fundamentos de la política exterior estadounidense fue la promoción del liberalismo económico y la democracia liberal, siendo considerados como pilares esenciales de un orden internacional estable y pacífico[15]. Como anteriormente se mencionara, el final de la Guerra Fría vino acompañado de la consagración de Estados Unidos como la única superpotencia del sistema internacional, lo que necesariamente fue de la mano de la promoción de un orden liberal internacional que contribuyera a mantener la primacía estadounidense y el avance de sus intereses. De este modo, desde el final de la Guerra Fría, las administraciones demócrata y republicana han seguido fielmente y de forma notablemente clara la estrategia de hegemonía liberal. Por otro lado, la teoría de la paz democrática ha sustentado la mayoría de las principales iniciativas de política exterior de los Estados Unidos desde la Posguerra Fría hasta la Administración Obama, estando detrás de las políticas de expansión de la democracia, en tanto que la misma se concebía como la mejor solución a largo plazo para salvaguardar los intereses estadounidenses[16].

A este respecto, la Estrategia de Seguridad Nacional de 2017 de Trump criticaba que los Estados Unidos habían mostrado un alto grado de complacencia estratégica desde la década de los noventa, en tanto que asumieron que la paz democrática era inevitable al creer que la ampliación e inclusión de democracias liberales en el sistema internacional alteraría la naturaleza de las relaciones internacionales y que la competición daría paso a la cooperación pacífica[17]. De

---

14 KAGAN, R., *op. cit.*; KAGAN, R.: *El retorno de la historia y el fin de los sueños*, Taurus, Barcelona, 2008, 22.

15 AVEY, P., MARKOWITZ, J. y REARDON, R., "Disentangling Grand Strategy: International Relations Theory and U.S. Grand Strategy", *Texas National Security Review*, 2-1, 2018, 27-51.

16 MILLER, P. "American Grand Strategy and the Democratic Peace", *Survival*, 54-2, 2012, 49-76.

17 The White House, *National Security Strategy*, GPO, Washington DC, 2017, 27.

hecho, retomando tal y como se comenzaba el presente epígrafe, Huntington precisaba ya a finales del siglo XX en su conocido artículo que, de igual manera que el orden internacional había transitado desde la bipolaridad de la Guerra Fría hacia un modelo "uni-multipolar", pasando por un breve periodo de unipolaridad, el orden internacional sería completamente multipolar en el siglo XXI. De acuerdo con Huntington, en este orden multipolar del siglo XXI, las grandes potencias inevitablemente competirían, chocarían y se unirían en diferentes combinaciones y transformaciones, lo que inevitablemente supondría un cuestionamiento de los supuestos sobre los que se había formulado la Posguerra Fría y el necesario final del optimismo que caracterizó aquellos años.

El nuevo siglo y las transformaciones en el sistema internacional

En consonancia con lo anteriormente expuesto, el final de la Guerra Fría dio paso a la extensión de un sistema de instituciones internacionales, respaldado por normas y reglas, que permitió unos niveles de cooperación entre los Estados que habrían sido antaño inimaginables. En este sentido, la fe en un orden internacional abierto y basado en normas pareció terminar con la anarquía, beneficiándose enormemente de su participación aquellos Estados que decidieron tomar parte en el mismo. Si bien es cierto que no todos los líderes estaban igual de entusiasmados con el nuevo orden instaurado, pocos de ellos trataron de desafiarlo, con el consiguiente resultado de un largo período de relativa armonía entre los Estados, frente a la más reciente historia caracterizada por el conflicto y las guerras.

No obstante, el sistema internacional en el que tal orden se incardinaba ha sufrido en las últimas décadas de transformaciones que se han visto propiciadas a partir de la sucesión de dos eventos en concreto, a saber: la Guerra contra el Terror y la crisis de 2008[18].

Por un lado, la Guerra contra el Terror habría sido uno de los motores de la transformación del sistema internacional en lo que respecta a su estructura y la distribución de poder. Sobre el particular,

---

18 TOVAR, J., *La política internacional de las grandes potencias,* Síntesis, Madrid, 2021, 35.

en el contexto de las políticas de expansión de la democracia respaldadas por la teoría de la paz democrática, tras el 11-S la administración Bush habría favorecido la promoción de un orden internacional basado en la extensión de la democracia, el capitalismo y el libre mercado, lo que habría conducido a los interminables procesos de *state-building* de Irak y Afganistán, con el fin de proteger los intereses estadounidenses y garantizar su seguridad[19].

En este sentido, se ha señalado largamente en las últimas dos décadas que la Guerra contra el Terror demostró los límites de la capacidad de Estados Unidos. Las intervenciones de Irak y Afganistán pusieron de manifiesto que la extralimitación de la potencia hegemónica en sus funciones podía dejar a ésta exhausta, tanto económica como estratégicamente[20], y distraída de otros desafíos que estaban acechando y que podrían suponerle un futuro inconveniente, tales como Corea del Norte e Irán, así como de otros que estaban emergiendo, debiendo traer a colación las crecientes aspiraciones rusas en el espacio postsoviético o la emergencia del gigante asiático[21]. Estas "guerras interminables", que resultaron ser un fracaso al no conseguir los objetivos inicialmente planteados y dilatarse largamente en el tiempo, habrían supuesto un pozo para los, por definición, limitados recursos estadounidenses y habrían traído consigo el estancamiento de Estados Unidos en Oriente Medio.

Otrosí, de la dilatación de la Guerra contra el Terror se desprenderían consecuencias a nivel interno, y relativas a la posición de Estados Unidos en el mundo, que tendrían influencia posteriormente en la viabilidad y supervivencia del orden liberal internacional. En este sentido, ya a finales del segundo mandato de Obama, el descontento con la gestión en materia de política exterior que se había venido generando en la última década se estaba incrementando. La defensa de un rol más centrado en la defensa de sus propios intereses en un sistema multipolar, en lugar de en el ejercicio del liderazgo global, se estaba convirtiendo en tendencia estructural de la política exterior

---

19 TOVAR, J., *La política exterior de Estados Unidos y la expansión de la democracia (1989-2009)*, Tirant lo Blanch, Valencia, 2014, 190.

20 Graham E. Fuller denominó en 2006 este fenómeno de "fatiga estratégica".

21 BRANDS, *op. cit.*, 10-11.

de Estados Unidos[22]. Sobre el particular, Robert Kagan afirmaba recientemente en un artículo de *Foreign Affairs* que, durante más de doce años antes de la invasión rusa y bajo las administraciones Obama y Trump, Estados Unidos habría buscado reducir sus compromisos en el extranjero, incluso en Europa[23].

De otro lado, la crisis económica originada con la caída de *Lehman Brothers* en 2008, que afectaría a Estados Unidos y a sus aliados europeos, fue la responsable del deterioro de la economía estadounidense y del desarrollo de una serie de tendencias a nivel doméstico que han tenido asimismo una influencia directamente determinable en el comportamiento de los Estados en el escenario internacional, identificable en la extensión de ideologías populistas soberanistas y tendencias desglobalizadoras[24]. A este respecto, tal y como recalca Juan Tovar, la llegada del presidente Trump a la Casa Blanca puso de manifiesto el desarrollo de nuevas tendencias de un sistema internacional en proceso de desglobalización, además de fomentar este desarrollo a través de muchas de sus decisiones políticas[25], las cuales vendrían asimismo influidas por la visión que se estaba gestando en el electorado estadounidense tras las debacles de Irak y Afganistán.

De este modo, la posición preeminente de Estados Unidos en el mundo, que tradicionalmente se había sustentado en su inigualable poderío militar y económico, se habría visto afectada al verse su incomparable supremacía económica y militar hechas añicos durante la primera década de los 2000. Las guerras de Irak y Afganistán atestiguarían los límites del poder militar estadounidense, mientras que la crisis económica revelaría la fragilidad de la economía estadounidense[26]. En este sentido, como afirmaba Palacio, ambos acontecimientos habrían mostrado la vulnerabilidad de la seguridad y la economía estadounidenses, así como habrían supuesto la conclusión de la "ilu-

---

22 TOVAR, *La política internacional…*, *op. cit.*, 100.

23 KAGAN, R., "A Free World, If You Can Keep It", *Foreign Affairs*, 102-1, 2023, s.n.

24 TOVAR, J., *La política internacional…*, *op. cit.*, 37.

25 Ibíd., 100.

26 WU, X., "Understanding the Geopolitical Implications of the Global Financial Crisis", *The Washington Quarterly*, 33-4, 2010, 155-163.

sión unipolar"[27]. Por otro lado, además de la consecuente pérdida de poder relativo en el sistema internacional, también se habrían derivado consecuencias para el hasta entonces incuestionable ejercicio de liderazgo global y defensa del orden liberal internacional. Por consiguiente, tales acontecimientos habrían contribuido necesariamente a la transformación del sistema internacional, el cual, de otra parte, estaba presenciando la emergencia económica de una serie de Estados que propiciarían la transición del sistema internacional hacia la multipolaridad y la eventual aparición de una serie de amenazas externas al orden liberal internacional que pondrían en cuestión su propia supervivencia.

La emergencia de las potencias revisionistas

Las últimas décadas han sido testigo del debate que estaba teniendo lugar acerca de la ausencia de potencias que pudieran disputar la supremacía estadounidense en el escenario internacional. En este sentido, había quienes, desde posiciones realistas, no conseguían explicar tales ausencias. A este respecto, hubo quienes, como Wiliam Wohlforth, señalaron que fue la diferencia de poder entre Estados Unidos y el resto de las potencias lo que impedía el retorno de la política de poder. Asimismo, también hubo quienes, destacando a Layne o Waltz, auguraban la emergencia en un futuro cercano de potencias que pondrían en peligro la supremacía estadounidense, en tanto que, en palabras de Graham E. Fuller, la naturaleza aborrece a una sola superpotencia[28]. En este sentido, para Waltz y Layne no cabía preguntarse si emergerían potencias que tratarían de disputar la unipolaridad estadounidense, sino más bien habría que preguntarse cuándo tendría lugar tal emergencia. En respuesta a esa pregunta, anticiparon una transición rápida, determinando que la transición a

---

27 PALACIO, V., "Estados Unidos frente a las potencias emergentes" en *Cuaderno de Estrategia núm. 151. Las potencias emergentes hoy: Hacia un nuevo orden mundial*, Ministerio de Defensa, Madrid, 2011, 219-252.

28 FULLER, G., "Strategic Fatigue", *The National Interest*, 84, 2006, 37-42.

la multipolaridad se produciría en los próximos 10 o 20 años desde el final de la Guerra Fría[29].

Así las cosas, durante la primera década de los 2000 tuvo lugar la emergencia de una serie de potencias cuyas economías habían sido señaladas como las más prometedoras del futuro: los BRICS[30]. Sin embargo, si bien había sido identificado como un fenómeno económico, Fareed Zakaria afirmaba ya en 2008 que el "ascenso del resto" traería consigo consecuencias políticas, militares y culturales[31].

En este sentido, si bien estas potencias emergentes tendrían pocas cosas en común, habría una serie de ámbitos a nivel de política internacional en los que estas potencias emergentes estarían de acuerdo, particularmente en lo referido a la defensa de un concepto de soberanía fuerte y la no injerencia e intervención en los asuntos internos de los Estados[32]. De esta manera, cuestionarían los valores e ideales promulgados por Occidente al respecto, los cuales serían compartidos y defendidos por las principales organizaciones internacionales del ámbito internacional.

El discurso de Vladimir Putin en 2007 en la Conferencia de Múnich resultaría ser una representación muy adecuada de las críticas sostenidas por las potencias emergentes, al afirmar que un único Estado, Estados Unidos, se habría extralimitado en sus actuaciones en el entorno internacional, tal y como las políticas económicas, políticas, culturales y educacionales impuestas en otras naciones ponían de manifiesto. Asimismo, el presidente de la Federación Rusa, habida cuenta del crecimiento económico de las potencias emergentes

---

29 LAYNE, C., "The Unipolar Illusion: Why New Powers Will Rise", *International Security,* 4, 1993, 7, 13; WALTZ, K.: "The Emerging Structure of International Politics", *International Security,* 2, 1993, 44-79; MASTANDUNO, M. "Preserving the Unipolar Moment: Realist Theories and U.S. Grand Strategy after the Cold War", *International Security,* 21-4, 1997, 49-88.

30 Siglas que responderían a los países de Brasil, Rusia, India, China y Sudáfrica. En un primer momento, cuando el economista de Goldman Sachs, Jim O'Neil, acuñó el término en 2001, fueron denominados BRIC, en tanto que la inclusión de Sudáfrica al grupo no se acordó hasta 2011.

31 ZAKARIA, F., "Wanted—A New Global Strategy", *Newsweek,* 28 de noviembre de 2008 [en línea] https://www.newsweek.com/fareed-zakaria-wanted-new-global-strategy-85311 [Consulta: 27/12/2022].

32 TOVAR, *La política internacional…, op. cit.,* 38-39.

y de su previsible transformación en influencia política, habría ya avisado acerca de la multipolaridad a la que transitaría el escenario internacional. Por otro lado, el discurso de apertura de Xi Jinping en el Foro de los BRICS en 2017 también habría afirmado la necesidad de oponer la política de poder y el hegemonismo, además de la necesidad de fortalecer los principios y objetivos de la Carta de Naciones Unidas y las normas básicas que gobiernan las relaciones internacionales.

Otrosí, la mejora de su posición en un sistema internacional que les fue impuesto sería otra de las cuestiones en las que estos países estarían de acuerdo. Habida cuenta de que el actual orden liberal internacional fue una creación de Estados Unidos y sus aliados tras la Segunda Guerra Mundial, las potencias emergentes reclamarían una mayor participación en el mismo e incluso tratarían de remodelar el sistema internacional de forma que reflejara sus valores e intereses con el objeto de que sirviera a su propio propósito. Ejemplos que ponen de manifiesto tales pretensiones serían la anexión de Crimea por parte de Rusia en 2014 y la invasión de Ucrania de 24 de febrero de 2022; las aspiraciones de soberanía chinas en su propia región, con una creciente asertividad en lo que refiere a sus reclamaciones, especialmente en Taiwán, e incluso las abstenciones de la India y Brasil en la votación para condenar la acción de Moscú en el Consejo de Seguridad de Naciones Unidas.

A este respecto, predecía Zakaria en 2008 que, dentro de diez años, las potencias emergentes ya no estarían dispuestas a aceptar una agenda concebida en capitales occidentales[33]. Por otro lado, señalaba Robert Kagan en su obra, titulada *El retorno de la historia y el fin de los sueños,* que el poder cambia a los Estados y modifica la visión que tienen de sí mismos, de sus intereses, del trato que esperan recibir por parte de los demás, así como del lugar que les corresponde en el mundo, de ahí que el ascenso de nuevas potencias a lo largo de la historia hubiera conducido a tensiones y enfrentamientos en el sistema internacional[34].

---

33 ZAKARIA, *Wanted...*, *op. cit.*

34 KAGAN, *El retorno de la historia...*, *op. cit.*, 44.

Sobre el particular, el realismo ofensivo tendría una notable capacidad explicativa para arrojar luz sobre las crecientes aspiraciones por parte de las potencias emergentes. En este sentido, de acuerdo con Mearsheimer, las únicas potencias que defenderían el *statu quo* serían aquellas que han alcanzado una posición hegemónica a nivel regional, de manera que aquellas que no la han alcanzado serían potencias revisionistas que tratarían de garantizar su supervivencia y, por tanto, desafiar el equilibrio de poderes en el que participan[35]. De este modo, entendiendo que los tratados y organizaciones internacionales dan forma a las políticas y expectativas de los principales actores en el escenario internacional, en el momento en el que se ha producido la emergencia del gigante asiático, han aparecido aspiraciones de remodelar un orden internacional que considera que va en detrimento de sus propios intereses, e incluso existencia, y perpetúa la hegemonía estadounidense.

El retorno oficial de la competición: una vuelta a la normalidad

El retorno de la competición estratégica entre grandes potencias ha sido fechado en 2014, año en el que la Federación Rusa procedió a anexionarse Crimea. En este sentido, si bien se habían mostrado signos previos de desvanecimiento entre los años 2006 y 2008, en cuyo periodo se produjo la invasión rusa de Georgia, 2014 ha sido finalmente identificado como el punto de retorno a la competición entre potencias[36]. A este respecto, como se señalara anteriormente, si bien se había sostenido que la integración en el sistema internacional y la inclusión en la globalización serían el remedio que pondría fin a la política de poder, el crecimiento económico de naciones como Rusia y China ha venido acompañado inevitablemente de aspiraciones geopolíticas que contravienen el orden abierto y basado normas y retrotraen las relaciones internacionales a una política de poder tan

---

35 MEARSHEIMER, J., *The tragedy…, op. cit.,* 2; MEARSHEIMER, J., "The gathering storm: China's challenge to US power in Asia", *The Chinese Journal of International Politics,* 3-4, 2010, 381-396.

36 O'ROURKE, D., Great Power Competition: Implications for Defense—Issues for Congress, Congressional Research Service, Washington DC, 2022, 1.

primitiva como la que había caracterizado las relaciones internacionales durante el siglo XX.

Sobre el particular, afirmaba Walter Russell Mead al hablar del retorno de la geopolítica en 2014 que, desde el final de la Guerra Fría, el objetivo más importante de la política exterior estadounidense y de la Unión Europea habría sido el de modificar las relaciones internacionales para que dejaran de ser vistas como un juego de suma cero y pasaran a ser contempladas como unas relaciones en las que todos los participantes pueden ganar[37]. Los procesos de construcción y ampliación del proyecto europeo habrían respondido a tal lógica, así como la forma en la que la UE habría abordado, por ejemplo, las relaciones euromediterráneas y las Primaveras Árabes.

Sin embargo, criticaba Mead que el colapso de la Unión Soviética había sido malinterpretado y que jamás debiera haberse esperado que la geopolítica pasase de moda. En este sentido, el final de la Guerra Fría supuso el triunfo ideológico de la democracia liberal y el capitalismo, no así la obsolescencia del poder duro y la política de poder[38]. De este modo, a medida que la brecha de poder global se reducía con respecto a otros actores que han ido emergiendo, Estados Unidos ha enfrentado más amenazas en su posición que en cualquier otro momento desde el final de la Guerra Fría. La competición estratégica entre grandes potencias habría reaparecido cuando ciertos actores han comenzado a desafiar los principios que dan sustento al orden liberal internacional y para lo que ahora cuentan con una mayor capacidad que en las últimas décadas[39].

A este respecto, Kagan afirma que los realistas habrían tenido una comprensión más clara de la realidad en tanto que eran conscientes de que lo que estábamos presenciando era una pausa en la competición permanente que caracteriza el entorno internacional y que, como anteriormente se mencionaba, surgirían inevitablemente com-

---

37 MEAD, W., "The return of geopolitics", *Foreign Affairs*, 93-3, 2014, 69-79.

38 *Ibíd.*, 70.

39 BRANDS, H., "American Grand Strategy in the Post-Cold War Era", en: *New Directions in Strategic Thinking 2.0: ANU Strategic & Defence Studies Centre's Golden Anniversary Conference Proceedings*, ANU Press, Canberra, 2018, 133-48.

petidores que disputarían la hegemonía estadounidense[40]. En este sentido, de acuerdo con Hal Brands, la competición entre grandes potencias es la constante en la historia de los asuntos internacionales, afirmando que el período de Posguerra Fría habría sido un periodo excepcional en el que se habrían silenciado temporalmente las naturales fricciones y tensiones entre potencias debido a la inigualable superioridad estadounidense[41].

Así las cosas, la necesidad de abordar aquellos Estados revisionistas que desafiaban desafiando las normas internacionales se recogió en un primer momento en la Estrategia Militar Nacional de 2015 de la Administración Obama. No obstante, no fue hasta la Estrategia de Seguridad Nacional de 2017 de la Administración Trump que la competición entre potencias no solamente se recogió explícitamente, sino que se contempló como un principio organizador del entorno internacional, en oposición al orden. En este sentido, se disponía expresamente que la competición y rivalidad que enfrentaban los Estados Unidos no eran una tendencia pasajera o un problema momentáneo, sino que se trataba de desafíos a largo plazo que demandarían su atención y compromiso[42]. Las amenazas de China y Rusia eran caracterizadas en términos idénticos, afirmando que ambas potencias querían dar forma a un mundo contrario a los valores e intereses estadounidenses. A este respecto, la administración Trump cambiaba los parámetros básicos de la relación sinoestadounidense, pasando a considerarse una relación polémica y en términos de suma cero[43].

Posteriormente, la Estrategia de Defensa Nacional de enero de 2018 reorientó formalmente la estrategia de seguridad y de defensa estadounidense hacia un enfoque explícito en la competición con China y Rusia, afirmando que la principal preocupación de la seguridad nacional estadounidense era la competición interestatal[44]. En

---

40 MEARSHEIMER, *The tragedy…, op. cit.*, 36; KAGAN, *El retorno de la historia…, op. cit.*, 23.

41 BRANDS, H.: *Six Propositions about Great-Power Competition and Revisionism in the 21st Century*, 2017 [en línea], https://global.upenn.edu/sites/default/files/go-six-propositions-brands.original.pdf [Consulta: 23/11/2022].

42 The White House, *op. cit.*, 3.

43 HU, *op. cit.*, 128.

44 O'ROURKE, *Great Power…, op. cit.*, 1; Department of Defense, Summary of the 2018 National Defense Strategy of the United States of America, GPO, Washing-

este sentido, la mencionada estrategia advertía que el desafío central para la prosperidad y la seguridad estadounidenses era el resurgimiento de la competición estratégica a largo plazo por las potencias revisionistas[45].

De este modo, se abandonaba oficialmente en Estados Unidos el optimismo que había caracterizado la visión estadounidense de la Posguerra Fría y que había ido erosionándose ya desde tiempos de la Administración Obama. En este sentido, pasaba a reconocerse que el escenario internacional habría pasado a ser un juego de suma cero en el que China ya era reconocida como el principal desafío para la posición estadounidense, siendo ya objeto de cierta contención por parte de la Administración Trump. Este escenario, marcado por el retorno oficial de la competición, sería heredado por Biden, quien tendría que hacer frente a las aspiraciones más inmediatas de una Rusia revisionista que culminarían con la invasión de Ucrania.

La invasión de Ucrania

Richard Haass, presidente del *Council on Foreign Relations,* afirmaba en 2022 que la delimitación de la *Pax Americana* venía dada por dos eventos de idéntica naturaleza, a saber: de una parte, la Guerra del Golfo de 1991 habría supuesto su comienzo; de otra parte, la invasión rusa de 24 de febrero de 2022 habría significado su final[46]. La incuestionable supremacía estadounidense habría llegado, por tanto, a su fin.

Por otro lado, si bien es cierto que la anexión de Crimea ya se contemplaba como el acontecimiento que marcaba el retorno a la competición, había quienes persistían en la visión optimista y progresista de la historia, negándose a reconocer que en ningún momento se habría producido el fin de la historia, sino, a lo sumo, su temporal parálisis. Habría quienes habrían continuado ignorando de manera

---

ton DC, 2018, 1.

45 *Ibíd.,* 2.

46 HAASS, R., "The dangerous decade", *Foreign Affairs,* 6 de septiembre de 2022 [en línea] https://www.foreignaffairs.com/united-states/dangerous-decade-foreign-policy-world-crisis-richard-haass [Consulta: 21/04/2023].

deliberada las implicaciones geopolíticas derivadas tanto de las aspiraciones rusas en el espacio postsoviético como de la creciente asertividad china en su región. No obstante, tales escépticos no habrían tenido más remedio que reconocer la nueva realidad del escenario internacional con la invasión de Ucrania. Inevitablemente, se había producido el retorno de la historia, tal y como ya anunciara Kagan en 2008 al transformar la conocida expresión de Fukuyama.

Sobre el particular, el presidente Biden, quien tomase posesión el 20 de enero de 2021 en un clima de creciente polarización y división doméstica, reconoció, tal y como lo había hecho anteriormente la Administración Trump, que la competición con China sería el desafío más importante que habrían de afrontar los Estados Unidos de América en el siglo XXI, si bien tal fenómeno era rebautizado como *competición estratégica entre grandes potencias*, ello con el fin de diferenciarse del enfoque adoptado por la anterior administración.

No obstante, a pesar de los esfuerzos por parte de la administración Biden de diferenciarse, ha existido cierta continuidad con respecto a la política exterior dirigida a las grandes potencias, habiendo profundizado la presente administración, tal y como recalca Tovar, en las líneas de su predecesor y sus motivaciones[47]. A este respecto, la administración Biden-Harris proclamaba en su Guía Estratégica de Seguridad Nacional Interina promulgada en 2021 que China era considerado el único competidor capaz de plantear un desafío sostenido a un sistema internacional libre y abierto[48].

Lo que habría cambiado, sin embargo, habría sido el enfoque que ha decidido adoptar la nueva administración en la competición, más centrado en el multilateralismo, las alianzas y la defensa del orden liberal internacional. En este sentido, se proclamaría asimismo en la mencionada Guía Interina que América había regresado al escenario internacional y reivindicaba la necesidad de su liderazgo. Por otro lado, afirmaba que el mundo se encontraba inmerso en una pugna entre democracia y autoritarismo, destacando tanto la relevancia de

---

47 TOVAR, J., "La paradoja de la política exterior de Joe Biden", *Revista CIDOB d'Afers Internacionals*, 132, 2022, 195-219.

48 The White House, *Interim National Security Strategy Guidance*, GPO, Washington DC, 2021, 8.

la democracia como una fortaleza en la competición con China como la necesidad de revitalizar las democracias[49].

Posteriormente, tras la invasión de Ucrania, la ESN de la administración Biden fue publicada en octubre de 2022. Este nuevo documento reconocía que Estados Unidos enfrentaba dos retos estratégicos, a saber: por un lado, el final de la era de la Posguerra Fría y el desarrollo de una competición para dar forma al periodo que vendría después, y, por otro lado, una serie de desafíos trasnacionales que afectan a todo el globo, tales como el cambio climático, el terrorismo, la inflación o la inseguridad alimentaria, entre otros[50]. Con relación a los competidores identificados, tal y como señalara en la Guía Interina, China continuaría constituyendo el desafío geopolítico más relevante para Estados Unidos, en tanto que sería el único competidor tanto con la intención como con las capacidades de remodelar el orden internacional[51]. De este modo, China y Rusia plantearían desafíos diferentes al tener en cuenta que, si bien Rusia representa una amenaza inmediata para el orden liberal internacional, carece de las capacidades del gigante asiático para plantear un desafío sostenido en el largo plazo[52].

No obstante, en contraposición a la Guía Interina de 2021, la ESN de 2022 modificaría el enfoque adoptado con anterioridad al afirmar que el desafío estratégico más apremiante provendría de aquellas potencias que cuentan no sólo con un gobierno autoritario, sino asimismo con una política exterior revisionista[53]. En este sentido, si bien insiste en que la pugna que enfrentamos en la actualidad es aquella entre democracias y autoritarismos, esta estrategia aporta un enfoque más abierto. Se recoge que Estados Unidos no cree que necesite convertir las autocracias en democracias para estar seguro, sino, más importante aún, la Casa Blanca da la bienvenida explícitamente a las autocracias que abogan por un sistema internacional basado en nor-

---

49 *Ibíd.*, 19-20; 23.

50 The White House, *National Security Strategy*, GPO, Washington DC, 2022, 6.

51 *Ibíd.*, 8.

52 *Ibíd.*

53 *Ibíd.*

mas[54]. Se abandonaba, por tanto, la clara dicotomía entre democracias y autocracias para pasar a adoptar una aproximación más abierta en la competición a largo plazo con China.

Sobre el particular, cabe reseñar la actuación de Estados Unidos frente a la invasión de Ucrania. En este sentido, la invasión rusa de Ucrania ha constituido hasta el momento el ejemplo más representativo del desafío que plantean al orden liberal internacional y las normas que han garantizado durante décadas la convivencia y el desarrollo pacífico de numerosos Estados por parte de las cada vez más populares potencias revisionistas. A este respecto, de acuerdo con Robert Kagan, Estados Unidos habría decidido emprender una guerra por delegación contra Rusia no porque Ucrania constituya un interés estratégico, sino porque, además de debilitar a uno de sus principales competidores, defiende así el orden liberal internacional que tantos beneficios le ha reportado y en el que tanto cree, aún más si cabe durante la presente Administración de Joe Biden. Como afirma Kagan, la defensa de Ucrania es una defensa de la hegemonía liberal[55].

Por consiguiente, la invasión de Ucrania, además de poner de manifiesto el desafío que plantean las potencias revisionistas al orden liberal internacional, habría supuesto la llamada de atención más evidente para los Estados. La competición estratégica entre grandes potencias no solamente ha regresado al ámbito internacional, sino que ha pasado a convertirse en una realidad reconocida por parte de los gobiernos, con las consiguientes actuaciones pertinentes. Tal y como recoge la ESN, el futuro estará caracterizado por la competición, la cual dará forma al porvenir de los siguientes años, estando marcado el escenario internacional por la creciente rivalidad entre las potencias y las aspiraciones de rediseñar un orden que interpretan favorable a los Estados Unidos, la potencia de la hasta ahora incontestable primacía.

---

[54] CHIVVIS, C., "Tucked Within the New National Security Strategy", *Carnegie Endowment for International Peace*, 13 de octubre de 2022 [en línea] https://carnegieendowment.org/2022/10/13/three-important-shifts-tucked-within-new-national-security-strategy-pub-88160 [Consulta: 28/12/2022.]

[55] KAGAN, *A Free World…*, *op. cit.*

Conclusiones

En consonancia con lo dispuesto anteriormente, la conclusión que, a priori, se extraería más fácilmente sería que en ningún momento llegó a producirse algo similar al fin de la historia. Los años que siguieron al final de la Guerra Fría y al colapso de la otra única potencia mundial por aquel entonces se caracterizaron por una serie de circunstancias específicas, marcadas por la supremacía estadounidense y la extensión global del orden liberal internacional, que propiciaron un descanso temporal en la competición permanente que ha venido caracterizando tradicionalmente las relaciones internacionales. Por otro lado, la concepción lineal y occidental de la historia que también se defendiera en aquel momento se ha visto asimismo refutada con el transcurso de los años, en tanto que no solamente el crecimiento económico no traería consigo la liberalización política, sino que la democracia no sería el destino hacia el que han de transitar necesariamente todos los Estados.

En segundo lugar, partiendo de la anterior consideración, debiera señalarse que, sin embargo, el componente ideológico liberal que defiende la superioridad de las democracias persiste en el enfoque adoptado por los principales actores occidentales en la presente competición, en particular por Estados Unidos. Si bien es cierto que se ha reconocido ampliamente el regreso de la política de poder, no así se abandona la creencia de que las democracias y, particularmente, la democracia occidental constituye el mejor sistema político para el progreso y la convivencia pacífica.

No obstante, la defensa del orden liberal internacional forma parte imprescindible de la postura de Estados Unidos en el escenario internacional y así se constituye asimismo en su estrategia en la competición contra China y contra Rusia. El orden liberal internacional no únicamente constituiría el entorno en el que las relaciones internacionales han permitido el progreso occidental y la convivencia pacífica, amparados por el liderazgo incuestionable de Estados Unidos, sino asimismo constituiría una de las defensas estadounidenses en la competición contra las potencias revisionistas y otro de los escenarios donde se libraría la misma, de ahí el necesario acogimiento de las potencias que, si bien no son democráticas, defienden el orden liberal internacional.

De este modo, en cuestión de dos décadas, el sistema internacional ha transitado desde el optimismo inusitado e inédito con el que se acogía un nuevo siglo marcado por la paz y la ambición de convertir el mundo en un "lugar mejor" hacia el resurgimiento de la realidad competitiva de las relaciones internacionales y, parafraseando a dos prominentes autores, el retorno de la tragedia de la política de las grandes potencias. Los próximos años vendrán marcados por una previsible continuidad de la guerra en el viejo continente, así como una competición multidisciplinar que se desarrollará en diferentes ámbitos, siendo uno de ellos el de las normas e instituciones internacionales y en el que se jugarán el mantenimiento del *statu quo*, o bien la instauración de un nuevo orden internacional que proteja y avance los intereses de las potencias revisionistas.

La competición entre grandes potencias en el debate teórico e ideológico estadounidense

Juan Tovar Ruiz

Introducción

La Guía de Seguridad Nacional Interina de Estados Unidos establecía en 2021 que "…la distribución del poder en todo el mundo está cambiando, creando nuevas amenazas […] Tanto Pekín como Moscú han dedicado muchos esfuerzos para comprobar las fortalezas de Estados Unidos y evitar que defendamos nuestros intereses y los de nuestros aliados en todo el mundo"[1].

De igual forma y, siguiendo esta estela, la Estrategia de Seguridad Nacional de 2022, a la hora de fijar la primera prioridad global de Estados Unidos, resalta que "…China y Rusia están cada vez más alineados entre sí, pero los desafíos que plantean son, en formas importantes, distintas. Daremos prioridad a mantener una ventaja competitiva duradera sobre China mientras restringimos a una Rusia todavía profundamente peligrosa"[2].

Estas referencias reiteradas a un nuevo sistema internacional competitivo marcan una clara continuidad con la política de su predecesor, el expresidente Donald Trump, con el que Joe Biden siempre ha querido marcar distancias y dejan lugar a pocas dudas sobre la relevancia del fenómeno de la rivalidad con otras grandes potencias. Además, llevan a plantear varias cuestiones: ¿hasta qué punto reflejan las propias visiones teóricas o ideológicas sostenidas por las

---

1 The White House, *Interim National Security Strategic Guidance*, GPO, Washington DC, 2021, 7-8.

2 The White House, *National Security Strategy of The United States*, GPO, Washington DC, 2022, 23.

élites estadounidenses? ¿cuál es el papel que estas ocupan y qué consecuencias han tenido estas para la política exterior de la potencia norteamericana? Dar respuesta a estas preguntas es, precisamente, uno de los principales objetivos de este capítulo.

La competición entre potencias

La competición entre las grandes potencias ha sido uno de los elementos más destacados del sistema internacional contemporáneo durante gran parte de su historia. Sin embargo, en las décadas que siguieron al fin de la Guerra Fría, este fenómeno fue usualmente minusvalorado o considerado una reliquia del pasado.

Esto fue especialmente cierto en el caso estadounidense, donde la notoria ausencia de rivales de entidad en la década de 1990 o después del 11-S, le llevó a promocionar una política fundamentada en la expansión de valores e ideales como la democracia liberal o los derechos humanos. También a focalizarse en la contención o erradicación de entidades no estatales hostiles como Al Qaeda o regímenes autoritarios que no encajaban en el orden establecido como Irak, Irán o Corea del Norte.

En muy poco tiempo, dentro de un periodo que transcurriría desde la presidencia de Obama hasta la actual Administración de Biden, se ha acabado tomando conciencia de que el sistema internacional en el que Estados Unidos va a verse envuelto no tiene nada que ver con aquel al que sus líderes se habían acostumbrado en las dos décadas previas.

El objeto de este capítulo es el de profundizar en los principales debates teóricos e ideológicos recientes en la potencia norteamericana que se han ocupado de analizar el fenómeno de las grandes potencias y tratar de elaborar políticas destinadas a confrontar este fenómeno.

Para ello y a efectos de aunar en este análisis tanto la dimensión sistémica, a la que las grandes potencias deben enfrentarse cuando lidian con los principales asuntos de la agenda internacional, con los elementos derivados de la política doméstica, se recurrirá al enfoque del realismo neoclásico[3]. Corriente teórica que suma estas dos variables para explicar la política exterior de un Estado concreto, permitiendo analizar de una manera más comprensiva este fenómeno.

En este supuesto, la variable sistémica tendrá un rol protagónico que explicaría por qué Estados Unidos se focaliza de manera creciente en un fenómeno de naturaleza vital para ellos y le ha otorgado un carácter crecientemente protagónico en su política exterior por comparación con lo que había venido sucediendo en los momentos iniciales de la posguerra fría. Sin embargo, también se deben incorporar ciertas variables domésticas, que ayudarán a comprender las visiones del mundo predominantes entre las élites de la política exterior estadounidense. Al centrarse este capítulo principalmente en el marco del debate teórico e ideológico doméstico, la opción de optar por el realismo neoclásico tiene una base clara.

Lo mismo puede decirse del Análisis de Política Exterior, campo de estudio en el que según algunos autores se inscribe la anterior corriente teórica[4], al plantearse la necesidad de vincular las visiones y debates sostenidas por estas élites con el proceso de toma de decisiones que también tienden a protagonizar.

Aun siendo consciente de la existencia de un debate sobre la naturaleza conceptual de las grandes potencias, en este capítulo se asumirá la condición como tales de tres de estas potencias. En primer lugar, el propio Estados Unidos, difícil de discutir a la luz de su liderazgo en numerosos campos como el militar, económico, cultural o científico. En segundo lugar, China, principal rival de la primera y crecientemente destacada por un rol cada vez más importante a nivel político, económico o militar. En último término Rusia, a pesar del reconocimiento de que existe cierta incertidumbre y debate sobre esta condición después de los acontecimientos producidos en Ucrania y de los resultados producidos como consecuencia de su participación en este conflicto.

---

3 RIPSMANN, N.; TALIAFERRO, J. y LOBELL, S., *Neoclassical Realist Theory of International Politics*, Oxford University Press, Nueva York, 2016.

4 HUDSON, V., *Foreign Policy Analysis: Classic and Contemporary Theory*, Rowman & Littlefield, Lanham, 2014, 210-11.

En cualquier caso, no parece de momento que el conflicto derive en una reducción considerable de su papel sistémico, de su condición como segunda o primera potencia nuclear, ni en una rápida retirada de escenarios regionales a los que no pertenece como África o el Próximo Oriente. Tampoco parece que la política de aislamiento esté rindiendo grandes éxitos, en especial en sus relaciones con las principales potencias emergentes, cuyos principales representantes se han puesto de perfil a raíz del conflicto, ocupando una posición intermedia entre los Estados occidentales y la propia Rusia.

Al optarse por un enfoque de naturaleza realista y no por otros enfoques que se han ocupado de analizar el asunto como la Escuela Inglesa o de la Sociedad Internacional, se asumirá que los factores materiales como su capacidad para actuar en otros escenarios regionales distintos por su propia cuenta son los factores que determinarán la condición de gran potencia y no aspectos como el "reconocimiento" que le otorgarían otros Estados como integrantes de un orden internacional de naturaleza social[5].

Además, esta clasificación estaría justificada por la diferencia claramente establecida en los documentos estratégicos estadounidenses entre rivales como China o Rusia y el resto de actores hostiles a sus planteamientos. Caso de Irán o Corea del Norte, identificadas con escenarios regionales muy concretos.

El objetivo principal de este artículo es triple. En primer lugar, identificar las principales posiciones planteadas en el debate estadounidense sobre la competición entre grandes potencias y sus principales características. En segundo lugar, vincular estas posiciones con las principales opciones prácticas que han puesto en marcha las diferentes Administraciones que se han ocupado de lidiar con este fenómeno. En especial las de Barack Obama, Donald Trump y Joseph Biden. Finalmente, tratar de analizar cuál puede ser el enfoque predominante en los próximos años en caso de establecerse una supuesta doctrina o gran estrategia y sus posibles consecuencias.

---

5 BULL, H., *La sociedad anárquica: un estudio sobre el orden en la política mundial*, Catarata, Madrid, 2005, 253-58; BUZAN, B., *The United States and the Great Powers: World Politics in the Twenty-First Century*, Polity, Cambridge, 2004, 63-71.

Para ello el capítulo se dividirá en varias partes. En el apartado introductorio se plantean la inspiración teórica y objetivos. Después se analizará el debate teórico e ideológico estadounidense con relación a la política internacional de las grandes potencias y sus diferentes posiciones. A continuación, se analizará su plasmación en los principales documentos estratégicos y acciones de las últimas Administraciones Estadounidenses. Finalmente, en el apartado conclusivo se responderá a las cuestiones y objetivos planteados en el apartado introductorio.

El debate estadounidense sobre la competición entre potencias

La caída de la URSS puso fin a cuatro décadas donde la competición entre grandes potencias marcó el centro de la agenda estadounidense y las principales estrategias de esta, destacando la famosa política de la contención inspirada por Kennan.

Tras la Administración de Bush padre, el liberalismo se convirtió en la principal ideología de la política exterior estadounidense, en un momento histórico en el que corrientes teóricas como la paz democrática alcanzaron una gran popularidad en el ámbito teórico e incluso en el de la política práctica.

Las dos principales alternativas teórico/prácticas en Estados Unidos son en este momento el realismo político y el liberalismo. Estas dos corrientes han generado un importante debate desde su aparición en el periodo de entreguerras en aspectos muy diferentes. El de las grandes potencias sería uno de ellos. Aquí se expondrán los principales planteamientos con relación a cuál sería sus principales propuestas dentro de este ámbito, especialmente focalizadas tanto a China como a Rusia.

Visión liberal sobre la rivalidad entre grandes potencias

Para analizar la perspectiva liberal sobre la política de competición entre grandes potencias es necesario identificar sus dos principales corrientes, dado que, si bien sus postulados son esencialmente similares, difieren también en algunos puntos clave.

Desde la perspectiva institucionalista, que se centra esencialmente en el rol positivo que pueden tener las organizaciones internacionales para condicionar el comportamiento de los Estados y alcanzar la paz, cabe destacar los postulados de autores como Robert Keohane, Joseph Nye o, más recientemente, John Ikenberry. En este apartado se va a destacar en mayor medida las aportaciones de este último, dado que sus planteamientos se ajustan en mayor medida al contexto actual y han generado algunos de los principales debates y planteamientos conceptuales de mayor relevancia. Caso del conocido como "orden liberal internacional".

Ikenberry recoge y teoriza algunos planteamientos que ya se habían formulado en el marco de la política práctica dentro de la que sería su principal obra, *the Liberal Leviathan*, publicada en 2011. Este fue el caso de la doctrina conocida como el *responsible stakeholder*, formulada por el vicesecretario de Estado de la Administración Bush, Robert Zoellick, en un discurso formulado el 21 de septiembre de 2005 en Nueva York.

En este caso, el citado dirigente estadounidense toma como punto de partida una concepción optimista sobre el papel de China. Esta se basaría en sus diferencias con el rol que tuvo la Unión Soviética durante la Guerra Fría, la posibilidad de cambios a futuro en el sistema político chino o la existencia de numerosos intereses en común por desafíos a gestionar de manera cooperativa en el sistema internacional, caso de la lucha contra el terrorismo o el plan nuclear iraní. La consecuencia sería claramente la necesidad de profundizar en las relaciones de Estados Unidos con China para gestionar los principales desafíos globales de la política internacional y co-liderar el sistema internacional junto con la potencia norteamericana.

Tomando este testigo, Ikenberry[6] reconoce que la relación de la potencia asiática con el "orden liberal" todavía no está completamente definida y en parte depende de la capacidad occidental de hacer cambios. No obstante, se muestra notablemente optimista hacia la posibilidad de integrar a China dentro de este orden internacional "abierto, progresivo y basado en normas" que identifica en su obra.

---

6 IKENBERRY, G., *Liberal Leviathan: The Origins, Crisis, and Transformation of the American World Order*, Princeton University Press, Pinceton, 2011, 342-48.

Este optimismo se fundamenta en varias razones. Por un lado, destacaría la idea presente en su planteamiento teórico de que, la construcción de un orden internacional usualmente es posible cuando una guerra hegemónica, como habría sucedido durante la Segunda Guerra Mundial, destruye el orden preexistente. En este caso es algo que no habría sucedido, por lo que las posibilidades de China de establecer un nuevo orden serían notablemente escasas y esta potencia habría resistido unirse a Estados "distanciados" de este orden como Rusia o Irán.

En segundo lugar, valora la flexibilidad y apertura del orden liberal establecido por Estados Unidos, aspecto por el que considera que la integración de China es posible remarcando la mayor probabilidad de que trate de ganar estatus y autoridad dentro de este en lugar de desafiarlo. También expone los incentivos que tendría China para acomodarse al orden liberal, especialmente desde el ámbito económico y comercial. De hecho, pone de ejemplo una de las decisiones que han sido más criticadas políticamente en los últimos años: la entra de China a la Organización Mundial del Comercio.

Los planteamientos relativos al liberalismo institucionalista, que incorpora también algunos aspectos relacionados con el papel positivo del comercio en las relaciones internacionales, son de notable importancia pero, en absoluto, los únicos a tener en consideración. También cabe destacar el caso de otras teorías liberales tan notables como la de la paz democrática.

La teoría de la paz democrática, a diferencia de la anterior, no se centra en la relevancia de las organizaciones internacionales sino en la democracia liberal como forma de gobierno. Según este planteamiento, las democracias liberales nunca o casi nunca se hacen la guerra entre ellas, tal y como formuló su principal autor, Michael W. Doyle[7]. Esta teoría marca ciertas diferencias con los planteamientos más optimistas de los liberales institucionalistas, sin duda más optimistas.

Al focalizarse esencialmente en la forma de gobierno, a las diferencias ocasionadas por las rivalidades en cuestiones de seguridad

---

7 DOYLE, M., "Kant, Liberal Legacies and Foreign Affairs: Part 1 and 2", *Philosophy and Public Affairs*, 12-3 y 12-4, 1983, 205-235 y 323-353.

o poder pueden añadirse las relativas a la naturaleza autocrática de los gobiernos de Estados como Rusia o China. Un aspecto que se ha puesto crecientemente de manifiesto y que no tiene nada de novedoso a la luz de planteamientos como el que enfrentaba al "mundo libre" con el "comunismo" de la etapa de la Guerra Fría.

La naturaleza autocrática de los gobiernos de Rusia y China tendría ciertos efectos según los planteamientos de la paz democrática. Al estar ante autocracias poderosas, la teoría original manifiesta que los criterios que seguirían las democracias liberales, que por otro lado no tendrían nada de pacíficas, serían los criterios fundamentados en la prudencia y la autorrestricción propios del realismo político frente al "imperialismo espasmódico" que mostrarían con relación a las débiles.

Sin embargo, los principales herederos de estas teorías no siempre han mostrado el mismo espíritu de prudencia que el autor original y a menudo han tenido a ofrecer una visión del sistema internacional que contrapone la democracia liberal con el autoritarismo, justificando una competición descarnada frente a estas a efectos de lograr una victoria definitiva de la democracia. Este punto es una clara herencia de la política seguida por Estados Unidos desde la caída de la Unión Soviética.

Así pues, frente a la posición optimista y relativamente ingenua de los liberales institucionalistas, los partidarios de la paz democrática ofrecerían una visión más similar a la de un campo de batalla entre la democracia liberal y el autoritarismo en sus diferentes versiones —incluyendo aquí al populismo— o a una cruzada ideológica en favor de la primera. Además, en este punto cabe destacar que dentro de su visión no priorizan estratégicamente a un adversario particular sobre el otro por razones de poder o estratégicas. Sus integrantes han apoyado tanto la política de contención de China como la acción enérgica frente a Rusia por la guerra de Ucrania o los cambios de régimen en diferentes escenarios como Irak o Libia, tras intervenciones frente a adversarios considerados más débiles. La política de competición con otras grandes potencias, por tanto, sería un apéndice más de su cruzada ideológica en favor de los valores estadounidenses.

Ambas posiciones han sido sostenidas por algunos de los principales grupos ideológicos de la política exterior estadounidense, cuyos principales representantes están presentes en el proceso de toma de decisiones. Los liberales, generalmente asociados con el Partido Demócrata, aúnan al mismo tiempo las visiones institucionalista y de la paz democrática. Los neoconservadores republicanos, en cambio, se inclinan más por la visión relativa a la defensa de la paz democrática frente a los rivales autoritarios de Estados Unidos con un cierto desdén hacia el rol de las organizaciones internacionales o del multilateralismo[8].

Ambas posiciones, como veremos, han tenido un cierto papel dentro de la política exterior de las Administraciones de Obama, Biden e incluso, en menor medida, de la de Trump.

Visión realista de la política de competición entre grandes potencias

Frente a la visión liberal, los partidarios del realismo político se han ocupado, tradicionalmente, de estudiar de manera central la política de competición por el poder y la seguridad entre grandes potencias en un sistema internacional anárquico e inherentemente competitivo. Este aspecto es un elemento central de estudio en las relaciones internacionales de Estados Unidos, prácticamente desde su inicio en la disciplina.

Realistas clásicos como Hans Morgenthau, Reinhold Niebuhr, Nicholas Spykman, George Kennan o Henry Kissinger tuvieron la competición entre Estados Unidos y la Unión Soviética como un aspecto central de la política internacional de su país. Aquí podemos incluir también a autores fundacionales del neorrealismo como Kenneth Waltz. Sus planteamientos teóricos influyeron en y permearon las diferentes doctrinas o estrategias formuladas durante este periodo, si bien no siempre de la manera que les hubiese gustado y de manera muy diferente entre unos autores y otros.

La nueva competición entre grandes potencias también ha suscitado la preocupación de algunos de los autores realistas más recien-

---

8 WALT, S. "What intervention in Libya tells us about the neocon-liberal Alliance", *Foreign Policy*, 21 de marzo de 2011 [en línea] https://foreignpolicy.com/2011/03/21/what-intervention-in-libya-tells-us-about-the-neocon-liberal-alliance/ [Consulta: 20/12/2022].

tes como John Mearsheimer o Stephen Walt. Particularmente en el caso del primero.

Esta visión del mundo no ha sido siempre del agrado de las élites de la política exterior estadounidense, a las que los autores realistas han definido peyorativamente en sus obras más recientes como el Blob o masa devoradora, siguiendo la definición del viceconsejero de Seguridad Nacional de Obama para las Comunicaciones Estratégicas, Ben Rhodes[9]. A pesar de las críticas de sus rivales teóricos o ideológicos, no cabe duda que las visiones de estos autores han sido enormemente influyentes tanto en el plano académico como en el del pensamiento estratégico.

Uno de los ejemplos más destacados es la obra de Mearsheimer, *La tragedia de la política de las grandes potencias*[10], especialmente relevante en su visión sobre el ascenso de China. Siguiendo la teoría del neorrealismo ofensivo, que defiende que las grandes potencias desean acumular poder a efectos de convertirse en hegemones regionales para garantizar su seguridad y supervivencia, Mearsheimer aplica su teoría al que considera el gran desafío sistémico de Estados Unidos: la República Popular de China.

Según estos planteamientos, que hunden sus raíces en la obra de autores como Spykman[11] y que este autor remonta incluso a la doctrina Monroe, los líderes chinos pretenden convertir a su país en la potencia dominante en la región, lo que les permitiría competir en otros entornos regionales como el hemisferio occidental, poniendo en riesgo la propia seguridad nacional estadounidense. Por ello y, según esta visión, Estados Unidos debería poner en marcha una política enérgica de contención para confrontar la amenaza que esta potencia supone y se muestra enormemente crítico con las políticas tendentes a su acomodación en el sistema internacional que las

---

9 RHODES, B., *El mundo tal y como es: Cambiar el mundo desde el ala oeste*, Debate, Barcelona, 2019, 449-52; ALT, S., *The Hell of Good Intentions: America's Foreign Policy Elite and the Decline of U.S. Primacy*, Farrar, Straus & Giroux, Nueva York, 2018, 91.

10 MEARSHEIMER, J. J., *The Tragedy of Great Power Politics*, Norton, Nueva York, 2014.

11 SPYKMAN, N. J., *America's Strategy in World Politics: The United States and the Balance of Power*, Routledge, Nueva York, 2007, 194-99.

Administraciones estadounidenses de la posguerra fría pusieron en marcha. También con las visiones liberales que han respaldado esta estrategia y con las distracciones respecto de este primer objetivo que habrían supuesto guerras como las de Irak o Ucrania.

La relevancia práctica de la obra de Mearsheimer parece haber sido importante, aunque incompleta. Esta ha tenido un gran éxito en lo que respecta a la visión estadounidense sobre China, siguiendo los documentos y declaraciones de su política exterior. Sin embargo, su propuesta de acercamiento a Rusia, a efectos de competir de una manera más favorable con China separándola de la primera, al igual que sucedió con la Administración Nixon y China durante la Guerra Fría, no ha tenido demasiado respaldo entre las élites estadounidenses. De hecho, fue particularmente criticada por sus rivales teóricos e ideológicos después del conflicto de Ucrania.

Lo mismo sucedería con la propuesta que este autor y Stephen Walt realizaron defendiendo una estrategia de *offshore balancing*, que permitiese jugar un papel más destacado a los aliados de Estados Unidos en regiones diferentes del Indo-Pacífico y permitiese a Estados Unidos concentrar sus esfuerzos en lidiar con China[12].

La posición realista no es la única producida en el marco de las teorías que ponen la seguridad y el poder como centro del comportamiento de los Estados. Otra teoría, que tuvo cierta relevancia durante la Guerra Fría de la mano de autores como Abramo Organski también ha resurgido en los últimos años en el marco del debate sobre la competición entre grandes potencias: la teoría de la transición de poder[13].

Según este planteamiento teórico el orden internacional y la estabilidad consiguiente quedarían determinados por la existencia de una potencia hegemónica que lo articularía conforme a su preferencia. Serían precisamente los momentos en los que una potencia en ascenso alcanzase la posibilidad de desplazar a la potencia hegemóni-

---

12 MEARSHEIMER, J. y WALT, S., "The Case for Offshore Balancing", *Foreign Affairs*, 13 de junio de 2016 [en línea] https://www.foreignaffairs.com/articles/united-states/2016-06-13/case-offshore-balancing [Consulta: 20/12/2022].

13 KLUGER, J. y ORGANSKI, A., "The Power Transition: A Retrospective and Prospective Evaluation" en: *Handbook of War Studies*, Routledge Revivals, Londres, 1989, 171-194.

ca de su posición preeminente a raíz de un conflicto, cuando la situación de inestabilidad se impondría. La hegemonía y no el equilibrio de poder, por tanto, sería el principal objeto de estudio y distinción entre estos y la mayor parte de los defensores del realismo político.

El conocido politólogo estadounidense, Graham Allison[14], uno de los principales autores de la subdisciplina conocida como Análisis de Política Exterior, es quien ha actualizado este planteamiento teórico a través del concepto de la Trampa de Tucídides. Según esta formulación teórica y tomando como base una frase del historiador griego Tucídides, generalmente identificado con posiciones realistas, sería el temor de las élites espartanas por el ascenso de Atenas lo que haría la situación de guerra posible.

A raíz de esto, el autor plantea quince supuestos de conflicto entre potencias hegemónicas y otras en ascenso de los cuales únicamente cuatro no terminaron en guerra, para advertir de la posibilidad seria de un conflicto armado entre Estados Unidos y China con todo lo que ello implicaría. La posibilidad de que la potencia dominante pueda articular un orden internacional conforme a sus preferencias queda patente detrás de esta formulación teórica.

En definitiva, frente a las formulaciones liberales, aquellas teorías que han fundamentado su explicación del sistema internacional en la búsqueda por el poder y la seguridad han defendido una visión del mundo considerablemente más pesimista que busca priorizar la seguridad nacional estadounidense y el actual estado de cosas en el sistema internacional, preservando el liderazgo estadounidense, aunque no la excepcionalidad de esta potencia.

Guiados por el principio de prudencia y una definición del interés nacional basado en la seguridad propia, los decisores realistas pertenecientes a los dos partidos mayoritarios en Estados Unidos han priorizado estos aspectos en la agenda a la hora de afrontar el fenómeno de la competición entre grandes potencias. Al igual que los liberales, estas dimensiones permearían el discurso y los principales documentos estratégicos de la potencia norteamericana, así como

---

14 ALLISON, G., *Destined for War: can America and China Escape Thucydides's Trap?*, Scribe, Londres, 2017.

sus decisiones y acciones durante el periodo histórico más reciente de su política exterior.

La rivalidad entre las grandes potencias en la actual política exterior estadounidense

El fin de la Guerra Fría trajo el final del rol de la competición entre grandes potencias como prioridad estratégica número uno de Estados Unidos. Entre la Administración de Bush padre, a quien tocaría gestionar los efectos de la disolución de la Unión Soviética y la etapa de Barack Obama, las diferentes Administraciones estadounidenses se focalizaron en otros asuntos.

En el caso de la Administración Clinton y desde 1993 (Lake), en la expansión de la democracia liberal y de los países con economía de mercado. En ocasiones vía intervenciones humanitarias y procesos de construcción del Estado. Aunque la Administración de George W. Bush quiso volver a focalizarse en este asunto junto con las prioridades de la política doméstica[15], el 11S le hizo centrarse en la guerra contra el terror, los regímenes considerados canalla y en una nueva política de expansión de la democracia[16].

Durante esta etapa la competición entre grandes potencias ocuparía un lugar claramente secundario en las prioridades estadounidenses ante la ausencia en mucho tiempo de un desafío de este tipo. De hecho, si hubiese que vincular las preferencias de las élites estadounidenses con una de las opciones teóricas que se recogieron en el apartado anterior, el intento de gestionar el ascenso de China se realizaría vía la doctrina del *responsible stakeholder*. Un ejemplo de esta opción sería una de las decisiones más criticadas durante este periodo histórico: la entrada de China en la Organización Mundial del Comercio. Decisión impulsada claramente por la Administración Clinton, pero más tarde apoyada por la Administración de George W. Bush. De hecho, esta doctrina se formalizaría el 21 de septiembre

---

15 RICE, C.: "Promoting the National Interest", *Foreign Policy*, 1 de enero de 2000 [en línea] https://www.foreignaffairs.com/united-states/campaign-2000-promoting-national-interest [Consulta: 02/01/2023].

16 The White House, *The National Security Strategy*, Washington DC, GPO, 2000.

de 2005 con el discurso del vicesecretario de Estado, Robert Zoellick, antes mencionado[17].

No obstante Estados Unidos también obtendría algunas ventajas de esta situación fáctica de distribución de poder unipolar. Durante este periodo la relación de Estados Unidos con China y Rusia se fundamentaría en lograr una solución transaccional de los principales desacuerdos con estas potencias o de problemas comunes como la gestión del armamento nuclear que había quedado en manos de Rusia y evitar su proliferación. Lo mismo sucedería con la aplicación de principios liberales derivados de teorías como la paz democrática, que preconizaban la expansión de la democracia liberal como forma de gobierno[18], fenómeno que acabaría viéndose como una amenaza para sus regímenes políticos por parte de las élites rusas y chinas[19]. A la postre la ausencia de un desafío procedente de las grandes potencias contra este orden unipolar, bien por falta de habilidad o de voluntad, facilitaría la expansión del "orden liberal internacional"[20].

Esta política se vería favorecida por el claro hecho de la debilidad por la que atravesaba la propia Rusia y la focalización de China en su propio crecimiento y desarrollo económico y social. Cuando Occidente decidió ampliar la OTAN e integrar a los Estados de Europa Oriental que formaban parte del Bloque Soviético, las élites rusas protestaron pero fueron incapaces de reaccionar más allá de la declaración verbal. Lo mismo sucedería cuando se intervino militarmente en Serbia a raíz de la cuestión kosovar[21]. En el caso de China, la visita del presidente taiwanés a la Universidad de Cornell fue respondida por ejercicios militares chinos que, no obstante, tuvieron escaso

---

17 CLINTON, B., *Mi vida*, Sudamericana, Buenos Aires, 2004, 880; ZOELLICK, R. "Whither China: From Membership to Responsibility?", *Departamento de Estado*, 2005 [en línea] https://2001-2009.state.gov/s/d/former/zoellick/rem/53682.htm [Consulta: 02/01/2023].

18 The White House, *A National Security Strategy of Engagement and Enlargement*, Washington DC, 1996, i-iv, 20-21 y 32.

19 JINPING, X. y PUTIN, V., *Joint Statement of the Russian Federation and the People's Republic of China on the International Relations Entering a New Era and the Global Sustainable Development*, 4 de febrero de 2022 [en línea] http://en.kremlin.ru/supplement/5770 [Consulta: 02/01/2023].

20 Ikenberry, *op. cit.*, 232-238.

21 Mearsheimer, *op. cit.*, 2.

efecto ante el importante despliegue militar estadounidense en el estrecho de Taiwán[22].

El importante crecimiento económico y del gasto militar tanto de China como de Rusia y su mayor asertividad obligarían a otorgar una mayor relevancia a la competición entre grandes potencias dentro de los documentos estratégicos estadounidenses y el discurso de sus líderes políticos a pesar de la importante distracción que tanto la lucha contra el terrorismo como la guerra de Irak habían supuesto. Ya en los momentos finales de la Administración de George W. Bush el apoyo a las revoluciones de colores en Estados como Georgia o Ucrania, así como la propuesta para su integración en la OTAN en la Cumbre de Bucarest de 2009 sería protestada por la propia Rusia, pero no ya con palabras sino con hechos, como demostró la breve guerra de Georgia de 2008. Lo mismo sucedería con una China crecientemente asertiva y segura de su fortaleza en los diferentes conflictos territoriales de los mares del sur y este de China.

Con todo, la estrategia liberal del *responsible stakeholder* no se abandonaría de manera completa ni repentina. La Administración Obama sería un claro ejemplo de este hecho. Si bien originalmente sus prioridades estuvieron más bien en finalizar las guerras heredadas de su predecesor, la competición entre grandes potencias se haría pronto un hueco en su agenda.

Esto fue así, especialmente de la mano de la secretaria de Estado Hillary Clinton y de su subsecretario para Asia Pacífico, Kurt Campbell, que pondrían las bases de la estrategia de la Administración hacia la región. Este sería el famoso "giro hacia el Pacífico", caracterizado por un intento de reforzar la presencia estadounidense en la región tanto a nivel militar como político y económico, logrando un resultado parecido al que se había conseguido en el continente europeo. Para ello, el sistema de alianzas estadounidense con diversos Estados de la región tendría una naturaleza clave[23]. Más tarde se

---

22 Clinton, *op cit,* 815-816.

23 CLINTON, H., "America's Pacific Century", *Foreign Policy,* 11 de noviembre de 2011 [en línea], https://foreignpolicy.com/2011/10/11/americas-pacific-century/ [Consulta: 07/01/2023] y CLINTON, H., *Hard Choices,* Simon & Schuster, Nueva York, 2014, 41-64.

intentaría complementar con un amplio acuerdo de libre comercio conocido popularmente como el TPP o *Transpacific Partnership*[24].

La razón que explica este cambio de postura sería el importante fortalecimiento de China en su propia región, así como su política exterior cada vez más asertiva, en especial en los conflictos territoriales que mantenía con una buena parte de sus vecinos. Un aspecto que había despertado las alarmas de diversos aliados estadounidenses en la región como Japón o Filipinas y que estaba llevando a una política de hechos consumados, donde la potencia asiática llegó a militarizar islotes en disputa y donde su ministro de asuntos exteriores llegó a afirmar que "China es un país grande. Los otros países son países pequeños. Se trata tan solo de un hecho" en la Cumbre del Asean de 2010[25].

La reacción estadounidense, por tanto, implicó una mezcla de elementos realistas y liberales. Realistas en el intento de equilibrar el poder de China e impedir la hegemonía regional de la potencia asiática y liberales por el fortalecimiento e incluso intento de institucionalización del sistema de alianzas estadounidense. Esta estrategia se mostraría fallida tanto por el cambio de decisores políticos en su segundo mandato como por la focalización que tendría que otorgar a otros escenarios regionales como Europa oriental o a un Próximo Oriente afectado por la Primavera Árabe. Sin embargo, marcaría un precedente para sus sucesores y recuperaba la importancia de la competición entre grandes potencias como motor de su política exterior.

Con relación a Rusia, se pondría en marcha una estrategia similar a la del *responsible stakeholder*, optando por un intento de mejorar las relaciones con el presidente Medvedev, al que se presuponía más liberal que a Putin. La estrategia de *Reset*, pretendía según Hillary Clinton profundizar la cooperación en áreas de interés común y mantener la firma en aquellas donde los intereses de ambas divergiesen[26]. Sin embargo, esta relación se iría progresivamente al traste con las

---

24 The White House, *National Security Strategy*, Washington DC, GPO, 2015, i y 24.

25 LOWSEN, B., "China's Diplomacy Has a Monster in its Closet", *The Diplomat*, 13 de octubre de 2018 [en línea] https://thediplomat.com/2018/10/chinas-diplomacy-has-a-monster-in-its-closet [Consulta: 05/01/2023].

26 Clinton, *op. cit.*, 231.

discrepancias en escenarios como Libia o Siria, el retorno al poder de Putin en 2012 y, finalmente, por los acontecimientos en Ucrania.

Si la reacción ante China pareció haber mostrado un cierto equilibrio entre posiciones realistas y liberales, en el caso de Rusia la posición estadounidense evolucionó hacia una dimensión liberal intervencionista relativamente inusual en la política de la Administración. Su política apoyando las protestas del Euromaidán y la caída de Yanukovich, así como la política sancionadora que seguiría a la reacción rusia de anexión de Crimea y apertura del conflicto en el Donbás, así lo muestran. Claramente, la crisis ucraniana hundió las relaciones bilaterales y marcó el camino hacia la invasión rusa de 2022.

Estos acontecimientos consolidaron definitivamente la competición entre grandes potencias como el desafío número uno de Estados Unidos. En su Estrategia de Seguridad Nacional de 2015, ya se señaló al cambio en el equilibrio de poder como una fuente de riesgos y oportunidades. Y se mencionó al ascenso de China y la "agresión rusa" como elementos que marcarían la relación entre las principales potencias. No obstante, la dimensión liberal observada en el apartado anterior se mantuvo, resaltando que Estados Unidos trabajaría "dentro de un orden internacional basado en reglas", una afirmación que tendría claramente su continuidad con la Administración Biden.

La visión de la rivalidad entre grandes potencias como el primer desafío de seguridad estadounidense se confirmaría con su sucesor, el presidente Trump. A pesar de su visión y discursos, considerados usualmente heterodoxos por las élites de política exterior estadounidense, con las que fue bastante crítico, mantuvo importantes continuidades con su predecesor en este ámbito.

No obstante, también cabe mencionar algunas diferencias. Frente a los elementos liberales de su predecesor, Trump aplicaría una ideología jacksoniana que se manifestaría en una defensa a ultranza de los intereses propios y, específicamente, de las clases medias estadounidenses[27]. Esto le llevaría a cancelar instrumentos geoeconómicos como el Acuerdo Transpacífico de Libre Comercio. También a exigir reformas en los acuerdos bilaterales de comercio. No obstante, en la

---

27 MEAD, W., "The Jacksonian Revolt", *Foreign Affairs*, 96-2, 2017, 2-7.

mayor parte de las cuestiones de seguridad la continuidad fue la tónica y Trump mantuvo el apoyo y las garantías tanto a la OTAN como a sus aliados asiáticos. Seguía la rivalidad entre grandes potencias, pero con la aplicación de elementos de su agenda fundamentado en la idea del *America First*[28].

De igual forma, y a pesar de las criticadas declaraciones elogiando al presidente ruso, su política realizó realmente pocos cambios y continuó por la senda de las sanciones y el apoyo a Ucrania. En el caso de China su posición pasaría por diferentes altibajos. Si en un principio la calificó de "manipuladora de la moneda", impuso aranceles a diversos productos chinos y aplicó sanciones a empresas energéticas destacadas como *Huawei*; más tarde trató de lograr un acuerdo comercial favorable para Estados Unidos. La relación se deterioraría definitivamente a raíz de la pandemia y la expansión del COVID-19, al que calificó de "virus chino". De hecho, las declaraciones de su secretario de Estado Pompeo recuperando el discurso liberal que contraponía al mundo libre con el partido comunista chino, pareció inaugurar una nueva Guerra Fría[29].

En su Estrategia de Seguridad Nacional de 2017, el documento ya establecía la competición entre grandes potencias y, particularmente a China y Rusia, como el principal desafío para la seguridad nacional estadounidense. En esta se recogía que "China y Rusia desafían el poder, la influencia y los intereses estadounidenses, tratando de erosionar su seguridad y prosperidad. Están decididos a hacer que las economías sean menos libres y justas, acrecentar sus ejércitos, y con-

---

28 TOVAR, J., "La doctrina Trump en política exterior: fundamentos, rupturas y continuidades", *Revista CIDOB d'Afers Internacionals*, 120, 2018, 259-283.

29 TRUMP, D., "Transcript: Foreign Policy Speech", *New York Times*, 24 de abril de 2016 [en línea] https://www.nytimes.com/2016/04/28/us/politics/transcript-trump-foreign-policy.html [Consulta: 10/01/2023]; TRUMP, D., *Remarks by President Trump to the 75th Session of the United Nations General Assembly*, 22 de septiembre de 2020 [en línea] https://trumpwhitehouse.archives.gov/briefings-statements/remarks-president-trump-75th-session-united-nations-general-assembly [Consulta: 10/01/2023] o POMPEO, M., *Communist China and the Free World's Future*, 23 de julio de 2020 [en línea] https://2017-2021.state.gov/communist-china-and-the-free-worlds-future-2/index.html [Consulta: 10/01/2023].

trolar la información y datos para reprimir sus sociedades y expandir su influencia"[30].

Esta política realmente vino para quedarse. Cuando el presidente Biden llegó al poder, intentó desde un primer momento distanciarse de su predecesor con un discurso liberal que resaltaba el papel de las alianzas y de la democracia liberal[31]. Sin embargo, este punto quedaría como el primer gran objetivo de seguridad nacional para la nueva Administración. Tal y como se recoge en el apartado introductorio, tanto la Guía Interina para la Seguridad Nacional como la Estrategia de Seguridad Nacional de 2022 hicieron referencias claras a la competición entre grandes potencias como principal motor de la política exterior estadounidense. Las diferencias de matiz no lograron ocultar las continuidades que se aplicarían no solo en el ámbito de seguridad, sino en el económico y comercial o el tecnológico.

La diferencia es que, ante un gabinete mayoritariamente liberal y menos diverso ideológicamente que el de sus dos inmediatos predecesores, los argumentos procedentes de este ámbito teórico tendrían un mayor peso. Tanto los relativos a la preservación de "un orden internacional basado en reglas" como al fortalecimiento de la democracia. No obstante, este último apartado, que puede encontrarse en algunos de sus discursos más importantes, no está exento de contradicciones y plantea dudas en torno a su sinceridad, dada su aplicación limitada a los supuestos de China y Rusia. Esto hace pensar más bien en una suerte de legitimación similar a la que se pudo observar en la Guerra Fría. Un punto que su Estrategia de Seguridad Nacional reconoce en lo que respecto a la distinción entre potencias autoritarias revisionistas y aquellas que no lo serían.

Su política exterior ha mostrado una curiosa mezcolanza de los elementos realistas y liberales mencionados en el apartado anterior. Sin embargo, los elementos ideológicos liberales habrían ido ganando fuerza desde el desencadenamiento del conflicto en Ucrania, un

---

30 The White House, *National Security Strategy of the United States of America*, Washington DC, GPO, 2017, 2.

31 BIDEN, J., *Remarks by President Biden on America's Place in the World*, 4 de febrero de 2021 [en línea] https://www.whitehouse.gov/briefing-room/speeches-remarks/2021/02/04/remarks-by-president-biden-on-americas-place-in-the-world/ [Consulta: 05/01/2023].

escenario no vital para los intereses estadounidenses y una posible distracción del objetivo número uno de la política exterior de Biden y su verdadero rival: China. Con todo, ha servido para confirmar que esta política de rivalidad sistémica ha llegado para quedarse y por mucho tiempo[32].

Conclusiones

Las visiones del mundo de la política exterior estadounidense, fundamentadas en sus debates teóricos domésticos, siguen mostrando la riqueza de matices de esta y la diferencian claramente de la desarrollada por otras potencias. El resurgimiento de la competición entre grandes potencias ha llevado a un nuevo debate teórico e ideológico entre las diferentes visiones del mundo que han protagonizado el debate académico estadounidense y su política exterior. De estas las más importantes han sido sin duda la realista y la liberal. Pero estos posicionamientos no han sido necesariamente homogéneos ni han estado libres de contradicciones.

A modo de ejemplo los planteamientos liberales han mostrado una acusada división. Mientras los liberales institucionalistas como Ikenberry han acogido con optimismo y alguna cautela la integración china en el orden internacional "liberal" y sus efectos, los partidarios de posiciones cercanas a la paz democrática han resaltado la emergencia de un escenario internacional caracterizado por la contraposición y una suerte de batalla global entre democracia y autoritarismo.

Por contraposición a este planteamiento, los realistas y los partidarios de la teoría de la transición de poder parecen haber optado por una posición más homogénea, focalizándose en la amenaza que supone el ascenso de China para Estados Unidos. En ambos casos el desarrollo de una política enérgica parece ser la consecuencia, aunque Allison trate de plantear la posibilidad de una transición pacífica y no violenta entre un modelo hegemónico y otro. Esto no quiere decir que no haya diferencias, como sucede con las cuestiones rela-

---

32 TOVAR, J., "La paradoja de la política exterior de Joe Biden", *Revista CIDOB d'Afers Internacionals*, 132, 2022, 195-220.

tivas a las implicaciones de la distribución de poder para el sistema internacional, pero las recetas no parecen divergir demasiado.

Ambas opciones han acabado teniendo una plasmación importante en la política exterior reciente de Estados Unidos. La doctrina del *responsible stakeholder*, fundamentada en una concepción liberal optimista del papel de China, ha sido claramente predominante en los primeros tiempos de la posguerra fría y ha llegado a conformar parte de la doctrina de política exterior de Obama. De igual forma, elementos liberales como la institucionalización de alianzas o los acuerdos de libre comercio se convirtieron en puntos clave de la estrategia de Giro hacia el Pacífico.

Más tarde, a medida que China o Rusia comenzaba a mostrarse como actores cada vez más asertivos, las posiciones realistas se han ido reforzando. Ya con la Administración Obama, la competición entre grandes potencias comenzó a ser una preocupación seria que llevó a plantear nuevas reflexiones sobre la distribución de poder en su Estrategia de Seguridad Nacional de 2015. Esta línea realista se fortaleció notablemente en la etapa de Trump, sumada a ciertas líneas jacksonianas y la de Biden.

En este último caso, tanto la Guía Interina de 2021 como la Estrategia de Seguridad Nacional de 2022 muestran una mezcla de elementos realistas con elementos liberales como los relativos a la preservación de "un orden internacional basado en reglas" o la contraposición entre democracias y "autocracias revisionistas". La duda que cabe plantear es sí estos últimos elementos son conceptos estratégicos relevantes o más bien instrumentos de legitimación como sucedía durante la Guerra Fría con la confrontación entre "mundo libre" y comunismo, tan presente en el discurso de los líderes estadounidenses.

No es fácil discernir cual puede ser la opción teórico-ideológica que pueda guiar la política exterior estadounidenses de los próximos años. Las convicciones de las élites de la política exterior estadounidense han estado a menudo ligadas con posiciones liberales y los malos resultados que estas a menudo han producido no les ha disuadido de continuar con este tipo de prédicas, tal y como puede observarse en el caso de Ucrania. Sin embargo, la necesidad existencial derivada de la competición entre grandes potencias, especialmente aplicable en el caso de China, hacen que las consideraciones realistas de seguridad nacional y poder deban considerarse prioritarias.

La necesaria aplicación del principio de prudencia en un escenario de este tipo choca, además, con la aplicación ideológica de la confrontación entre democracia y autocracia que puede inducir como en el pasado a políticas de cruzada. Y si, como resulta previsible, la rivalidad se hace aún más descarnada, todo apunta a que las consideraciones realistas deban, por su propia naturaleza, prevalecer sobre las liberales tal y como sucedió durante la Guerra Fría.

Una cuestión queda clara, la competición entre grandes potencias está aquí para quedarse y puede optar por formas mucho más descarnadas de aquellas que estamos contemplando en este momento. También en este escenario las visiones de la política exterior estadounidense tendrán un papel clave que jugar a la hora de explicar las decisiones y acciones de su política internacional.

Rusia ante la competición Estados Unidos-China: percepciones, estrategias e impacto de la guerra

Javier Morales Hernández

Introducción

No hay duda de que la imprudente decisión del presidente Putin, al iniciar una guerra a gran escala contra Ucrania en febrero de 2022, tendrá consecuencias muy graves para la posición de su propio país dentro del sistema internacional. Sin embargo, el Kremlin parece haber calculado que logrará resistir a las sanciones y presiones de Occidente gracias al apoyo de China, que se ha convertido en su principal socia estratégica durante las dos últimas décadas. El auge de esta como potencia mundial plantea, no obstante, una relación bilateral con Moscú cada vez más asimétrica, en la que una prolongación de la guerra solo agravaría la dependencia política y económica rusa de su vecina asiática. Estos riesgos contrastan con el tono excesivamente optimista acerca de la asociación con China que, como veremos, está presente no solo en la propaganda del Kremlin, sino también entre muchos de los expertos y analistas que asesoran a los decisores políticos.

Por otra parte, en un mundo de aparente retorno a la tradicional competición entre grandes potencias, el ascenso chino es considerado por Estados Unidos como el desafío más grave a su capacidad de mantener un orden liberal de acuerdo con sus intereses y valores. La posibilidad de que China logre servir de contrapeso efectivo al intervencionismo estadounidense, acabando con los restos de la hegemonía global de Washington, es uno de los motivos del apoyo de Rusia. Moscú considera que comparte con Pekín su preferencia por un mundo multipolar o policéntrico, en el que ambas puedan ejercer de forma efectiva como líderes regionales y limitar la interferencia occidental en sus respectivos vecindarios. Pero esta aparente armonía de intereses tampoco está libre de obstáculos y limitaciones, que les impedirían evolucionar —incluso si este fuera el deseo de ambos gobiernos, algo que no ocurre en la actualidad— hacia una alianza en el sentido estricto del término. ¿Cuáles son, por tanto, las percepciones rusas de las posibilidades reales de esta cooperación, así como de los riesgos que plantea para la propia identidad de Rusia como "gran potencia"?

Para responder a ello, analizaremos los discursos que coexisten entre las élites rusas sobre el papel global de China, en dos niveles distintos, pero interrelacionados entre sí. En primer lugar, los que podemos considerar parte de la doctrina oficial de política exterior, recogida tanto en documentos estratégicos de carácter plurianual —entre los que destaca el Concepto de Política Exterior, del que se han publicado cinco versiones durante las etapas de Putin y Medvedev— como en los mensajes públicos del presidente ruso y sus declaraciones conjuntas con el líder chino tras las cumbres bilaterales. En segundo lugar, las publicaciones de la comunidad de investigadores y expertos rusos en política internacional, desde aquellas con un carácter más académico o científico hasta los documentos de los *think tanks,* cuya finalidad es principalmente formular recomendaciones sobre los acontecimientos más inmediatos.

El papel de China en la doctrina de política exterior de Rusia

Conceptos de Política Exterior y otros documentos doctrinales

La situación en la que Putin llega al poder en el año 2000 era sustancialmente distinta a la de hoy, en cuanto a la distribución del poder y a la percepción de Rusia de su posición relativa frente a otras potencias. El país partía de una grave crisis interna durante la última década del siglo XX, en la que su papel en el mundo había quedado relegado al de un actor de segundo orden; mientras que Estados Unidos, por su parte, había quedado como única superpotencia del sistema, atribuyéndose a sí mismo la responsabilidad principal del mantenimiento del orden internacional. Por tanto, el objetivo de la política exterior rusa —ya establecido como prioridad en los últimos años de la presidencia de Yeltsin, tras el nombramiento de Yevgueni Primakov como ministro de Asuntos Exteriores— debía ser ejercer como contrapeso a la hegemonía occidental, transformando la unipolaridad de la post-Guerra Fría en un sistema donde Rusia y otras potencias tuvieran un poder si no superior al de Estados Unidos, sí al menos suficiente para proteger los intereses considerados como vitales por ellas, incluso en contra de los deseos y ambiciones de Washington.

En esta línea, Moscú había acogido con satisfacción el ascenso económico de China, como ejemplo de un país que "solía estar distanciado del epicentro de la confrontación bipolar, y no estaba directamente vinculada a ninguna de ambas superpotencias", pero que ahora estaba adoptando "una posición cada vez más independiente [de Estados Unidos]"[1]. La percepción de un interés compartido con Pekín en crear un sistema internacional cada vez más multipolar fue una de las principales bases del progresivo acercamiento político entre ambas, simbolizado por la declaración conjunta de ambos presidentes en abril de 1997[2]. No obstante, esto no pretendía llegar a convertirse en una alianza, ya que la "doctrina Primakov" se guiaba por el principio de multivectorialidad: Rusia debía ejercer simultáneamente una política exterior activa en diferentes direcciones o vectores, evitando concentrarse exclusivamente en uno de ellos en detrimento de los demás, o caer —como le había ocurrido con Estados Unidos en los primeros años tras la desaparición de la Unión Soviética— en una relación de dependencia.

Desde esa perspectiva, una estrategia multivectorial permitiría a Moscú adaptarse a las circunstancias de forma pragmática, apoyándose en uno u otro de sus socios en función de las oportunidades y ventajas que esto le reportara; lo que abría la puerta a cooperar con Occidente en ciertas áreas de interés común, mientras que para otras cuestiones podría hacerlo con su vecindario exsoviético o con China. Sin embargo, la aproximación rusa hacia el vector asiático en la pre-

---

1 PRIMAKOV, Y., "International relations on the eve of the 21st Century: Problems and prospects", en: MELVILLE, A. y SHAKLEINA, T. (eds.), *Russian foreign policy in transition: Concepts and realities,* Central European University Press, Budapest, 2005, 207-208.

2 Naciones Unidas, *Letter dated 15 May 1997 from the Permanent Representatives of China and the Russian Federation to the United Nations addressed to the Secretary-General*, 15 de mayo de 1997.

sidencia de Yeltsin era todavía inestable y errática, ya que su política exterior seguía muy enfocada en los países occidentales: cuando se producían desacuerdos con Estados Unidos y la Alianza Atlántica, Moscú se volvía de forma instrumentalista hacia sus vecinos de Asia para recabar su apoyo, recordando así a Occidente la necesidad de tener en cuenta los intereses rusos[3].

El Ministerio de Asuntos Exteriores —al frente del cual se encontraba, inicialmente, el occidentalista Andrei Kozyrev, antes de su sustitución por Primakov— tampoco tenía demasiado en cuenta a los especialistas en Asia; manteniendo, en cambio, el eurocentrismo y americanocentrismo de sus predecesores soviéticos. A esto se sumaban los recelos y temores alarmistas predominantes entonces entre las élites rusas acerca de la influencia económica y la presión demográfica china sobre las regiones de Siberia y el Extremo Oriente, mucho más despobladas que las del otro lado de la frontera[4].

En las primeras etapas de la presidencia de Putin, se mantuvo la percepción de que la unipolaridad estadounidense era un incentivo para que Rusia cooperase con otras potencias emergentes; pero sin considerar que ninguna de ellas pudiera, de momento, disputar la hegemonía global a Washington, sino solamente frenar o limitar las ambiciones de este. Así, el Concepto de Política Exterior aprobado en 2000[5] identificaba como la tendencia global más preocupante "el establecimiento de una estructura unipolar del mundo con el dominio político y económico estadounidense", lo que hacía necesario "conseguir un sistema multipolar de relaciones internacionales que realmente refleje la diversidad del mundo moderno, con su gran variedad de intereses". La defensa del papel del Consejo de Seguridad de Naciones Unidas se inscribía en la misma línea de proteger los intereses de Rusia y otros "polos de poder" distintos de Occidente, incluyendo a China, utilizando este organismo como instrumento

---

3 LO, B., *Russia and the new world order*, Chatham House-Brookings Institution Press, Londres, 2015, 136; LUKIN, A., *China and Russia: The new rapprochement*, Polity, Cambridge, 2018, 80.

4 KUHRT, N., "Asia-Pacific and China", en: TSYGANKOV, A. (ed.), *Routledge handbook of Russian foreign policy*, Routledge, Abingdon, 2018, 254-255.

5 President of Russia, *The Foreign Policy Concept of the Russian Federation*, 28 de junio de 2000.

para contrarrestar la hegemonía estadounidense y sus tentaciones unilateralistas. Moscú se mostraba favorable, incluso, a las propuestas de reforma para incluir a potencias emergentes del Sur Global como nuevos miembros permanentes; pero manteniendo el derecho de veto tanto para ellos como para los anteriores. De esta forma, se reduciría comparativamente el peso decisorio de Estados Unidos y sus aliados de la OTAN como Reino Unido y Francia, en el Consejo, en favor de los países no occidentales; pese a que estos tampoco constituyeran un bloque homogéneo.

Sin embargo, China todavía no era catalogada como una potencia tan influyente que mereciera un trato privilegiado frente a otras: la prioridad de Moscú, dentro de su estrategia multivectorial, sería en todo caso para su propio "extranjero cercano" o vecindario inmediato, identificado con aquellos países que habían formado parte históricamente del Imperio Ruso y, después, de la URSS; una región donde el Kremlin temía que la creciente influencia económica de China fuese un obstáculo para recuperar su liderazgo. Esto explica que, en la lista de áreas geográficas más importantes para la política exterior, Asia solo se mencionara por detrás de la Comunidad de Estados Independientes (CEI), Europa y Estados Unidos. Tampoco Pekín sería el único vector de la política asiática de Rusia, sino que formaría parte de una intensificación más amplia de las relaciones con ese continente, junto con la India y las distintas organizaciones o foros regionales con participación rusa, como el Foro de Cooperación Económica Asia-Pacífico (APEC), la Asociación de Naciones del Sudeste Asiático (ASEAN) y el grupo de Shanghái, convertido después en la Organización de Cooperación de Shanghái (OCS). No obstante, el buen estado de las relaciones bilaterales quedaría reflejado en la firma del Tratado de Buena Vecindad, Amistad y Cooperación, durante la visita de Jiang Zemin a Moscú en julio de 2001[6].

---

6 Naciones Unidas, *Letter dated 2001/08/14 from the Permanent Representative of the Russian Federation and the Permanent Representative of China to the Conference on Disarmament addressed to the Secretary-General of the Conference on Disarmament transmitting the Russian and Chinese texts of the Treaty of Good Neighborliness and Friendly Cooperation between the Russian Federation and the People's Republic of China as well as the Moscow Joint Statement of the Heads of State of the Russian Federation and China on 16 July 2001*, 14 de agosto de 2001.

Esta perspectiva fue evolucionando progresivamente durante los años posteriores, ante el ascenso económico de China a una posición global que ya comenzaba a poner en cuestión la hegemonía política y militar de Washington. El Concepto de Política Exterior de 2008[7], publicado al comienzo del único mandato presidencial que ejercería Dmitri Medvedev, consideraba que se había completado la transición hacia un mundo multipolar: Rusia era ya "...uno de los centros influyentes" o polos de poder del mundo, que había "...adquirido un papel de pleno derecho en los asuntos internacionales" gracias al "...fortalecimiento de sus posiciones". Lo mismo sucedía con otras economías emergentes, como China, donde "...el crecimiento económico en esos países y regiones se traduce en influencia política, que hace avanzar la tendencia a un orden mundial policéntrico". Sin embargo, el panorama descrito en el documento mantenía las mismas prioridades regionales que las enumeradas ocho años antes, dedicando una atención claramente mayor a la CEI y a los países occidentales que a Asia. Dentro de esta, China solo figuraba como una más de los socios asiáticos de Rusia, casi al mismo nivel que la India, y limitándose a destacar el potencial económico de las relaciones bilaterales. Por tanto, la idea de multivectorialidad no parecía implicar, en la práctica, que todos los vectores geopolíticos fueran igualmente importantes para Moscú; ya que sus esfuerzos seguían todavía dirigidos, en gran medida, a responder a la hegemonía de Washington, con el vecindario exsoviético como el principal terreno de rivalidad con Estados Unidos y sus aliados de la OTAN.

Tras el retorno de Putin a la presidencia, en 2012, se produjo una nueva revisión de la doctrina de política exterior. El Concepto de Política Exterior aprobado al año siguiente[8] percibía que el sistema internacional se encontraba en un periodo de transición y turbulencia, como resultado de la crisis económica y financiera global. En este contexto, Rusia comenzaba por fin a percibir una reorientación de la competición geopolítica hacia el Pacífico, en paralelo al declive de la influencia occidental: "La capacidad de Occidente para dominar

---

7 President of Russia, *The Foreign Policy Concept of the Russian Federation*, 12 de julio de 2008.

8 Ministry of Foreign Affairs of the Russian Federation, *Concept of the Foreign Policy of the Russian Federation*, 12 de febrero de 2013.

la economía y la política mundiales continúa disminuyendo. El poder global [...] se está trasladando hacia Oriente, principalmente a la región de Asia-Pacífico". La emergencia de China, aunque no se nombraba explícitamente, era una de las causas de la inestabilidad de las relaciones internacionales, debido a la reacción en contra de los países occidentales para no perder su hegemonía.

Esto se unía a una tendencia a la regionalización: los "nuevos centros de crecimiento económico y poder político", entre los que podía incluirse a Rusia además de a China, estaban "asumiendo una responsabilidad cada vez mayor en sus respectivas regiones", aunque todavía más centrada en la integración económica y comercial que en instrumentos de tipo militar. La Unión Económica Eurasiática, liderada por Moscú, se presentaba como un proyecto orientado a servir de "puente entre Europa y Asia", que se beneficiaría de la vecindad con las economías asiáticas y serviría de complemento a otras iniciativas en el ámbito político y de seguridad, como la OCS. Sin embargo, no se realizaba ninguna evaluación de cómo la competición chino-estadounidense podía afectar a estos proyectos, o en qué medida la cooperación entre Rusia y China corría el riesgo de hacerse cada vez más asimétrica en favor de la segunda.

El Concepto de Política Exterior de 2016[9] estuvo, como era de esperar, especialmente centrado en las cuestiones de seguridad, debido al enfrentamiento con Ucrania a partir de la revolución de 2014 y la posterior intervención militar rusa en ese país. En áreas como la cooperación económica y comercial, Moscú se proponía "...diversificar sus exportaciones [...] y expandir la geografía de sus vínculos económicos extranjeros", en respuesta a "las acciones económicas inamistosas de Estados extranjeros", es decir, las sanciones contra Rusia por su anexión ilegal de Crimea. Así, aunque el documento no llegaba a plantear una ruptura de las relaciones comerciales con la UE, se advertían señales más claras que en etapas anteriores de una reorientación hacia China; con la que se planteaba incrementar la "...asociación y cooperación estratégica bilateral" en distintas áreas de la política exterior, incluyendo en organizaciones internacionales

---

9 Ministry of Foreign Affairs of the Russian Federation, *Foreign Policy Concept of the Russian Federation,* 30 de noviembre de 2016.

y otros foros multilaterales. Todo ello, en un sistema internacional que había continuado "descentralizándose y girando hacia la región de Asia-Pacífico, erosionando el dominio económico y político global de las potencias occidentales tradicionales".

Por último, el Concepto de Política Exterior de marzo de 2023[10] refleja su drástico alejamiento del resto de Europa, al definirse como "...potencia eurasiática y euro-pacífica" que ha tenido "profundos lazos históricos con la cultura europea tradicional", pero que hoy prefiere verse a sí misma como una civilización diferenciada, centro de la comunidad cultural y lingüística denominada "mundo ruso" *(russkiy mir)*. En cuanto a las áreas regionales, la segunda gran prioridad tras su vecindario más inmediato —el "extranjero cercano" exsoviético y el Ártico— es ahora Asia, en lugar de los Estados y organizaciones europeos y euroatlánticos, como en anteriores etapas. A continuación, aparecen el mundo islámico, África y América Latina, y solo después Europa, Estados Unidos y otros "países anglosajones", para terminar con la Antártida. Esto no tiene por qué corresponderse con el orden de prioridades que Moscú va a aplicar realmente, pero el mensaje es claro: Rusia no se encuentra completamente aislada por las sanciones internacionales, sino que cuenta con socios alternativos entre los países no occidentales, empezando por China e India.

De esta forma, podemos comprobar que el "giro hacia el Pacífico" de la política exterior rusa no se inició de forma repentina a partir de la crisis de Ucrania de 2014, como resultado de la ruptura con Occidente a causa de las sanciones; sino que fue un proceso mucho más gradual y prolongado en el tiempo, desarrollado en paralelo a la propia estrategia de *pivot to Asia* de la Administración Obama, pero con raíces incluso anteriores[11].

Discursos de Putin y declaraciones conjuntas ruso-chinas

Los discursos anuales del presidente ante los miembros de las dos cámaras del parlamento ruso, así como otras altas autoridades del Estado, son el principal documento programático de la acción de

---

10 Ministry of Foreign Affairs of the Russian Federation, *The Concept of the Foreign Policy of the Russian Federation,* 31 de marzo de 2023.

11 KUHRT, N., *op. cit.*, págs. 255-266.

gobierno para ese periodo. Aunque su contenido suele estar mayoritariamente dedicado a cuestiones internas, sobre todo de carácter socioeconómico, en algunos de los mensajes pronunciados en la última década podemos observar cómo el "giro hacia el Pacífico" se ha ido introduciendo entre las prioridades de la política exterior, conectando estas medidas con la tendencia global hacia la crisis de la hegemonía de Estados Unidos y el paralelo ascenso de China —o, en menor medida, de Rusia— como potencias.

El punto de inflexión fue, naturalmente, el discurso de 2014[12], en el que todos los mensajes sobre política exterior se dirigieron a culpar a Occidente de la reciente escalada de las hostilidades en Ucrania, y justificar su propia decisión de intervenir en el país vecino. Frente a la congelación de la cooperación con los países occidentales, Putin planteaba como alternativa volverse hacia otros vectores geopolíticos, aumentando su presencia en América Latina, África y Oriente Medio. Con respecto a Asia, sin mencionar expresamente a China, señalaba que muchos de los "líderes e impulsores del crecimiento económico global" eran "amigos sinceros y socios estratégicos" de Rusia, contraponiendo así la favorable relación con Pekín a los problemas con Washington y sus aliados. Sin embargo, el Kremlin continuaba transmitiendo la misma impresión que en anteriores etapas: el incremento de la cooperación con China no parecía una prioridad en sí misma, sino que se recurría a ella en momentos de grave deterioro en las relaciones con Occidente, sin voluntad de convertirla en un verdadero "eje" o alianza que restase a Moscú autonomía para defender sus propios intereses.

La creciente aproximación a China quedaba más claramente expresada en el discurso de 2016[13], en el que Putin trató —aunque de forma no demasiado convincente— de justificar que el "giro hacia Asia" era una prioridad a largo plazo, no una respuesta coyuntural o vía de escape al aislamiento al que Rusia se había visto sometida por parte de las potencias occidentales. La asociación estratégica ruso-china se presentaba como un caso de cooperación exitosa, que

---

12 President of Russia, "Presidential address to the Federal Assembly", 4 de diciembre de 2014.

13 President of Russia, "Presidential address to the Federal Assembly", 1 de diciembre de 2016.

ofrecía una verdadera alternativa a la hegemonía estadounidense: "un modelo para construir un orden mundial libre del dominio de un solo país, por muy fuerte que este sea". El hecho de que China se fuera a convertir en la mayor economía del mundo ofrecía una oportunidad de colaborar con el proyecto de integración económica regional que Moscú estaba promoviendo para Eurasia, así como para el desarrollo de las regiones del Extremo Oriente ruso. De forma significativa, aunque los medios occidentales creyeran advertir en Putin una abierta simpatía hacia el recién elegido presidente Trump, la relación con la nueva Administración estadounidense se mencionaba en el discurso solamente después del apartado sobre China.

Otra de las principales ocasiones en las que Putin suele exponer sus proyectos en política interior y exterior es su maratoniano encuentro anual con periodistas rusos y extranjeros, que —si bien se trata de un evento cuidadosamente coreografiado, pese a la supuesta espontaneidad de las preguntas— nos permite identificar cuáles son los temas considerados prioritarios por el Kremlin en cada momento. Por ejemplo, en la conferencia de prensa realizada a finales de 2021[14] se incluyó una pregunta del corresponsal de la agencia china Xinhua, que Putin aprovechó para elogiar la relación personal de confianza que mantiene con su homólogo Xi Jinping, destacando que ambos siempre se dirigen uno al otro como "mi amigo" en sus apariciones públicas. El presidente ruso concluía afirmando que sus relaciones eran "una asociación estratégica global que no tiene precedentes en la historia, al menos no entre Rusia y China".

Sin embargo, ha sido en el marco de sus cumbres bilaterales cuando los líderes ruso y chino han profundizado más en la importancia que conceden a sus relaciones. Así, en el vigésimo aniversario del tratado de amistad y cooperación[15], ambos países se reafirmaban en que pretendían avanzar en una cooperación mutuamente beneficiosa y la coordinación de sus políticas exteriores; pero partiendo del respeto

---

14 President of Russia, "Vladimir Putin's annual news conference", 23 de diciembre de 2021.

15 President of Russia, "Joint Statement of the Russian Federation and the People's Republic of China on the Twentieth Anniversary of the Treaty of Good Neighbourliness and Friendly Cooperation between the Russian Federation and the People's Republic of China", 28 de junio de 2021.

a la soberanía y la no injerencia mutua, dejando claro que no se pretendía establecer una alianza política ni militar, o un bloque como los de la Guerra Fría. Al mismo tiempo, si bien se insistía en que esa cooperación no estaba dirigida contra ningún tercer país, la defensa de un mundo cada vez más multipolar y las críticas más o menos veladas al intervencionismo estadounidense dejaban claro que la oposición de ambas partes a la hegemonía de Washington seguía siendo uno de los principales motivos del estrechamiento de sus contactos.

La declaración conjunta aprobada durante la visita de Putin a Pekín en febrero de 2022 —poco antes de lanzar su nueva ofensiva militar contra Ucrania— estuvo dedicada sobre todo a las cuestiones de seguridad internacional, con un significativo aumento e intensificación de sus críticas hacia Estados Unidos y sus aliados; tanto en cuanto a las políticas occidentales en la vecindad de Rusia, especialmente la ampliación de la OTAN, como a su estrategia en Asia-Pacífico: por ejemplo, la asociación trilateral de seguridad entre Estados Unidos, Reino Unido y Australia (AUKUS). A la luz de los acontecimientos posteriores, Xi se posicionaba así tácitamente del lado del Kremlin en la guerra que iba a comenzar, recibiendo a cambio por parte rusa un apoyo en todas las cuestiones consideradas de interés fundamental por China, como la reivindicación de soberanía sobre Taiwán o su respuesta ante la pandemia COVID-19. Un año más tarde, esta aproximación se ha mantenido en su totalidad en la declaración emitida con motivo de la visita de Xi a Moscú[16], añadiendo el agradecimiento de Moscú a China por su posición "objetiva" y "constructiva" en torno a la guerra de Ucrania, y sus propuestas para alcanzar una solución político-diplomática al conflicto.

La competición Estados Unidos-China en las publicaciones académicas y los **think tank** *rusos*

Más allá de las limitaciones de los documentos oficiales, las publicaciones de la comunidad de académicos y expertos rusos en política internacional nos ofrecen una muestra más amplia de cómo se per-

---

16 Prezident Rossii, "Sovmiestnoie zayavleniye ob uglublenii otnoshenii vseob'yemliushchego partniorstva", 21 de marzo de 2023.

cibe en Rusia el ascenso de Pekín y su competición con Washington. Pese a que el país cuente con una larga tradición en los "estudios de área" sobre China, ha tenido que superar algunas limitaciones: la inercia, heredada de la época soviética, de centrar los análisis en cuestiones económicas, aunque se han ido introduciendo enfoques politológicos y sociológicos; o el escaso interés por Asia en las élites políticas y la ciudadanía hasta los comienzos de la presidencia de Putin[17]. Ha sido solo en esta última etapa cuando China ha pasado a convertirse en un objeto de estudio prioritario, por sus implicaciones para los intereses de Rusia y el orden global en su conjunto. Al mismo tiempo, se han desarrollado los contactos entre las universidades o centros de investigación rusos y chinos[18].

Un ejemplo de los partidarios del acercamiento a China dentro de la comunidad científica rusa fue Mijail Titarenko, uno de los sinólogos más prestigiosos y director durante tres décadas del Instituto del Lejano Oriente —actualmente denominado Instituto de China y Asia Contemporánea— de la Academia de Ciencias. En una entrevista concedida poco antes de fallecer, Titarenko defendía que Rusia debía adaptarse al hecho inevitable de que China iba a convertirse en una potencia regional y mundial; lo cual sería positivo para los intereses rusos, ya que le permitiría desarrollar todo su potencial como país euroasiático. No obstante, destacaba que esta no era la posición unánime del *establishment*, sino que también existía una oposición al acercamiento a China, tanto desde los sectores liberales u occidentalistas como desde los nacionalistas que alertaban del "peligro chino", movidos, en su opinión, por prejuicios eurocéntricos o simple xenofobia[19].

Así, desde mediados de los 2000, Titarenko y otros investigadores de su centro defendieron, aprovechando el clima político más favorable, una estrategia de "co-desarrollo" ruso-chino, enfatizando los aspectos mutuamente beneficiosos de las relaciones; algunas de sus

---

17 VOSKRESSENSKI, A. D., "Uneven development vs. searching for integrity: Chinese Studies in post-Soviet Russia", *China Review*, 14-2, 2014, 134-135.

18 SAFRANCHUK, I., "Razvitiye rossiisko-kitaiskij nauchnij kontaktov po mezhdunarodnoi tematike", *Vestnik MGIMO-Universiteta*, 5, 2015, 210-214.

19 TITARENKO, M., "We were fighting for China, not against it…", *Mezhdunarodnye Protsessy*, 2-2, 2016, 65.

obras han servido como guía no oficial para la política exterior rusa hacia China en los años posteriores. Estas tesis han recibido críticas de otros expertos que consideran que tal acercamiento no favorece los intereses nacionales, debido a la asimetría entre ambas economías, y acusan a los anteriores de un excesivo optimismo sobre las posibilidades de dicha cooperación[20]. Sin embargo, la tendencia en su Instituto parece mantenerse: el actual director, Kirill Babaev, es otro defensor entusiasta de la aproximación hacia China, presentándola —en línea con las declaraciones oficiales y la vigente doctrina de política exterior del Kremlin— como un ejemplo de cooperación exitosa y un modelo para el mundo[21].

Otro de los referentes en los estudios rusos sobre China es Alexander Lukin, que, con su reciente libro en inglés[22], se proponía contrarrestar lo que consideraba un injustificado escepticismo entre los analistas occidentales acerca de esta cooperación bilateral. En concreto, se dirigía contra otro libro muy difundido y citado en los últimos años: el del experto australiano Bobo Lo[23], que describía la relación entre Moscú y Pekín como un "eje de conveniencia" basado en el pragmatismo y el beneficio mutuo, pero sin una confianza o afinidad más profundas, ni un acuerdo en torno a qué modelo de orden internacional deseaban construir. A diferencia de estas visiones más escépticas, Lukin se ha mostrado optimista acerca de la solidez de la asociación construida durante la presidencia de Putin, que para él va más mucho allá de una maniobra reactiva contra la supremacía de Washington. Si bien inicialmente el Kremlin se planteaba la cooperación con China como una estrategia complementaria, no sustitutiva, de la cooperación con Estados Unidos o la Unión Europea en áreas de interés común, la guerra de Ucrania habría servido para convencer a las élites rusas de que no hay alternativa al "giro hacia el Pacífico".

---

20 VOSKRESSENSKI, *op. cit.*, 147.

21 BABAEV, K., *A friendship higher than alliance*, Russian International Affairs Council, Moscú, 18 de julio de 2022.

22 LUKIN, A., *China and Russia: The new rapprochement*, Polity, Cambridge, 2018.

23 LO, B., *Axis of convenience: Moscow, Beijing, and the new geopolitics*, Chatham House-Brookings Institution Press, Londres, 2008.

El autor concluye que la evidencia de una relación cada vez más estrecha desmiente los argumentos de quienes temían que Rusia quedase relegada al papel de *junior partner* o mero suministrador de materias primas de una China más poderosa; pero también los de quienes, desde posiciones ultranacionalistas, reclamaban convertir esta asociación en una alianza que plante cara a Occidente, ignorando que Pekín tiene como principio mantenerse al margen de bloques o alianzas tradicionales[24]. Al mismo tiempo, la definición por parte estadounidense de China como su principal rival, considerando como una amenaza la extensión de su influencia en Asia, haría aconsejable que Rusia desarrollase políticas diferenciadas para cada uno de los demás Estados asiáticos, sin necesidad de alinearse expresamente con la posición china en aquellos países donde existen más recelos hacia Pekín[25].

Desde otros ámbitos de las Relaciones Internacionales, la mayoría de los internacionalistas y politólogos rusos han tratado de analizar el ascenso de China y las oportunidades que puede ofrecer para Rusia con una perspectiva algo más neutra y desapasionada, en línea con un enfoque teórico realista. Por ejemplo, Tatiana Shakleina[26] lo interpreta como un ejemplo del retorno a la competición entre grandes potencias dentro de un sistema internacional cada vez más multipolar, en la que la Administración Biden percibe a China y Rusia como principales desafíos a la hegemonía estadounidense, tratando por todos los medios de impedir que ambas consoliden un polo de poder euroasiático que les permita extender su influencia en otras regiones. La cooperación ruso-china sería, por tanto, imprescindible para que Moscú y Pekín puedan resistir a las presiones de Washington; lo que no implica, sin embargo, que sus intereses sean coincidentes en todos los aspectos, ni que deba transformarse la actual asociación estratégica en una alianza plena.

---

24 LUKIN, A., *China and Russia, op. cit.,* 89-90.

25 LUKIN, A., "Sino-U.S. rivalry in the Asia-Pacific: Declarations and actual policies", *Russia in Global Affairs,* 21-1, 2023, 153-173.

26 SHAKLEINA, T., "Novy etap v formirovanii mirovogo poriadka. Plany SShA po upravleniyu mezhderzhavnoy konkurentsiey", *Mezhdunarodnye Protsessy,* 19-3, 2021, 6-21.

La opinión de esta autora es compartida por otros que, desde una posición similar, consideran que el sistema internacional va a continuar dominado por la tendencia a la rivalidad y la confrontación; pese a las declaraciones de los representantes chinos en favor de un nuevo tipo de relaciones internacionales, más basadas en el beneficio mutuo y no en lógicas de "suma cero". La competición entre China y Estados Unidos va a marcar la evolución del mundo en los próximos años, algo que parece ser reconocido *de facto* por Pekín, al invertir en el desarrollo de su potencial nuclear para contrarrestar el poder disuasorio del arsenal estadounidense[27].

Este incremento de las capacidades militares de China tampoco está exento de riesgos para la estabilidad estratégica, como ha señalado el especialista en seguridad internacional Alexei Arbatov[28]. Mientras que Rusia y Estados Unidos parecen haber retornado a unas relaciones basadas únicamente en el enfrentamiento, enterrando sus acuerdos de desarme y limitación de arsenales —el último de ellos, el Nuevo Tratado START, en el que Rusia ha suspendido su participación—, China no solo no ha aceptado establecer conversaciones en este sentido con Washington, sino que se ha embarcado en un ambicioso proyecto de construcción de un enorme arsenal nuclear que, según muchos analistas, le permitirían disputar la superioridad militar estadounidense en Asia. Esto tendrá consecuencias también, como es lógico, para la relación bilateral ruso-china, que ya es asimétrica en el ámbito económico y, si este incremento de las capacidades nucleares se culmina, se hará todavía más desigual en favor de Pekín. Todo ello, en un contexto de cooperación militar que es aún limitado: aunque se realizan regularmente ejercicios conjuntos entre ambos países, estos "no tienen bases militares en el territorio del otro, ni planean una estrategia militar común, ni tienen la obligación de combatir a favor del otro", tanto en la actual guerra de Ucrania como en un hipotético conflicto por Taiwán[29].

---

27 TIMOFEEV, I., *The Chinese view of the world: Is a non-zero-sum game possible?*, Russian International Affairs Council, Moscú, 16 de enero de 2023.

28 ARBATOV, A., "Strategic stability and Chinese gambit", *Mirovaya Ekonomika i Mezhdunarodnye Otnosheniya*, 66-3, 2022, 5-22.

29 *Ibid.*, 14.

Otros autores dan por hecho que está emergiendo una nueva bipolaridad Estados Unidos-China, en la que cada uno de ellos trata de contrarrestar la influencia del otro. Esta rivalidad se estaría extendiendo ahora al ámbito de la ideología, en lo que desde Rusia se percibe como un proceso similar a sus propios conflictos con Occidente en torno a estas cuestiones. Por ejemplo, China defiende sus propios conceptos de "democracia" y "multilateralismo", presentándolos como superiores a los de Estados Unidos, al que acusa de basarse en la imposición de sus propios intereses y valores a otros países[30]. De esta forma, Pekín puede tratar de aglutinar el apoyo de aquellos gobiernos y poblaciones del Sur Global que tampoco comparten los principios liberales, o que acusan de hipocresía a Washington por haberlos incumplido en repetidas ocasiones; al igual que ha intentado el Kremlin en estos últimos años, mediante la difusión de un modelo de sociedad o de familia cada vez más tradicionalista y (ultra)conservador.

El caso de Ucrania, sin embargo, ha puesto de manifiesto los límites de la cooperación bilateral, ya que China no puede condenar abiertamente a Rusia, a la que considera su principal socia —o, al menos, así lo creen algunos autores rusos— en la competición global con Estados Unidos. Pero, al mismo tiempo, tampoco ha querido respaldar directamente la invasión o las anexiones realizadas por el Kremlin, ya que esto chocaría con su defensa a ultranza del principio de soberanía e integridad territorial, frente a sus propios desafíos separatistas internos. De igual forma, se ha negado a desacreditar al gobierno ucraniano calificándolo de "régimen nazi", como lo hace habitualmente la propaganda del Kremlin. En todo caso, desde Rusia se ha percibido un gradual distanciamiento chino del conflicto, al que Pekín no desea verse arrastrado por Moscú[31].

A pesar de ello, se destaca que, de no haberse producido el acercamiento mutuo en las décadas anteriores, Rusia no habría podido permitirse iniciar su "operación militar especial" en 2022, ya que no habría contado con China como mercado alternativo para sus exportaciones ni con la "neutralidad benevolente" de ese país en el

---

30 MIKHEEV, V. y LUKONIN, S., "China on the eve of the 20th CPC Congress", *Mirovaya Ekonomika i Mezhdunarodnye Otnosheniya*, 66-6, 2022, 5-16.

31 *Ibid.*, 13-14.

conflicto. Pero los líderes chinos tampoco deseaban esta guerra, ni consideran que su país vaya a salir beneficiado de ella, puesto que la inestabilidad internacional también está siendo aprovechada por Washington para cohesionar a sus aliados, convencerlos de aumentar su gasto en defensa y, en suma, reforzar su hegemonía global[32].

Finalmente, ¿cuáles son las perspectivas para el futuro de la competición entre Pekín y Washington, y cómo pueden afectar a Rusia? Para el *think tank* Consejo Ruso de Asuntos Internacionales (RIAC) —organismo tanto de análisis como de diplomacia pública, que sirve para conectar a la comunidad de académicos y expertos con los diplomáticos y responsables de la política exterior[33]—, existen tres escenarios posibles, de menos a más probable: (1) la restauración de un sistema unipolar liderado por Estados Unidos, o por China si consiguiera superar a este; (2) una bipolaridad chino-estadounidense, más flexible que la de la Guerra Fría y sin motivaciones ideológicas; (3) una multipolaridad en la que Estados Unidos, China y Rusia fueran reconocidas como grandes potencias, pero compartieran esta categoría con otros actores, como India, Brasil, Turquía o, en menor medida, la Unión Europea[34]. Por tanto, el ascenso de China y el acercamiento a ella de Rusia no implican necesariamente una ambición de reemplazar a Estados Unidos y ocupar su posición hegemónica global, sino solo de establecerse como centros de poder en sus respectivos ámbitos regionales; disuadiendo a otras potencias de interferir en ellos, pero aceptando que las demás, a su vez, ejerzan la misma influencia en sus propias áreas geográficas.

Todo esto no implica que su relación no vaya a terminar volviéndose totalmente asimétrica, con Rusia completamente dependiente del nuevo hegemón asiático y subordinada a él. No obstante, uno de los comentaristas rusos más prestigiosos ha tomado los cuentos

---

32 ZUENKO, I., "China and the crisis of the European security system", *Russia in Global Affairs*, 20-3, 2022, 182-188.

33 MORALES, J., "La comunidad de expertos sobre política exterior en Rusia", *Documento de Opinión del Instituto Español de Estudios Estratégicos*, 98, 2018 [en línea] https://www.ieee.es/publicaciones-new/documentos-de-opinion/2018/DIEEEO92-2018.html [Consulta: 12/03/2023].

34 SOKOLSCHIK, L. et al., "U.S. foreign policy towards China: Outlook and implications for Russia", RIAC Report, *Russian International Affairs Council*, 83, 2023, 39.

infantiles como metáfora para rechazar que Moscú esté asumiendo el papel de una "Caperucita Roja", que se ha dejado engañar por China, y pagará su ingenuidad siendo "devorada" o sometida a los intereses de Pekín. Pero tampoco cree que, como afirman otros, Rusia sea una pobre "Cenicienta" a la que su vecina asiática ha venido a ayudar generosamente, a modo de "hada madrina", resolviendo por arte de magia todos sus problemas económicos y de otro tipo. La realidad será, probablemente, mucho más prosaica que lo que afirman los partidarios o detractores de esta asociación estratégica largamente mantenida[35].

Conclusiones

Las percepciones entre los expertos, académicos y responsables de la formulación de la política exterior rusa acerca de la relación cada vez más estrecha con China son, como hemos visto, enormemente diversas; aunque existe un cierto consenso en que a Moscú no le queda otra opción que aprovechar la imprescindible ayuda que le ha estado ofreciendo su principal socio estratégico. Ni la alternativa de restaurar unas relaciones fluidas con Washington y Bruselas sería actualmente factible, dado que Putin no parece dispuesto a cesar su intervención militar en Ucrania y retroceder al *statu quo* anterior a 2014, ni tampoco los países occidentales aceptarían pasar página rápidamente de las graves acciones del Kremlin en esta última década. Por tanto, ha sido Rusia quien, al dejarse llevar por sus ambiciones imperialistas, se ha situado a sí misma en una posición excesivamente dependiente del apoyo de Pekín, rompiendo con el principio de multivectorialidad que había guiado su propio ascenso como gran potencia en años anteriores.

El análisis de la asociación bilateral debe tratar de no caer en el error, acertadamente denunciado por los autores rusos, de despreciar o subestimar el alto grado de cooperación práctica y confianza

---

35 KORTUNOV, A., "Russia facing China: Little Red Riding Hood or Cinderella?", *Russian International Affairs Council*, 16 de septiembre de 2022 [en línea] https://russiancouncil.ru/en/analytics-and-comments/analytics/russia-facing-china-little-red-riding-hood-or-cinderella/ [Consulta: 23/03/2023].

mutua que se ha alcanzado entre ambos gobiernos durante las dos últimas décadas, dejando atrás una larga historia de conflictos territoriales e ideológicos. Pero el exagerado optimismo presente en una gran parte del discurso político y académico ruso parece, igualmente, injustificado: pese a la retórica oficial, no hay ningún dato que demuestre que la relación ha dejado de estar basada en la simple conveniencia y el mutuo beneficio, para convertirse en una amistad desinteresada, como el presidente ruso trata de vender a su ciudadanía y al resto del mundo.

De la misma forma que Rusia no ha sido capaz de aceptar el retroceso de su influencia y el fin del equilibrio de poder de la Guerra Fría en Europa Central y Oriental —que se ha hecho cada vez más favorable a Estados Unidos y sus aliados de la UE y la OTAN, gracias a las ampliaciones de estas—, tampoco está claro que vaya a adaptarse sin dificultades a una región de Asia-Pacífico en la que China se haya convertido en el hegemón regional indiscutido; especialmente, si esta adquiere unas capacidades militares suficientes como para neutralizar el potencial disuasorio ruso. El conocimiento mutuo y el intercambio cultural entre ambas sociedades es, además, mucho menor que el que existe entre Rusia y los demás países europeos; lo que hace que la influencia económica e inmigración chinas hacia las regiones asiáticas de la Federación Rusa sean todavía percibidas con grandes recelos, cuando no con abierta xenofobia, por parte de los sectores nacionalistas.

La gran fortaleza de esta asociación reside, precisamente, en su laxitud y flexibilidad, que le ha permitido sobrevivir adaptándose a las circunstancias. En aquellas etapas de unipolaridad en las que Washington abusaba de su posición dominante, Moscú y Pekín podían presentarse como abanderadas de un mundo en el que los demás países no tuvieran que someterse al liderazgo occidental. Cuando la hegemonía estadounidense ha entrado finalmente en crisis, y la deseada multipolaridad ya se ha convertido en realidad, cada una de ellas ha preferido reclamar su propio espacio de influencia regional, sin asumir la carga de definir y mantener conjuntamente un orden global alternativo al establecido previamente por Washington. En esta cuestión, el rechazo de China a convertir el vínculo con Rusia en una verdadera alianza es indicativo de su voluntad de mantener su autonomía para perseguir sus propios objetivos económicos y hacer valer sus reivindicaciones territoriales en su periferia; sin dejarse arrastrar a conflictos en los que no tiene intereses vitales, como el de Ucrania. Moscú, como es lógico, preferiría que el apoyo chino a sus intervenciones en Europa Oriental fuera más decidido y libre de ambigüedades; pero tampoco se encuentra en posición de plantear exigencias a Pekín, ni parece que vaya a estarlo a medida que las desigualdades entre ambas se incrementen con el tiempo.

Por último, no debe olvidarse el papel de los líderes políticos: la aparente buena sintonía entre Putin y Xi, que el presidente ruso se ha esforzado en destacar como basada en la amistad y la confianza personal, no tendría por qué mantenerse cuando se produzca un relevo generacional entre los dirigentes de ambos Estados. Los nuevos gobernantes chinos podrían no desear que su estatus como potencia regional y global se vea lastrado por el apoyo a una Rusia agresiva y desestabilizadora; por su parte, el sucesor de Putin se verá obligado a demostrar ante sus élites y opinión pública que Pekín les reconoce y trata como un socio "en pie de igualdad", en lugar de repetir ahora con China los errores de los primeros años del mandato de Yeltsin, caracterizados por su dependencia de un Estados Unidos con un poder relativo muy superior. De otra forma, Rusia habrá fracasado en su búsqueda de reconocimiento como polo de poder autónomo y capaz de hacer valer sus intereses, destruyendo innecesariamente las relaciones con sus vecinos europeos para acabar ocupando una posición secundaria dentro del nuevo equilibrio de poder asiático.

China y las relaciones sino-rusas ante la guerra de Ucrania

Rubén Ruiz-Ramas

Introducción

A raíz de la invasión rusa de Ucrania el 24 de febrero de 2022 es un lugar común revisar extractos de la "Declaración Conjunta de la Federación Rusa y la República Popular de China sobre la entrada de las Relaciones Internacionales en una nueva era y el Desarrollo Sostenible Global", publicada veinte días antes. Entre ellos destaca el que afirma que "las nuevas relaciones interestatales entre Rusia y China son superiores a las alianzas políticas y militares del periodo de Guerra Fría. La amistad entre los dos estados no tiene límites, no hay áreas prohibidas de cooperación". Al iniciarse la guerra de Ucrania[1] saltaron las alarmas acerca de la participación china en la coyuntura. ¿Se implicaría China en la guerra en caso de que Ucrania fuera apoyada directamente por Occidente?, ¿estábamos ante una alianza militar equivalente a la OTAN con acuerdos de defensa o asistencia mutua?, ¿existía una coordinación para que China invadiera Taiwán abriendo un nuevo frente que dificultase la asistencia occidental a sus socios?

Nada de esto ha ocurrido. Paradójicamente, el entrecomillado posee marcadores de contenido por los cuales no cabe prever, del lado chino en particular, y eso es lo importante, un salto cualitativo en la naturaleza de las relaciones chino-rusas de posguerra fría. Las mismas se han construido intencionadamente de manera inversa a la alianza sino-soviética de 1950. El eslogan de posguerra fría, a sugerencia china, de "no-alianza, no-confrontación y no dirigirse contra

---

1 COLOM PIELLA, G., *La guerra de Ucrania. Los 100 días que cambiaron Europa.* Catarata, Madrid, 2022.

terceros”[2] es una impugnación a una alianza basada en el alineamiento con una superpotencia, frente a otra superpotencia, ambas con aspiraciones hegemónicas. Afirmar que la relación actual es superior a aquella niega su evolución hacia una alianza política o militar equivalente. Una alianza que incorpore compromisos, bien de asistencia ante contextos de debilidad, como el actual ruso, y alimente así dinámicas jerárquicas propias de una potencia con aspiraciones hegemónicas; bien de defensa mutua ante un conflicto armado. La amistad sin límites, cuando la guerra en Ucrania evidenció éstos *ipso facto*; y la ausencia de áreas prohibidas de cooperación, cuando hace años que no las hay, son igualmente marcadores textuales de continuidad en las relaciones de posguerra fría. Por un lado, existe un persistente desequilibrio entre el contenido real y la retórica con que, especialmente Rusia, proyecta sus relaciones con China. Por otro lado, las relaciones sino-rusas han experimentado en las últimas décadas un profundo progreso, inequívocamente sustancial[3], a pesar del escepticismo alimentado por hipótesis como la de “eje de conveniencia”[4]. Evolución reconocida en el gradual ascenso de las relaciones por las autoridades chinas y rusas hasta acuñar en 2019 la “Asociación estratégica integral de coordinación para una nueva era”[5]. Y que con el énfasis en lo “estratégico” denota la relevancia

---

2 XI J., “Forging Ahead to Open a New Chapter of China-Russia Friendship, Cooperation and Common Development”, *Ministry of the Foreign Affairs of the People's Republic of China*, 20 de marzo de 2023 [en línea] https://www.fmprc.gov.cn/eng/wjdt_665385/zyjh_665391/202303/t20230320_11044359.html [Consulta: 22/05/2023].

3 BOSSUYT, F. Y KACZMARSKI, M., “Russia and China between cooperation and competition at the regional and global level. Introduction”, *Eurasian Geography and Economics*, 2022, 62-5-6, págs. 539-556.; RUIZ-RAMAS, R., “Del Greater Europe al Greater Eurasia: el Pivot to Asia de Rusia tras la crisis de Ucrania”. En RUIZ-RAMAS, R.; DE ANDRÉS, J.; MORALES, J. (eds.). *La Unión Europea y Rusia cara a cara. Relaciones, conflictos e interdependencias*, Tirant lo Blanch, Valencia, 2020 págs. 165-190.

4 LO, B. *Axis of Convenience: Moscow, Beijing and the New Geopolitics*, Royal Institute of International Affairs, Londres, 2008.

5 De “cooperación constructiva” en los noventa, a “asociación estratégica integral” en el tratado de 2001, “asociación estratégica integral de coordinación” en 2012, “asociación estratégica integral de igualdad, confianza mutua, apoyo mutuo, prosperidad común y amistad duradera” en 2016, y “asociación estratégica integral de coordinación para una nueva era” en 2019.

de la cooperación militar, aquella que más puede preocupar en Occidente entre las áreas materiales, y de mayor desarrollo conjunto entre Rusia y China[6].

También es elocuente la calificación de la declaración conjunta: para unas "Relaciones Internacionales en una nueva era y el Desarrollo Sostenible Global". Rusia y China emplean su relación para exhibir una identidad separada a Occidente, capaz de aglutinar nuevos socios, con los que revisar dimensiones clave del orden internacional. La acción en sí forma parte de la estrategia de ambos de búsqueda de status como grandes potencias, pero también trasluce que es China quien impone sus marcadores de identidad, ya que el "desarrollo sostenible global" entronca con principios doctrinales de su política exterior: posicionarse como un "actor responsable", cuyo ascenso y desarrollo es "pacífico", y apuesta por una "civilización ecológica".

No hay modo de ajustar la agresiva acción exterior rusa al "desarrollo sostenible global". La guerra en Ucrania supone una prueba de estrés para las relaciones sino-rusas, para su rol global, y para cómo es percibida esa relación por Occidente. Hasta junio de 2023, la actuación de China ante el conflicto, respecto a sus relaciones bilaterales con Rusia, denota, antes que nada, continuidad. Tres dinámicas destacaban antes de la invasión. Por un lado, los estímulos y la voluntad para avanzar la asociación estratégica han dominado sobre las dificultades, su asimetría, y sus potenciales fuentes de conflicto; resultando en un progreso gradual, sustancial y multidimensional de su cooperación bilateral y su coordinación internacional.

Por otro lado, en cuanto a la naturaleza de las relaciones bilaterales, la "Asociación estratégica integral de coordinación para una nueva era" es el tipo de asociación más avanzada que posee China. Únicamente Rusia está en ese estadio y se sitúa solo por debajo del tratado de alianza, reservado a Corea del Norte. Esto es, a pesar de la falta de consenso respecto al concepto de alianza en la academia, contribuyendo a la confusión al abordar las relaciones sino-rusas, China no considera que su relación con Rusia sea una alianza. Las autoridades de ambas potencias cuando abordan esta cuestión tienen en mente

---

6 KOROLEV, A., *China-Russia Strategic Alignment in International Politics*. Amsterdam University Press, Amsterdam, 2022.

conceptuaciones rígidas que exigen un acuerdo de defensa mutua o garantías de seguridad específicas[7]. Dos atributos que ayudan a comprender la naturaleza de las relaciones sino-rusas son el respeto mutuo y la autonomía. Sobresale el respeto mutuo a la identidad de gran potencia y las prioridades individuales en política exterior; así como respecto a su relación y los compromisos adquiridos, que se puede resumir en una máxima "no siempre juntos, pero nunca el uno contra el otro". China ha cultivado con Rusia el trato formal entre iguales que Occidente le negó; al tiempo que ha actuado como un socio responsable, pero pragmático. Beijing ha eludido asumir el rol de aliado solidario obligado a asistir a Rusia ante dificultades. Asimismo, China y Rusia han asumido flexibilidad de acción de cada potencia en la principal región de acción de la otra. La asociación estratégica no incapacita a Rusia a vender armas a India, ni a China focalizar sus negocios en la Unión Europea (UE). A su vez, no se contempla el apoyo a la otra potencia en conflictos en esas mismas áreas: el poder militar chino no actúa fuera de Asia-Pacífico y el ruso se concentra en el frente europeo contra la OTAN[8].

Por último, a pesar del protocolo y los esfuerzos declarativos, la dinámica de las relaciones evidenciaba que China no solo era autónoma en sus relaciones con Rusia, sino que, en particular a partir de la crisis de Ucrania en 2013-2014[9], determinaba el curso del contenido material de éstas, forzando a Rusia adaptarse a la creciente asi-

---

7 La academia carece de una teoría general de las alianzas ampliamente consensuada, intercambiándose con frecuencia "alianza", "alineamiento" y "coalición". WILKINS, T. S., "'Alignment', not 'alliance' - the shifting paradigm of international security cooperation: Toward a conceptual taxonomy of alignment". *Review of International Studies*, 38-1, 2021, cit. 56. Existen más de treinta definiciones del término alianza, ajustándose las relaciones sino-rusas a algunas de ellas y no a otras. Los significados del concepto varían desde acuerdos sobre valores y metas en común, a tratados orientados a definir obligaciones militares en caso de guerra. WALT, S. M., *The origins of alliance*, Cornell University Press, Ithaca, 1987; SNYDER, G. H., *Alliance politics*, Cornell University Press, Ithaca, 1997.; KOROLEV, A., *China-Russia Strategic Alignment in International Politics*, Amsterdam University Press, Amsterdam, 2022.

8 BAEV, P. K., "Three Turns in the Evolution of China-Russia Presidential Pseudo-Alliance". *Asia & The Pacific Policy Studies*, 6, 2019, pág. 4-18.

9 RUIZ-RAMAS, R. (ed.), *Ucrania. De la Revolución a la Guerra del Donbass*. Comunicación Social, Salamanca, 2016.

metría haciéndole traspasar sus propias líneas rojas en cooperación económica y militar[10]. son las prioridades, estrategias y principios de la política exterior china las que marcan el paso de las relaciones sino-rusas. La búsqueda de estatus, con una primera fase de consolidación como potencia económica, y la soberanía nacional bajo el mando del Partido Comunista Chino son las dos prioridades principales. A su vez interrelacionadas, pues la segunda depende de la primera, tanto por criterios internos, de legitimidad ante la sociedad, como externos, de capacidad para neutralizar un enfoque de "cambio de régimen". De manera progresiva las dos siguientes fases de la búsqueda de estatus son la actuación y reconocimiento como gran potencia en Asia Pacífico, y como líder global de la impugnación al orden internacional liberal. En este proceso, un evento acaecido el 6 de marzo de 2023 ha quedado extrañamente oculto entre toda la información sobre las tensiones en Ucrania y Taiwán del año en curso. Se trata de la introducción por Xi de una nueva frase de 24 caracteres con posibilidades de establecerse como nuevo mantra de la política exterior china suplementando, cuando menos, a la célebre de Deng cuyo énfasis era "ocultar las capacidades propias y ganar tiempo". Xi sugirió ante un periodo de riesgos y desafíos crecientes: "mantente en calma; permanece determinado, busca el progreso y la estabilidad; se proactivo y alcanza resultados; únete; y atrévete a luchar"[11]. Si la asertividad de los últimos caracteres de Xi contrasta con el perfil bajo recomendado por Deng; no hay que perder de vista que Xi recomienda mantener la determinación de perseguir tus objetivos. En el actual contexto, se puede interpretar como una llamada a no dejar atraerse hacia conflictos que interrumpan o descalabren la senda marcada.

La interpretación del grueso de la élite y academia china es que, habiéndose recorrido buena parte del camino en una estrategia a medio-largo plazo, quedan etapas de desarrollo interno por quemar.

---

[10] RUIZ RAMAS, R., "Las relaciones China - Rusia en la era de la Iniciativa de la Franja y la Ruta: la mutua adaptación a la asimetría", *Estudos Internacionais,* 8-3, 2020, pág. 28-47.

[11] LEAHY, J., "Dare to fight': Xi Jinping unveils China's new world order". *Financial Times,* 31 de marzo de 2023 [en línea] https://www.ft.com/content/0f0b558b-3ca8-4156-82c8-e1825539ee20 [Consulta: 15/05/2023].

China es una superpotencia económica, pero con respecto a Washington sufre una paridad asimétrica[12]. El desarrollo *per capita* es muy inferior y cuenta con grandes desigualdades regionales y de clase, que hacen a China vulnerable ante procesos de inestabilidad política en caso de una crisis económica. Conviene evitar conflictos que hagan desviarse de ese camino y, además, todo tiempo empleado en el fortalecimiento militar es bienvenido ante un escenario en que la "Trampa de Tucídides" se verifique. Todo ello siguiendo el principio de "independencia", vigente desde 1983 con Deng, y que hace referencia al rechazo de alianzas y alineamientos que limiten la autonomía de China para actuar en política exterior según su interés.

A continuación, se analiza la trayectoria de China y de las relaciones sino-rusas en la guerra de Ucrania atendiendo a las siguientes dimensiones: independencia o autonomía china ante el conflicto; las relaciones bilaterales de cooperación sino-rusas económicas y militares; la gobernanza global; y la vecindad común, Eurasia y Asia Central.

China ante la guerra de Ucrania

En el primer año y medio de guerra en Ucrania, la acción china se define por la continuidad en las dinámicas de las relaciones sino-rusas; y la determinación a que las circunstancias externas no le hagan cambiar el paso en su plan de crecimiento y búsqueda de reconocimiento como potencia económica y política. China ha procurado ser un socio bilateral pragmático, cumplir con sus obligaciones, y proyectarse como un actor global responsable. Ha requerido de un ejercicio de equilibrismo entre las partes que, no falto de incoherencias, el alto representante de la UE para Asuntos Exteriores y Política de Seguridad, Josep Borrell, define como "una neutralidad prorrusa"[13].

---

12 WOMACK, B., "Asymmetric Parity: US - China relation in a multimodal World". *International Affairs*, 92-6, 2016, pág. 1463-1480.

13 *Europa Press*, "Borrell afirma que China mantiene una "neutralidad prorrusa" pero debe influir en Putin para frenar la guerra", 11 de mayo 2023 [en línea] https://www.europapress.es/internacional/noticia-borrell-afirma-china-mantiene-neutralidad-prorrusa-debe-influir-putin-frenar-guerra-20230511134942.html [Consulta: 22/05/2023].

Para con Rusia, China ha concedido alinearse con sus narrativas en la responsabilidad del conflicto (sirva como epítome la "operación militar especial" frente a la realidad de una "guerra"); le ha proporcionado un relevante apoyo diplomático (ambiguo en la ONU, pero firme en combatir el intento de aislamiento internacional); y ha acelerado la cooperación económica y apuntalado la militar. Para con Ucrania y Occidente, Beijing ofrece su neutralidad acompañada del compromiso de no armar a Rusia, respeto a principios esenciales de su causa como la soberanía y la integridad territorial, y una posición privilegiada para, llegado el caso, mediar con Rusia. Precisamente, el principal gesto diplomático relacionado con la guerra de China es su documento de doce puntos con su posicionamiento ante el conflicto, el mal llamado "plan de paz", publicado en el aniversario de la invasión, el 24 de febrero de 2023. Un texto que no distingue entre agresor y agredido y cuya redacción se dirige antes a Estados Unidos que a los estados beligerantes[14]; que habla más de China, de su visión de la guerra, y de sus intereses, que de transacciones viables que puedan conducir a un alto el fuego[15]. Es decir, sirve esencialmente para confrontar su rol al de los Estados Unidos, y con ello sumar afinidades en el Sur Global en un contexto de alza de precios de alimentos y energía. La omisión de los intereses de los estados beligerantes va en línea con la estrategia de las autoridades chinas de restar agencia a Ucrania y Rusia en sus comunicaciones oficiales; pues el marco discursivo chino es que Ucrania es una guerra por delegación (*proxy war*) entre Estados Unidos-OTAN y Rusia. Dos meses después de la publicación del documento de posicionamiento chino, y tras haber visitado a Putin en marzo, llegó la primera llamada de Xi

---

14 El punto tres, "cese de hostilidades", es muy evidente al afirmar: "Todas las partes deben apoyar a Rusia y Ucrania en trabajar en la misma dirección y reasumir el diálogo…". Ministry of Foreign Affairs of the People's Republic of China, China's Position on the Political Settlement of the Ukraine Crisis, 24 de febrero de 2023. [en línea] https://www.fmprc.gov.cn/eng/zxxx_662805/202302/t20230224_11030713.html [Consulta: 22/05/2023].

15 Buena parte de los puntos del documento, destacando principios básicos de la ONU y del derecho humanitario, debieran estar en cualquier mesa de resolución de conflictos. El principal problema es que, si bien parte del respeto a la soberanía de todos los países, no asume una posición de partida respecto a la devolución a Ucrania de las provincias anexionadas por Rusia. Ministry of Foreign Affairs of the People's Republic of China, *China's Position…*, *op. cit.*

a Volodymyr Zelenski en abril de 2023. Se acordó entonces para mayo la visita del primer alto cargo chino a Ucrania desde la invasión, Li Hui, exembajador en Moscú. El 1 de junio, Li, tras cerrar su gira europea en Moscú, afirmó que las partes no estaban listas para iniciar conversaciones de paz.

La autonomía de China en Ucrania, una "neutralidad prorrusa"

Las referencias a la "amistad sin límites" y la ausencia de "áreas prohibidas de cooperación" antes de la invasión, alertó sobre la posibilidad de una acción coordinada entre Rusia y China. Existen indicios para considerar que no fue así, que las autoridades chinas desconocían la escala de los planes de Putin. La invasión tomó por sorpresa al personal chino en Ucrania, incluido el diplomático; y poco después la principal autoridad china a cargo de la información de inteligencia sobre Rusia, el viceministro de Asuntos Exteriores, Le Yucheng, fue destituido, cuando se barajaba entre los posibles sucesores de Wang Yi. Las mismas acciones de Estados Unidos y la UE prejuzgan que China goza de autonomía ante el conflicto, pues han intentado emplear a su favor su influencia en Moscú. Ya en diciembre de 2021, desde Washington presentaron documentos de inteligencia a Pekín para que se implicase en paralizar la invasión[16].

Iniciada la misma, Occidente lideró varias resoluciones en la ONU para condenar a Rusia que obligaron a China a posicionarse. La primera ocasión fue en el Consejo de Seguridad, el 26 de febrero, donde China se abstuvo y Rusia empleó su poder de veto para neutralizar una votación en su contra de once a uno. Cuatro días más tarde, esta vez ante la Asamblea General, China vuelve a abstenerse en la resolución de condena que insta a Moscú a retirarse inmediatamente y sin concesiones de Ucrania. En paralelo, China, sin mencionar a Rusia, rehusó votar contra la resolución por su posicionamiento a favor de principios del Derecho Internacional como los de soberanía,

---

16 WONG. E., "Biden Officials Repeatedly Urged China to Help Avert War in Ukraine", *The New York Times*, 25 de febrero de 2022, [en línea] https://www.nytimes.com/2022/02/25/us/politics/us-china-russia-ukraine.html [Consulta: 2/05/2023].

independencia e integridad territorial. China no se abstuvo sola, de hecho, junto a India, Sudáfrica, Irán o Pakistán, entre otros treinta países, Beijing repitió abstención en NU ante la condena a la anexión por Rusia de cuatro nuevas regiones ucranianas el 13 de octubre de 2022, así como a la solicitud de retirada inmediata de las tropas rusas del 23 de febrero de 2023.

La abstención china no implica equidistancia, sus narrativas continúan la posición rusa. Las autoridades y los medios oficiales del Partido Comunista han promovido un marco que antagoniza el rol de China y Estados Unidos en la guerra, confrontando sus esfuerzos por la paz, frente a la responsabilidad de Washington en el estallido de la crisis y su alargamiento. En ese marco ni Rusia, ni Ucrania son prácticamente mencionados; los protagonistas son la superpotencia hegemónica, Estados Unidos, y la emergente, China. Atendiendo a sus prioridades de política exterior, China ha disociado a la UE del marco aplicado a Estados Unidos y la Alianza Atlántica en la guerra. Las narrativas de los medios oficiales *People's Daily* y *Global Times* hablan de la UE como "parte perjudicada en la guerra", "aliado burlado por Washington". El propio Wang Yi, ministro de Asuntos Exteriores hasta el 1 de enero de 2023, en septiembre de 2022 fue tan lejos como para equiparar los esfuerzos por la paz de China y la UE en un encuentro con el Alto Representante para Política Exterior y de Seguridad de la UE, Josep Borrell[17]. Una disociación cuando menos caprichosa, pues 23 de los 27 Estados miembros de la UE los son de la OTAN; y además la OTAN, por primera vez, incluyó a China como desafío sistémico a sus intereses, seguridad y valores, en el "Nuevo Concepto Estratégico", aprobado en Madrid el 29 de junio de 2022.

La abstención china no evidencia equidistancia, sino independencia para no alinear su acción exterior por defecto. Es decir, autonomía para no participar en la guerra y permanecer neutral, aunque sea, "una neutralidad prorrusa". China se ha esforzado para que esa neutralidad no equidistante no traspase umbrales que pueda cortocircuitar sus relaciones con la UE y los EE.UU. Beijing no ha pro-

---

17 ZHONG W., Y LIANG J., "Chinese FM meets top EU diplomat on sidelines of UNGA session", *People's Daily Online*, 23 de septiembre de 2022, [en línea] http://en.people.cn/n3/2022/0923/c90000-10150822.html [Consulta: 23/05/2023].

porcionado armamento a Rusia durante el conflicto, se opone al potencial uso de armamento nuclear por Rusia, y pese a rechazar las sanciones occidentales a Rusia asume su cumplimiento. Las empresas chinas tienen cercana la lección aprendida con las sanciones a Huawei y ZTE; habiendo interrumpido su actividad en Rusia multinacionales chinas líderes en su sector, como los dos bancos principales, ICBC y Bank of China, Weichai Group, o Sinopec. Algunas fuentes apuntan a compañías chinas que han proveído tecnología de doble uso, bajo sanción, a empresas rusas con riesgo de finalizar en la industria militar; por ejemplo, componentes microelectrónicos procedentes de Hong Kong[18], o semiconductores desde China[19]. A su vez, el *The Wall Street Journal* sugiere que se ha enviado también sistemas de navegación, tecnología de interferencia, y componentes de aviación[20]. Pero analistas radicados en Singapur, como Li Mingjiang, o de *think tanks* occidentales, como Alexander Gabuev[21], señalan que son contratos previos a la guerra, entre empresas previamente sancionadas, y que no implican una práctica a gran escala con impacto en la guerra. Por último, a pesar de que documentos filtrados por el Pentágono apuntaban a que China valoró la posibilidad de armar

18 KOT, B., "Hong Kong's Technology Lifeline to Russia", *Carnegie Endowment for International Peace*, 17 de mayo de 2023 [en línea] https://carnegieendowment.org/2023/05/17/hong-kong-s-technology-lifeline-to-russia-pub-89775 [Consulta: 22/05/2023].

19 NARDELLI, A., "Russia is getting around sanctions to secure supply of key chips for war", *Bloomberg*, 4 de marzo 2023. [en línea] https://www.bloomberg.com/news/articles/2023-03-04/putin-gets-military-tech-chips-semiconductors-despite-eu-and-g-7-sanctions?leadSource=uverify%20wall [Consulta: 25/05/2023].

20 TALLEY, A., "China Aids Russia's War in Ukraine, Trade Data Shows", *The Wall Street Journal*, 4 de febrero de 2023 [en línea] https://www.wsj.com/articles/china-aids-russias-war-in-ukraine-trade-data-shows-11675466360 [Consulta: 25/05/2023].

21 HAENLE, P., GABUEV, y A. MINGJIANG, L., "Is China Providing Russia With Military Support?", *Carnegie Endowment for International Peace* [en línea] https://carnegieendowment.org/2023/02/21/is-china-providing-russia-with-military-support-pub-89075 [Consulta: 25/05/2023].

a Rusia[22], altos cargos occidentales como Josep Borrell, consideran que tal proceso no se ha producido[23].

Conviene repasar los motivos por los cuales China no desea escalar con Occidente a cuenta de Ucrania. En cuanto a Estados Unidos, Beijing advierte que la respuesta de Washington ante la invasión rusa supone un ejercicio de "disuasión de segundo nivel (*second-stage deterrence*)" —sanciones internacionales y armar sostenidamente a tu aliado— orientado a China[24]. Los costes posteriores a la invasión impuestos por Estados Unidos a Rusia modifican los cálculos de China respecto a una reunificación forzosa de Taiwán; con consecuencias en el crecimiento de China como potencia económica, la estabilidad del régimen comunista y su imagen como garante de la estabilidad global. Con una estrategia de disuasión por negación ya establecida en la "US Strategic Framework for the Indo-Pacific" por la Administración Trump, y mejorada reforzando a aliados por la de Biden —QUAD y AUKUS—; Beijing ha tratado de neutralizar la posibilidad de una escalada cualitativa en la actual estrategia de contención a China.

En relación con la UE, China teme que el conflicto de Ucrania mueva a la UE hacia un alineamiento más firme con Washington en su contienda global con China. La dependencia europea de Estados Unidos para garantizar su seguridad frente a Moscú debilita la autonomía europea para tratar sus asuntos con Beijing. A partir del verano de 2022, China reactivó su proyección como "actor responsable" hacia la UE tras el retroceso marcado por la COVID y el inicio

---

22 HAWKINS, A., "China agreed to secretly arm Russia, leaked Pentagon documents reveal Pentagon leaks", *The Guardian*, 14 de febrero de 2023. [en línea] www.theguardian.com/us-news/2023/apr/14/china-agreed-secretly-arm-russia-leaked-pentagon-documents-reveal [Consulta: 25/05/2023].

23 *Europa Press*, "Borrell afirma que China mantiene una "neutralidad prorrusa" pero debe influir en Putin para frenar la guerra", 11 de mayo 2023. [en línea] www.europapress.es/internacional/noticia-borrell-afirma-china-mantiene-neutralidad-prorrusa-debe-influir-putin-frenar-guerra-20230511134942.html [Consulta: 25/05/2023].

24 XIYING, Z., "The U.S. Deterrence Strategy and the Russia-Ukraine Conflict, *Contemporary International Relations*, 20 de mayo de 2022. [en línea] interpret.csis.org/translations/the-u-s-deterrence-strategy-and-the-russia-ukraine-conflict/ [Consulta: 22/05/2023].

de la guerra, y para ello Beijing apela a la "autonomía estratégica" de la UE. Por un lado, desea revertir la dinámica de securitización en sus relaciones económicas y retomar las negociaciones del Acuerdo Integral de Inversiones entre ambas entidades. Con un éxito relativo, las posiciones europeas se han instalado en el *derisking*, desestimando hoy por hoy el *decoupling*[25]. Por otro lado, China busca alejar a sus socios europeos del marco de nueva guerra fría en que se considera están Estados Unidos en Asia. Esfuerzo que ha alcanzado cierto rédito a juzgar por las manifestaciones de Emmanuelle Macron respecto a Taiwán y la apertura de una oficina de la OTAN en Japón. En resumen, el acercamiento de China ha tenido como reacción varias visitas de estado de mandatarios europeos a Xi Jinping orientadas a tratar estos asuntos y acercar posiciones respecto a Ucrania. Además de la de Macron, destacan las de Pedro Sánchez, Olaf Scholz y Ursula Von Der Layen.

Cooperación bilateral económica sino-rusa

A pesar de la neutralidad China y su sometimiento a las sanciones, en 2022 y 2023 Rusia ha experimentado, más que un *Pivot to Asia*, un vuelco hacia ese continente. Entre febrero de 2022 y marzo de 2023 las importaciones de la UE desde Rusia se redujeron un 82% y las exportaciones un 50%. Por el contrario, el comercio bilateral entre Rusia y China creció en 2022 un 29,3%, un 43,4% exportaciones rusas a China —doblándose las ventas gas natural licuado o carbón—, y un 12,8% en camino inverso. Un incremento pequeño ante las cifras de los primeros cinco meses de 2023, en que se avanza hasta un 40,7% del volumen de intercambio, pero con una dinámica inversa en el crecimiento. Las exportaciones rusas a China crecen un 20,4%, y las chinas a Rusia un espectacular 75,6%[26]. En un comercio crecien-

---

25 SAHUQUILLO, M., "Josep Borrell*:* Debemos acoplarnos con *China*, pero a la vez competir y reducir dependencias", *El País*, 12 de mayo de 2023, [en línea] https://elpais.com/internacional/2023-05-12/josep-borrell-debemos-acoplarnos-con-china-pero-a-la-vez-competir-y-reducir-dependencias.html [Consulta: 23/05/2023].

26 General Administration of Custom of the People's Republic of China, *2023☒ 5☒☒☒☒☒☒☒☒☒☒☒☒☒☒☒☒☒☒☒☒☒☒)*, 2023 [en línea] www.customs.gov.cn/cus-

temente establecido en yuanes, el yuan superó al dólar como divisa más negociada en la Bolsa de Moscú en febrero de 2023. El proceso de sinización de la economía rusa se experimenta incluso en sector de alto valor añadido tan competitivos como el del automóvil, donde las compañías chinas han pasado de ocupar el 6% de las nuevas ventas en Rusia en 2021, a un 20% en 2022, y estimaciones del 40% en 2023. Los productores chinos dominan en otros productos como lavadoras, neveras, ordenadores portátiles y teléfonos móviles, con un control del 70% de ventas tras la salida de Apple y Samsung de Rusia tras la invasión[27].

Cooperación militar 2022-2023

La "Asociación Estratégica Integral de Coordinación para una Nueva Era" enfatiza la cooperación en desarrollo tecnológico y militar. Las autoridades rusas y chinas, tras varios de meses de guerra en Ucrania, exhibieron al mundo que la cooperación en este ámbito, lejos de pausarse, iba a consolidarse. El 19 de septiembre, un día después del encuentro de Xi Jinping y Vladimir Putin en Samarcanda para la reunión de la OCS, Nikolai Patrushev, secretario general del Consejo de Seguridad Ruso, y Yang Yiechi, director de la Oficina de la Comité Central de Asuntos Exteriores del Partido Comunista Chino, discutieron en Fujian el fortalecimiento de los vínculos entre sus ejércitos y sus industrias técnico-militares[28]. Fue el primero de varios contactos de alto nivel en materia de cooperación militar producidos hasta la primavera de 2023, incluida la videoconferencia del 30 de diciembre entre Putin y Xi para profundizar en la materia, anunciando un incremento en el comercio de material militar del 25% en el año en curso. Como en otros ámbitos, en esta área también destacan las líneas rojas que Moscú sigue traspasando, por ejemplo, con la trans-

toms/302249/zfxxgk/2799825/302274/302275/5070327/index.html [Consulta: 25/05/2023].

27 SPIVAK, *How Sanctions…, op. cit.*

28 Consejo de Seguridad de la Federación Rusa, *Sostoyalis rossiysko-kitayskie konsultatsii po strategicheskoy bezopasnosti*, 19 de septiembre de 2022, [en línea] www.scrf.gov.ru/news/allnews/3339/ [Consulta: 26/05/2023].

ferencia de tecnología avanzada de defensa a Beijing[29]. Tema que trató el ministro de Defensa chino, Li Shangfu, en su encuentro con Putin a mediados de abril de 2023. Igualmente, desde septiembre se han desarrollado diversas maniobras conjuntas, como la participación del Ejército de Liberación Popular en las maniobras "Vostok"; las patrullas aéreas con bombarderos estratégicos cerca de Japón y Corea del Sur; o las maniobras "Cooperación Marítima 2022" en el Mar de China Oriental. Sobre todas ellas destacan los ejercicios de patrulla naval conjuntos entre las armadas de Rusia, China y Sudáfrica coincidiendo con el primer aniversario de la invasión rusa a Ucrania. A nadie se le escapa que, por encima del beneficio operativo de estas acciones, se sitúa el mensaje de que China no va a participar en el aislamiento de Rusia ni va a aminorar su cooperación con Rusia a causa de la invasión.

Gobernanza global

En su última visita a Moscú, el 22 de marzo de 2023, Xi Jinping se despidió de Vladímir Putin con estas palabras: "Se están produciendo cambios que no han ocurrido en 100 años. Cuando estamos juntos, pilotamos esos cambios". "Estoy de acuerdo", contestó el mandatario ruso. El día de antes, el 21 de marzo de 2023, Xi y Putin habían aprobado la Declaración Conjunta sobre "Profundización de la Asociación Estratégica Integral de Coordinación para una Nueva Era y énfasis en la resolución de la crisis de Ucrania a través del diálogo"[30]. De este modo, Xi no solo apoyaba a su homólogo ruso en un contexto de presión internacional, sino que lo hacía participe protagónico de un proceso de transformación de las relaciones internacionales

---

29 GABUEV, A., "What's Really Going on Between Russia and China. Behind the Scenes. They are Deepening Their Defense Partnership", *Foreign Affairs.* 12 abril de 2023. [en línea] www.foreignaffairs.com/united-states/whats-really-going-between-russia-and-china [Consulta: 25/05/2023].

30 Ministry of Foreign Affairs of the People's Republic of China, *President Xi Jinping and Russian President Vladimir Putin Sign Joint Statement of the People's Republic of China and the Russian Federation on Deepening the Comprehensive Strategic Partnership of Coordination for the New Era and Stress Settling the Ukraine Crisis Through Dialogue,* 22 de marzo de 2023 [en línea] www.fmprc.gov.cn/eng/zxxx_662805/202303/t20230322_11046088.html [Consulta: 24/05/2023].

liderado, como el propio Xi expuso implícitamente en un artículo publicado en *Rossíiskaya Gazeta*[31], por China. 2022 y 2023 están siendo claves en la cristalización de una identidad social internacional opuesta al orden internacional liberal con Washington como hegemón, y Xi se ve como timonel de esa "nueva era". Una identidad que aglutina a potencias emergentes, cómodas con la hipótesis de multipolarismo, a estados en desarrollo, identificados con el Sur Global, y a estados que ven la influencia liberal occidental ajena a sus culturas y, por lo tanto, dañina.

En los tres últimos años, Xi Jinping ha lanzado tres iniciativas globales que acompañan a la Iniciativa de la Franja y la Ruta (IFR) lanzada en 2013: la Iniciativa para el Desarrollo Global (IDG) en 2021, la Iniciativa para la Seguridad Global (ISG) en 2022, y la Iniciativa de la Civilización Global (ICG) en 2023. Las tres en conjunto suponen un corpus teórico de impugnación a la visión de China del orden internacional liderado por Estados Unidos. La IDG, no sugiere solo volver a poner el acento en una agenda global desarrollista, sino vincular ésta al concepto a los Derechos Humanos. Los derechos de subsistencia y desarrollo como Derechos Humanos básicos, un enfoque que sitúa la erradicación de la pobreza como un éxito, y lo confronta al enfoque liberal de Derechos Humanos explotado por Occidente para interferir en asuntos internos de otros países. Con la ISG China se postula como un líder comprometido con la seguridad, la paz y el desarrollo, esforzado en dar soluciones a los desafíos de la seguridad internacional. China pretende abrir el debate para refundar la arquitectura de seguridad global ante la insatisfacción producida por la creciente inestabilidad. Critica el unipolarismo del actual modelo de relaciones internacionales, bajo una jerarquía centro-periferia, cuya tendencia natural al expansionismo tensiona distintos sistemas regionales y alimenta conflictos bélicos. Bajo estas premisas, China inauguró en abril de 2023 en Hong Kong la International Organization for Mediation (IOMed). La entidad se presenta como "la primera organización jurídica intergubernamental dedicada a la resolución de

---

31 XI, J., "Avanzar con ánimos elevados por abrir un nuevo capítulo de la amistad, la cooperación y el desarrollo común entre China y Rusia". *CGTN*, [en línea] https://espanol.cgtn.com/news/2023-03-20/1637756630576746498/index.htm [Consulta: 22/05/2023].

disputas internacionales a través de la mediación". En el último año China ha sorprendido por estimular, aun de forma conservadora, su rol como mediador, destacando el restablecimiento de las relaciones diplomáticas entre Irán y Arabía Saudí y, como no, su posicionamiento en la guerra de Ucrania. La ICG, propugna el reconocimiento de la pluralidad cultural y la cooperación civilizacional a nivel global, estableciendo que cada estado tiene derecho a escoger su modelo. Una nueva llamada a la soberanía nacional y a la cooperación entre estados con sistemas diversos con la que Beijing plantea confrontar el universalismo y la uniformidad del orden internacional liberal; así como esquemas con "mentalidad de guerra fría" como el de "democracias contra autoritarismos".

Aunque la funcionalidad concreta de las instituciones asociados a las iniciativas globales chinas está por ver, es indudable que sus argumentos atraen a muy diversos estados. Una dinámica semejante a la de los BRICS, cuyos proyectos tardan en coger el vuelo, como el Nuevo Banco de Desarrollo, pero que sirve para tomar el pulso del número de países abiertos a mostrar su no alineamiento con Washington. El año 2023 mantiene esa lógica. Por un lado, se ha especulado lanzar una moneda común para contrarrestar al dólar tras la alerta provocada por las sanciones a Rusia. Una idea de escasa viabilidad en el corto-medio plazo. Pero, por otro lado, diversas fuentes apuntan que los BRICS han recibido solicitud de diecinueve países ante la cumbre de agosto en Sudáfrica, incluyendo a Argelia, Egipto, Argentina, Indonesia, Emiratos Árabes Unidos o Arabía Saudí[32].

Rusia y China en su vecindad común: Eurasia

Eurasia, y más en concreto el Asia Central postsoviética, es un área en la que China y Rusia ven solapados intereses y expectativas de influencia. Hasta la guerra de Ucrania, la dinámica de sus relaciones advertía un intercambio tácito por el que Rusia asume que China

---

[32] VECCHIATTO, P., "BRICS Draws Membership Requests From 19 Nations Before Summit", *Bloomberg*, 24 abril de 2023 [en línea] www.bloomberg.com/news/articles/2023-04-24/brics-draws-membership-requests-from-19-nations-before-summit [Consulta: 27/05/2023].

determina la política económica y comercial de la integración euroasiática, bajo el protagonismo de la Iniciativa de la Franja y la Ruta (IFR); mientras China no disputa a Rusia el liderazgo político y de seguridad en Eurasia, el cual, a su vez, es condición necesaria para postularse como polo de un mundo multipolar. China entiende que, en buena medida, la hostilidad entre Occidente y Rusia parte de la falta de respeto del primero a la identidad de gran potencia del segundo, y la pérdida de confianza mutuas en su vecindad común, la Europa Oriental. China, en su vecindad común con Rusia, Eurasia o Asia Central, ha tratado de evitar caer en el mismo error. La invasión de Ucrania, y su resultado, puede marcar un punto de inflexión en el equilibrio de fuerzas en Asia Central entre la potencia tradicional —no hegemónica hoy en día—, Rusia, y la emergente, China. Ello, no tiene por qué conducir al conflicto, ya que existen diferentes opciones de estrategias ante un supuesto traspaso de poderes, y Rusia podría optar por adaptarse, una vez más, a su asimetría con China. El último año y medio dejan varios signos de cambio en la región.

El 2022 comenzó con una actuación rusa, performativa como pocas de status de gran potencia, en particular de potencia regional en Eurasia. Bajo el paraguas de la Organización de Tratado de Seguridad Colectiva (OTSC), la alianza de defensa colectiva que lidera Rusia e integran Armenia, Bielorrusia, Kazajstán, Kirguistán y Tayikistán, Moscú encabezó el despliegue de 2.500 soldados para contener las protestas contra el gobierno de Kasim Jormat Tokayev en Kazajstán. Los Estados miembros de la OTSC aprobaron la misión, cuyos objetivos se cumplieron eficaz y rápidamente. El balance a final de año, sin embargo, expone que el 2022 ha sido crítico para la organización y para el rol de Rusia como garante de seguridad y estabilidad. A raíz de la invasión de Ucrania han crecido los recelos entre los miembros de la OTSC hacia una Rusia abierta a redibujar las fronteras del espacio postsoviético, motivando su abstención en las resoluciones de condena de NU a Rusia. Pero también Rusia ha visto limitada su capacidad operativa en la región. En el Cáucaso, el gobierno armenio denunció el abandono de Moscú en el conflicto del Alto Karabaj, rechazando firmar la declaración conjunta de la cumbre de la OTSC en noviembre de 2022. En Asia Central, Kirguistán echó de menos la mediación rusa en los sangrientos choques fronterizos con Tayikistán y, tras los "sucesos de Osh" en 2010, son dos decepciones con la "eficacia estratégica" de Rusia y la OTSC.

Si la cumbre de la OTSC en Yerevan fue amarga para Putin, no resultó más dulce la de la Organización de Cooperación de Shanghái (OCS) dos meses antes en Samarcanda, esta vez sí con presencia china. Putin y Xi se reunían por primera vez tras anunciar su "amistad sin límites" veinte días antes de la invasión. La guerra no marchaba bien para el Kremlin[33] y Putin llegaba a Samarcanda con necesidad de apoyo internacional. De cara a la galería al menos, la cumbre fue en sentido opuesto, China, junto a la India entre otros, no atendieron las preocupaciones del Kremlin y se centraron en trasladar las suyas sobre las consecuencias de la guerra en la economía y estabilidad internacional. Putin, con una docilidad nunca vista, trasladó a Xi comprensión ante sus "preguntas y preocupaciones" prometiendo "ofrecer una detallada explicación" sobre su posición en la guerra de Ucrania. Xi, condescendiente, aprovechó para reforzar el estatus de China como potencia afirmando mantener "la voluntad de trabajar con Rusia para demostrar la responsabilidad de las grandes potencias" e "infundir estabilidad y energía positiva en un mundo de caos"[34]. En perspectiva, Samarcanda fue un punto de inflexión en dos sentidos. Por un lado, a su regreso a Moscú Putin ordenó la movilización parcial de tropas y la anexión de Jersón, Zaporiyia, Lugansk y Donetsk; lo cual permite aventurar que Xi aclaró a Putin que no recibiría apoyo directo militar chino. Por otro lado, hasta entonces, China se había limitado a explicitar su posición en NU y emitir declaraciones rutinarias que no aclaraban los pormenores de la relación sino-rusa tras el conflicto. Es previsible que Xi equilibrase su primer mensaje comprometiéndose a escalar la proyección de la cooperación bilateral tras la invasión de Ucrania, pues a partir de la cumbre ésta se aceleró.

---

33 CÓZAR MURILLO, B. Y COLOM PIELLA, G. (eds.), *La guerra de Ucrania II. De la conquista de Lugansk a la contraofensiva ucraniana*, Catarata, Madrid, 2022.

34 DAVIDSON, H. Y ROTH, A., "Putin tells Xi he understands China 's 'questions and concerns' over Ukraine", *The Guardian*, 15 de septiembre de 2022. [en línea] www.theguardian.com/world/2022/sep/15/putin-thanks-xi-china-balanced-stance-on-ukraine-invasion-russia [Consulta: 25/05/2023].

Señal de que las precauciones chinas para no herir el orgullo de potencia regional ruso se están relajando es la celebración, el 18 de mayo de 2023 en Xi'an, de la primera cumbre entre un mandatario chino y los cinco líderes centroasiáticos. La primera ocasión en que estas jefaturas de estado de China, Kazajstán, Tayikistán, Uzbekistán, Turkmenistán y Kirguistán se reúnen en conjunto sin presencia de un presidente ruso. Una imagen de gran simbolismo en un contexto en que la ausencia rusa cobra mayor significado, ya que la guerra de Ucrania y la inestabilidad regional asociada a ella fueron el principal tema de debate. Las dudas sobre el futuro de las capacidades, compromiso e influencia rusa en la región, contrastaba con la espectacularidad del protocolo chino. Beijing puso el foco en la estabilidad y la seguridad. Sin un deseo expreso por sustituir a Rusia, China expuso la necesidad de reforzar áreas de seguridad regional que, entienden, apelando a Xinjiang, les afectan directamente, como son el terrorismo, separatismo y el extremismo, habituales, por lo demás, en los foros de la OCS desde su fundación. No obstante, la declaración oficial de la cumbre aborda la cooperación en diferentes ámbitos, destacando el comercial y la inversión en infraestructuras. A su vez, el texto es transparente en cuanto a las intenciones de permanencia del formato, creando un mecanismo de cooperación formal periódico, una mini-OCS sin Rusia; como en el liderazgo chino, incluyendo el respeto al principio de "una sola china", referencias a la "Comunidad de futuro compartido para la humanidad", la IFR, entre otras prioridades de la agenda global de Beijing, como las IDG, ICG, ISG[35].

Conclusiones: Perspectivas del fin de la guerra en Ucrania y China

La guerra, ese fenómeno político capaz de engullir imperios, degradar potencias y gestar revoluciones sin ser apercibido por los oráculos mejor conectados. Ante la guerra, el mejor consejo a un investigador es ser prudente. Ante el día después a la guerra, un investigador está obligado a contemplar todos los escenarios y aplicar

35 *People.cn*, "Declaración de Xi'an, Cumbre China - Asia Central. [中国—中亚峰会西安宣言--时政--人民网]", 20 de mayo de 2023 [en línea] http://politics.people.com.cn/n1/2023/0520/c1001-32690597.html [Consulta: 22/05/2023].

prudencia en ellos. En lo que atañe a China y sus relaciones con Rusia, hay dos grandes preguntas respecto al ulterior desarrollo de la guerra en Ucrania: ¿Existe un escenario en el que China modificaría su actual "neutralidad prorrusa"? y ¿cómo afectará el resultado de la guerra en Ucrania a las relaciones sino-rusas?

No sabemos cuál será el resultado de la guerra, pero se pueden aventurar tres conjuntos de escenarios. En un primero, antes o después, la presión del ejército ucraniano provoca la retirada de las fuerzas rusas de ocupación a gran escala, obteniendo una victoria sin paliativos. Este conjunto integra casuísticas cualitativamente muy diferentes, en particular, la caída o no de Crimea en manos ucranianas. En un segundo conjunto de escenarios es Rusia quien acaba imponiéndose en el terreno militar, forzando una capitulación favorable. El tercer grupo acoge opciones que, en lo esencial, mantienen el estatus quo de la primavera de 2023. Una línea de frente en torno al corredor del Azov hasta Crimea. Situación que, más tarde o más temprano, conduce a la negociación de un armisticio. Ese estatus quo se rompe si se da un gran salto cualitativo: a favor de Rusia, penetración más allá de las regiones en que ocupa territorios; a favor de Ucrania, pérdida rusa del Donbas, ruptura ucraniana del corredor entre la provincia de Donetsk y Crimea, por último, Crimea seriamente amenazada. Ante una de estas casuísticas, se estaría muy cerca del primer o segundo conjunto de escenarios. Existe un grupo de escenarios en que, según distintos analistas, cabe la posibilidad de que China salga de su "neutralidad prorrusa". Un colapso ruso puede, bien empujar a China a participar más activamente en el conflicto, máxime si amenaza la continuidad de Putin y coincide con una escalada en Taiwán; bien llevar a Putin a aprobar el uso de armamento nuclear táctico, con la posibilidad de condena china y viraje hacia el aislamiento ruso.

Examinar estas opciones merece un ejercicio de prospectiva que excede a este capítulo, pero existen tres argumentos para hacer improbable la primera opción. Primero, siguiendo la "determinación" de los 24 caracteres de Xi, para China no es el momento de implicarse en una guerra. Segundo, tras años de cooperación militar, y desgastada en Ucrania, no está claro que beneficio aportaría Rusia a China ampliando los escenarios de guerra mutuos. Tercero, una Rusia débil y bajo hostilidad occidental beneficia a China. Y es que sea cuál sea el conjunto de escenarios que mejor se ajuste al resultado de la guerra, hay tres elementos que no cambian respecto a la situación de Moscú para con Beijing: su desgaste económico; hostilidad con Occidente —salvo en el muy improbable caso de un "cambio de régimen" proccidental en Moscú—, y un aislamiento internacional parcial que, dependiendo de la actitud de China, puede ser mucho mayor. Además, cabe recordar que el mejor servicio chino a Rusia proviene de la confianza que permite desplazar al menos 12 batallones desde el Lejano Oriente Ruso a Ucrania y Bielorrusia. Por todo ello, cabe plantear como más probables unas relaciones sino-rusas que profundicen la sinización de Rusia, su adaptación a una mayor asimetría, incorporando incluso una estrategia de transición amable en que su liderazgo político en Eurasia y Asia Central sea asumido gradualmente por China.

Navegando entre gigantes: los efectos de la dinámica de competición sinoestadounidense en el Sudeste Asiático

Javier Gil Pérez

Introducción

El capítulo analiza el impacto de la competición sinoestadounidense en el devenir geopolítico del Sudeste Asiático. Aunque la narrativa global asume esta situación, otros autores sugieren que Washington ya ha pasado a una etapa que busca específicamente la degradación del poder chino.

Teniendo en cuenta ambas perspectivas, el capítulo estudiará los principales movimientos de China y Estados Unidos en esta región, así como los de otros actores clave como Rusia, India y la *Asociación de Naciones del Sudeste Asiático* (ASEAN). Acciones que pretenden ganar peso político, económico, diplomático y estratégico en una región, que históricamente, ha sido objeto de la competición entre grandes potencias. Debido a varios factores, su posición geográfica como cruce de caminos crucial en el Indo-Pacífico, su diversa población de más de 660 millones de personas, que la convierten en la tercera economía de la región tras China e India, porque alberga a ASEAN, una de las instituciones regionales más importantes dentro del Indo-Pacífico y porque el Sudeste Asiático está viviendo un periodo de transformación, especialmente en el ámbito de la seguridad. Donde, tanto los Estados Unidos, como China, junto a otras potencias como Rusia o India, han situado su interés en la región.

Así y como afirma Dunst[1], el Sudeste Asiático se ha convertido, muy a su pesar, en una especie de zona cero en la competición entre Estados Unidos y la República Popular China.

Con el objetivo de analizar la reconfiguración del poder en el Indo-Pacífico y su impacto en el Sudeste Asiático, este capítulo se dividirá en cuatro secciones. La primera analizará la visión y objetivos de China en la región. La segunda examinará, tanto la razón de ser, como las consecuencias de algunas de las iniciativas multilaterales más importantes articuladas por Estados Unidos en la región, como el *Diálogo de Seguridad Cuadrilateral* (QUAD) y, más recientemente, la alianza entre Australia, Reino Unido y Estados Unidos (AUKUS). La tercera, contextualizará la presencia e intereses de India y Rusia en la región, ambos actores clave en la rivalidad sinoestadounidense y con agendas propias. Por último, se analizará la visión de ASEAN y su líder natural, Indonesia, sobre cuál debe ser la posición y el papel de la región y de esta organización en esta lucha de colosos.

China y su apuesta en el mar del Sur de China

Históricamente, China, siempre ha mostrado un gran interés por toda la región del Sudeste Asiático. Tanto la terrestre, como la marítima. Si bien, es cierto, que, y, sobre todo, tras la victoria del partido comunista en la guerra civil china, y el advenimiento de la República Popular China, este interés se redobló, más si cabe. Interés, manifestado, en un periodo más cercano, en su apuesta por el Sudeste Asiático como uno de los ejes centrales de su Iniciativa de la Franja y la Ruta (*One Belt One Road*)[2].

El conflicto en el Mar del Sur de China se centra en las disputas territoriales entre la República Popular China, que reclama la mayoría del territorio, y varios países del Sudeste Asiático, como Filipinas,

1 DUNST, C., "China's relationship with Southeast Asia, explained", *The China Project*, 21 de octubre de 2020 [en línea] https://thechinaproject.com/2020/10/21/chinas-relationship-with-southeast-asia-explained [Consulta: 11/01/2023].

2 ZHOU, W., y ESTEBAN, M., "Beyond Balancing: China's approach towards the Belt and Road Initiative", *Journal of Contemporary China*, 2018, 27-112, 1-15.

Vietnam, Indonesia, Brunei y Malasia, que se basan en la *Convención de las Naciones Unidas sobre el Derecho del Mar* (UNCLOS) para reclamar una zona económica exclusiva de 200 millas náuticas. Esta disputa es crucial para entender los intereses geopolíticos de China en la región y su confrontación con Estados Unidos y la ASEAN. La UNCLOS es vista por muchas organizaciones como una guía importante para resolver estas disputas y mitigar la creciente agresividad de China.

El 6 de febrero de 2023, patrulleras chinas apuntaron con un láser a un guardacostas filipino en el área del *Second Thomas Shoal*. Según los medios filipinos, el láser cegó temporalmente a la tripulación filipina[3]. Esta acción fue rechazada por Estados Unidos, que mantiene un acuerdo de Seguridad Mutua con Filipinas desde 1951. Además, China está tratando de controlar los cables submarinos que cruzan el Mar del Sur de China para ejercer un control y una soberanía de facto en la región[4], lo que representa un salto cualitativo sin precedentes.

El conflicto en el Mar del Sur de China ha ido escalando gradualmente desde 2009, cuando la misión permanente de China en Naciones Unidas emitió una nota y reapareció el mapa de los nueve trazos. Para entender las bases del conflicto, es necesario remontarse a los primeros años del fin de la Segunda Guerra Mundial en el Pacífico. Después de la rendición incondicional del Imperio japonés el 15 de agosto de 1945, surgió un intenso debate en la región sobre quién debía poseer el vasto archipiélago salpicado de islas, islotes y atolones que hoy componen el Mar del Sur de China. En 1947, la República de China emitió un mapa reclamando el control total de todo el espacio marítimo sobre una línea de 11 puntos. Posteriormente, el gobierno chino redujo la línea a nueve trazos, asumiendo como propia la reclamación de la República de China. Aunque el contencioso estuvo relativamente estable durante los años 50 y 60, China aceleró

---

3 *AL JAZEERA*, "Philippines files protest over China's laser use in sea dispute", 14 de febrero de 2023 [en línea] https://www.aljazeera.com/news/2023/2/14/us-says-beijings-south-china-sea-laser-use-provocative-unsafe [Consulta: 25/03/2023].

4 GROSS, A. et al., "China exerts control over internet cable projects in South China Sea", *Financial Times*, 13 de marzo de 2023 [en línea] https://www.ft.com/content/89bc954d-64ed-4d80-bb8f-9f1852ec4eb1 [Consulta: 13/03/2023].

su apuesta por el control del Mar del Sur de China desde la década de los 70 hasta el presente, aprovechando las oportunidades que se le presentaron. La primera de ellas fue en 1974, cuando China arrebató a Vietnam sus posesiones en las islas Paracelso, mientras el Sur estaba débil y cerca del colapso[5]. Los siguientes movimientos chinos continuaron en el tiempo, destacando dos por encima del resto. El primero de ellos en 1988, con la batalla de *Johnson South Reef*, esta vez, contra una Vietnam ya unificada y comunista, que significó la conquista por parte de China de seis nuevos arrecifes y atolones, que han derivado en cruciales, en la estrategia china, con la militarización, entre otros, de *Fiery Cross*[6]. Batalla, que sigue marcando el contencioso entre ambas naciones comunistas. Posteriormente, el arrecife de *Mischief* en 1995 bajo control filipino fue anexionado por medio de la coacción y la fuerza. Sin embargo, y como defiende Hayton[7], su control supuso un salto cualitativo en la estrategia China por dos aspectos. Primero, porque afectaba a un país ASEAN con un acuerdo de seguridad mutua con Estados Unidos y en segundo lugar porque el resto de los países del Sudeste Asiático con posesiones en el Mar del Sur de China pasaron a sentirse amenazados.

Aspecto, que, a pesar de constituir un ataque a su integridad territorial, no generó ninguna reacción americana, más allá de la verbal, a pesar de mantener un acuerdo de seguridad mutua. Y ya en fechas más recientes, concretamente en 2012, la ocupación del *Scarborough Shoal*, y volviendo a repetirse el mismo guion que en 1995 respecto a la respuesta filipina.

La lenta ocupación de islas, islotes y arrecifes sigue una estrategia muy clara por parte de China, que pretende alcanzar, varios objetivos claves para China, en su propia presentación como potencia regional y global.

---

5 NATHAN A. y SCOBELL, A. *China's search for security*. Columbia University Press, Nueva York, 2012.

6 *RFA*, "Johnson South commemoration signals apparent shift in Vietnam government policy", 13 de marzo de 2023 [en línea] https://www.rfa.org/english/news/vietnam/johnson-battle-anniversary-03132023040524.html [Consulta: 13/03/2023].

7 HAYTON, B., *The South China Sea. The struggle for power in Asia*. Yale University Press, New Haven, 2014.

En primer lugar, y en materia defensiva, establecer una gran zona de seguridad marítima que cubra, proteja y defienda al corazón chino, que es donde se concentra la riqueza material y humana del país. Baste recordar, que, dentro del pensamiento político chino, el siglo de las humillaciones comenzó con una invasión marítima por parte británica, que desembocaría en el infausto, para los intereses chinos, Tratado de Nanjing[8]. Por lo que asegurar el mar es clave.

En segundo término, y también a nivel de seguridad, el Mar de Sur de China, se ha convertido en un área clave para las operaciones navales chinas, tanto las submarinas, como las que desean mejorar su proyección de poder y presencia en el gran Océano Índico. Área, donde compite directamente con la República de India, como en el Pacífico, como muestra su acuerdo para el desarrollo de una base china en las Islas Salomón. Y es que, como afirma Singh[9], el movimiento chino en el Pacifico, mediante la firma del pacto de cooperación en materia de seguridad con las Islas Salomón en marzo del 2022, fue un movimiento chino, que sorprendió. Ya que, pondrá presencia militar china, en un área con importantes reminiscencias emocionales para Estados Unidos. Ya que las batallas de Guadalcanal y del Mar De coral, se produjeron allí, y porque será, frente al aliado estratégico de Estados Unidos en la región del pacífico, Australia.

Respecto al Índico, China, y conviene no subestimar tal movimiento, posee desde mediados de los 90, presencia militar en las islas Coco de Myanmar, frente a la fachada marítima india, donde se encuentra una potente estación de reconocimiento marítimo y electrónico que le proporciona amplias capacidades en labores de vigilancia, principalmente hacia India[10], su competidor regional por antonomasia.

---

8 JOSEPH, W., “Studying Chinese politics”, en: *Politics in China*. Oxford University Press, Oxford, 2014.

9 SINGH, D., “The U.S.-China Strategic Competition in the Pacific: Something ASEAN Needs to Watch”, *Fulcrum*, 26 de julio de 2022 [en línea] https://fulcrum.sg/the-u-s-china-strategic-competition-in-the-pacific-something-asean-needs-to-watch [Consulta: 06/01/2023].

10 *INDIA BLOOMS NEWS SERVICE*, “China’s SIGINT facilities in Cocos Islands, a threat to India”, 24 de junio de 2022 [en línea] www.indiablooms.com/news-details/M/82475/china-s-sigint-facilities-in-cocos-islands-a-threat-to-india.html [Consulta: 18/03/2023].

En tercer lugar, reside un interés económico clave, que busca explotar, tanto los recursos pesqueros de toda la vasta región marítima, como del subsuelo, en forma de gas, petróleo y minerales. Junto a ello, destaca también, el interés primordial en asegurar el correcto funcionamiento de las vías marítimas a través de las que China importa recursos vitales para su economía y exporta sus productos manufacturados.

Así, China está potenciando todas sus fuerzas navales, como pone de manifiesto su tercer portaaviones, *Fujian*, que durante 2023 será una realidad surcando los océanos.

Por último, y a nivel geopolítico, pero también simbólico[11] para China, hacerse con el control del Mar del Sur de China es esencial, en su apuesta por constituirse como un nuevo poder regional con aspiraciones globales. Y, es que, a través del control y posesión de una vasta área marítima englobada en el Mar del Sur de China, China puede ejercer y mandar mensajes tanto de poder militar como de intenciones a sus vecinos terrestres[12]. Y es por ello, que cualquier debilidad mostrada ante los países reclamantes del Sudeste Asiático, deben de ser evitadas, como lo muestra su rechazo frontal al dictamen del Tribunal Permanente de Arbitraje de 2016, que echaba por tierra las demandas chinas sobre el Mar del sur de china basadas en sus supuestos derechos históricos.

Si bien el espacio marítimo es clave para China, también lo es el terrestre. Así, pueden inferirse dos grandes objetivos respecto a China en el Sudeste Asiático peninsular, que están a su vez, conectados con el ámbito marítimo y que completan la lista de objetivos chinos en la región.

En primer lugar, y vinculado al espacio marítimo, reside la voluntad de dividir la unidad política de la región en su estrategia respecto al Mar del Sur de China. Estrategia, que hasta el presente ha funcionado, ya que ASEAN ha sido incapaz de articular una posición común frente a las reclamaciones chinas. Junto a ello, hay que señalar, que los propios intentos entre ASEAN y China por alcanzar un

---

11 MANICOM, J., *China, Japan, and Maritime order in the East China Sea. Bridging troubled waters.* Georgetown University Press, Washington DC, 2014.

12 GRAY, C., *War, Peace and International Relations.* Routledge, Londres, 2012.

código de conducta que rija las disputas en el Mar del Sur de China, llevan naufragando más de dos décadas y, por lo tanto, China ha conseguido retrasar hasta el presente un acuerdo global con ASEAN, aspecto, que indudablemente le beneficia.

El segundo gran objetivo reside en aumentar su presencia física en la región. Así, y junto a la presencia de importantes e históricas diásporas chinas, y un cada vez mayor peso económico en las relaciones comerciales con todos los países de la región y en la propia Inversión Directa, destaca la posible base naval que China instalará en Camboya, y las buenas relaciones que mantiene con Laos y Myanmar. Aspecto que provoca un gran temor en Vietnam, al verse enfrascada entre Camboya y China, tanto a nivel marítimo, como también en el área terrestre. La apertura de una base china en Camboya constituiría un importante salto cualitativo, ya que se sumaría a la futura presencia en las Islas Salomón, situándose en dos puntos estratégicos de la región, dentro del propio Sudeste Asiático peninsular y dentro del propio Pacifico, y entre medio, todas sus posiciones dentro del Mar del Sur de china y la muy interesante presencia china en la costa occidental de Myanmar, en la isla de Cocos. Dibujando una perfecta área de influencia desde la entrada al estrecho de Malaca hasta el pacífico más remoto.

En tercer lugar, tal y como afirma Kennedy[13], China, en su búsqueda de alcanzar una mayor seguridad energética, ha potenciado tanto su poder naval como las autopistas marítimas energéticas de transporte. Es por ello, que el Sudeste Asiático insular es clave para China, otorgando valiosas alternativas a China en su estrategia de potenciar su seguridad energética. Con el objetivo de reducir trayectos, costes y evitar la gran dependencia tanto del estrecho de Malaca, como de los estrechos indonesios de Sunda, Lombok y Makassar, y así acceder al Índico[14]. En esta estrategia, emerge con fuerza el

---

13 KENNEDY, A., "China's Search for oil security: A critique", en: STEVEN, D; O'BRIEN, E. y JONES, B. (eds.), *The New Politics of Strategic Resources: Energy and Food Security Challenges in the 21st Century*, Brookings Institution Press, Washington DC, 2015, 23-39.

14 STRANGIO, S., In the dragon's shadow. Yale University Press, New Haven, 2020.

corredor energético que China ha establecido con Myanmar y que comienza en el puerto de Kyaukpyu y prosigue hasta China[15].

En resumen, China está apostando por convertirse en una superpotencia en el Mar del Sur de China. Para lograrlo, Pekín debe lidiar con la creciente preocupación e irritación que sus acciones en la región están causando tanto en los países del Sudeste Asiático como en otras iniciativas internacionales lideradas por Estados Unidos, como AUKUS y QUAD, que apuntan directamente a China.

En la manera en que China resuelva estos dilemas múltiples, triunfará o fracasará, en su apuesta por erigirse en el líder regional ostentando una gran área de influencia.

AUKUS, QUAD y el nuevo minilateralismo

Si China ha mostrado un gran dinamismo en sus acciones en la región en los últimos años, Estados Unidos, también está tratando de responder a los deseos chinos de convertir al Sudeste Asiático en una zona de influencia bajo su largo manto[16] Dentro de las iniciativas americanas, destacan dos, por encima del resto: el Dialogo Cuadrilateral, QUAD en su versión oficial, y el AUKUS, junto a la ampliación del Acuerdo de Cooperación en Defensa Aumentado en 2023 con Filipinas.

El Diálogo Cuadrilateral fue constituido por Estados Unidos, Australia, Japón e India en 2007 como un punto de encuentro informal para tratar temas de seguridad regional. Si bien, fue en 2007, cuando vio su nacimiento oficial, el QUAD, tuvo su origen, como continuación del grupo creado por los cuatro países, como *Tsunami Core Group*, para dar respuesta a la tragedia provocada por el Tsunami[17] Su posterior y errática evolución, constituye sin duda, un magnífico

---

15 HORNBY, L., "China and Myanmar open long-delayed oil pipeline", *Financial Times*, 11 de abril de 2017 [en línea] www.ft.com/content/21d5f650-1e6a-11e7-a454-ab04428977f9 [Consulta: 03/03/2023].

16 *The White House*, Quad Joint Leaders' Statement, 24 de mayo de 2022 [en línea] https://www.whitehouse.gov/briefing-room/statements-releases/2022/05/24/quad-joint-leaders-statement [Consulta: 11/02/2023].

17 BUCHAN, P. y RIMLAND, B., *Defining the Diamond: The Past, Present, and Future of the Quadrilateral Security Dialogue*, CSIS, Washington DC, 2020.

ejemplo de las dificultades y obstáculos a los que se enfrenta Estados Unidos y sus aliados, a la hora de armar pequeños grupos de países con intereses comunes frente al ascenso chino.

Y es que, el QUAD, colapsó en 2008, para pasar a un estado vegetativo en clave geopolítica durante la siguiente década. El fin del QUAD primigenio, se debió a múltiples factores, pero, sobre todo, a dos elementos claves. En primer lugar, por las presiones chinas sobre sus componentes y en segundo término y como argumentan Buchan y Rimland[18] por las divergencias internas sobre las amenazas en la región y el cómo contrarrestarlas.

A pesar de este primer colapso, el QUAD gozaría de una nueva oportunidad, con su resurgimiento en 2017 de la mano de un entorno en el Indo-Pacífico más complejo y con una China más asertiva y fuerte, donde los miembros del QUAD infirieron los cambios, profundos, que se esperan en la redistribución del poder en la región. Que tiene su traducción concreta, en la defensa que hacen los miembros del QUAD del Indo-Pacífico como un región libre y abierta[19], frente a una China, que, entre otros objetivos, planea crear una gran área de influencia en todo el Sudeste Asiático, el peninsular y el insular.

Por ello, es necesario destacar tres variables determinantes sobre este diálogo:

- En primer lugar, el QUAD no es una alianza vinculante de seguridad. Es, ante todo, un ámbito informal de cooperación en áreas vinculadas a las amenazas de seguridad no tradicionales. Que el nuevo QUAD se centre en las amenazas a la seguridad no tradicionales, que tan importantes son en toda la región, y principalmente en el área del Sudeste Asiático, esconde una gran debilidad, y es que, posiblemente, y como apunta Pillai[20],

18 *Ibíd.*

19 *The White House*, "Quad Leaders' Joint Statement: The Spirit of the Quad", 13 de marzo de 2021 [en línea] www.whitehouse.gov/briefing-room/statements-releases/2021/03/12/quad-leaders-joint-statement-the-spirit-of-the-quad [Consulta: 11/02/2023].

20 PILLAI, R., "Quad Summit indicates Growing Strength", *The Diplomat*, 26 de mayo de 2022 [en línea] https://thediplomat.com/2022/05/quad-summit-indicates-growing-strength [Consulta: 11/02/2023].

responde claramente a las dificultades entre los Estados parte del QUAD a avanzar en materias de seguridad clásica, sobre todo motivadas por el rechazo de India.

- En segundo lugar, y vinculado con lo anterior, el QUAD es, en sí mismo, un acuerdo sobre un mínimo común denominador admitido por todos. De hecho, se podría argumentar, que es en el ámbito estricto de la seguridad tradicional, donde los lazos de cooperación son más débiles, articulando las maniobras navales conjuntas desde 2020 de los cuatro miembros denominadas como Malabar, como el único resultado claro, pero si bien, no significativo a efectos estrictamente militares.
- En tercer lugar, el QUAD es ante todo una declaración de intenciones y de principios. Junto a la preocupación por las amenazas no tradicionales, el QUAD realiza una apuesta muy fuerte por mantener el rol central de la ASEAN en la arquitectura de poder en la región y por UNCLOS como pilar jurídico nuclear en la gestión del espacio marítimo en la región. Aspecto, por otro lado, sorprendente, debido al hecho de que Estados Unidos no ha ratificado todavía UNCLOS ni se prevé que lo haga en un periodo cercano.

Tras la reemergencia del QUAD, destaca también el AUKUS. Estados Unidos, junto a Reino Unido y Australia, respondió a la creciente asertividad china con este acuerdo. Presentado en septiembre de 2021, este acuerdo pretende contener el ascenso chino y, sobre todo, su influencia y poder en la región por medio de diferentes medidas. Junto a ello, destacan también los deseos de mejorar su posición en el propio mar del Sur de China como de la mejora en su capacitación para el combate tanto en el Mar de Sur de China como en Taiwán[21].

Dentro de las medidas, destacan dos vectores claramente, por un lado, la adquisición de submarinos propulsados por energía nuclear por parte de Australia, y por el otro, el intercambio y la colaboración más profunda en tecnologías claves del futuro, como son la ingenie-

---

21 GERING, T., "Why China is genuinely worried about AUKUS", Free Malaysia Today, 13 de noviembre de 2022 [en línea] www.freemalaysiatoday.com/category/world/2022/11/13/russias-lavrov-says-west-seeking-to-militarise-southeast-asia/ [Consulta: 3/03/2023].

ría cuántica, la robótica, la ciberseguridad, el desarrollo de capacidades hipersónicas o submarinos a través de proyectos como el *AUKUS Under Sea Robotics Autonomous Systems* (AURAS).

Sin embargo, esta apuesta, esconde importantes riesgos para la región, tanto por las posibilidades de proliferación nuclear por parte de Australia[22] como, por otro lado, por el hecho de aumentar la temperatura geopolítica, en una era ya muy candente de por sí. Junto a ello, es conveniente señalar las posibles derivadas sobre el entorno de la Unión Europea. El AUKUS nace tras la traición de Australia a Francia en la compra de submarinos mantenida al menos hasta dos semanas antes de la firma del AUKUS y que Australia ha compensado con 555M€ por la ruptura del contrato al astillero francés *Naval Group* con el que previamente había acordado la construcción de 12 submarinos[23] Más allá de los aspectos monetarios, el mensaje hacia la UE es muy negativo y de desprecio, y particularmente para Francia, única potencia nuclear en el seno de la Unión Europea, ya que la ruptura, rompe[24], su estrategia respecto al Indo-Pacífico.

Si bien, y como afirma Acharya[25], está por ver, que ambas iniciativas tengan un impacto positivo para sus integrantes, porque ningún país del Sudeste asiático está presente, y ello, es crucial para hacer viable y eficaz ambas iniciativas. Además, desde países líderes en la

---

22 ACTON, J., "Why the AUKUS Submarine Deal Is Bad for Nonproliferation—And What to Do About It", *Carnegie Endowment for International Peace*, 21 de septiembre de 2021 [en línea], https://carnegieendowment.org/2021/09/21/why-aukus-submarine-deal-is-bad-for-nonproliferation-and-what-to-do-about-it-pub-85399 [Consulta: 1/02/2023].

23 ACHENZA, M., "Australia to pay French company $830 million over scrapped submarine deal", *News*, 11 de junio de 2022 [en línea] https://www.news.com.au/national/politics/pm-anthony-albanese-says-australia-will-pay-830m-compo-over-scrapped-french-submarines/news-story/39ca5ff16c33f1d6d76114677f07e559 [Consulta: 22/02/2023].

24 BARNES, J.; MAKINDA, S. y HILLS, J., "What are the lasting impacts of the AUKUS agreement?", *Chatham House*, 16 de agosto de 2022 [en línea], www.chathamhouse.org/2022/08/what-are-lasting-impacts-aukus-agreement [Consulta: 19/02/2023].

25 ACHARYA, A., "ASEAN and the new geopolitics of the Indo-Pacific", *East Asia Forum*, 29 de diciembre de 2021 [en línea] https://www.eastasiaforum.org/2021/12/29/asean-and-the-new-geopolitics-of-the-indo-pacific [Consulta: 19/02/2023].

región y claves en el ámbito marítimo como Indonesia, han sido extremadamente críticos con dicho acuerdo[26]

En tercer lugar, destaca el impulso que los gobiernos de Filipinas y Estados Unidos han dado al Acuerdo de Cooperación en Defensa Aumentado. Acuerdo firmado en 2014, y que permitía el acceso de Washington a cinco bases en Filipinas. Con la ampliación a nueve, ambos países mandan un mensaje conjunto de vuelta a la cooperación en el área de la seguridad, frente al tumultuoso periodo protagonizado por Rodrigo Duterte[27]. En segundo lugar, las nuevas bases a las que tendrá acceso Estados Unidos van a otorgarle mayor capacidad de acción y de proyección de poder hacia Taiwán y hacia el mar del Sur de China, aspecto que ha sido ampliamente criticado por el gobierno chino[28]. Huelga decir, que el futuro de Taiwán ha sido determinante en la ampliación del *Acuerdo Mejorado de Cooperación en Defensa* (EDCA). Por último, hay que señalar también, que la clara mejoría en las relaciones bilaterales con Filipinas bajo el nuevo gobierno de Marcos Jr. van en dirección contraria a lo sucedido con Tailandia. País, con el que, a pesar de seguir manteniendo un acuerdo mutuo de seguridad, las relaciones a alto nivel permanecen a un bajo nivel. Así, Estados Unidos, potencia su apuesta y presencia en el Sudeste Asiático peninsular frente a su debilidad en la insular.

---

26 BARRETT, C. y ROMPIES, K., "AUKUS announcement: US submarines may be denied access to Indonesia waters", *The Sydney Morning Herald*, 14 de marzo de 2023 [en línea], https://www.smh.com.au/world/asia/aukus-created-for-fighting-push-for-indonesia-to-refuse-access-to-subs-20230314-p5crzz.html [Consulta: 2/03/2023].

27 MANSOOR, S. y SHAH, S., "Why the Philippines Is Letting the U.S. Expand Its Military Footprint in the Country Again", *Time*, 3 de febrero de 2023 [en línea] https://time.com/6252750/philippines-us-military-agreement-china [Consulta: 3/03/2023].

28 GUTIERREZ, J., "China warns Philippines not to give US more access to bases", *Radio Free Asia*, 13 de marzo de 2023 [en línea], https://www.rfa.org/english/news/china/china-ppines-us-bases-03132023042301.html [Consulta: 23/03/2023].

Rusia vuelve al Sudeste Asiático

Si ha habido un actor, que ha aumentado su rol en el Sudeste Asiático en las décadas pasadas, este actor, es Rusia, bajo el liderazgo de Vladimir Putin. Rusia, en su interacción con el Sudeste Asiático, ha sufrido a lo largo de la historia, importantes vaivenes, que sin duda representan la propia evolución del rol de Rusia en el entorno geopolítico mundial.

La Unión Soviética, tuvo un rol protagonista en el Sudeste Asiático durante toda la Guerra Fría. Representado, dicho protagonismo, en la guerra de Vietnam, cuando desde la Unión Soviética, apoyaron decididamente a Vietnam del Norte en su guerra contra la República del Vietnam del Sur, y por ende, contra el aliado americano. Tras el fin de la guerra de Vietnam en 1975, y hasta el fin de la Guerra Fría, la Unión Soviética siguió siendo un aliado fiel de la República Socialista de Vietnam. Sin embargo, el derrumbe soviético, produjo, el paulatino abandono de la región por parte de Rusia. Distanciamiento, que se vio simbolizado con el cierre de la que fuera la mayor base naval soviética fuera de la propia Unión Soviética, Cam Ranh Bay en 2002, tras permanecer en ella desde 1979.

Pero tras la llegada de Vladimir Putin al poder, Rusia inició un giro hacia el Sudeste Asiático[29], que se ha ido perfilando e intensificando en varias áreas:

En primer lugar, en el área de la defensa, y concretamente en la venta de armamento a los diferentes países de la región. Si bien es Vietnam, el principal comprador de armamento ruso, diferentes países de la región han acudido al mercado ruso en busca de armas baratas y fiables. Dentro de ellos, destacan países como Filipinas, que compra misiles antibuque supersónicos *Brahmos* al conglomerado indo-ruso[30]. O Indonesia, tradicional aliado americano en la zona

---

29 PEJSOVA, E. y KUCERA, W., *Russia's Quiet Partnerships in Southeast Asia Russia-Malaysia Strategic Partnership through Sabah Case*, Research Institute on Contemporary Southeast Asia, Bangkok, 2012.

30 TIWARI, S., "BrahMos Missiles 'Cruise Towards' Indonesia: After Philippines, India Set To Sign Its 2nd Major Defense Deal", *Eurasian Times*, 16 de marzo de 2023 [en línea] https://eurasiantimes.com/brahmos-missiles-cruise-towards-indonesia-after-philippines [Consulta: 18/03/2023].

que ha ampliado su carta de proveedores de armas o Myanmar, que se ha convertido en el aliado político principal de Rusia en la región. Las cifras son claras al respecto, en los últimos diez años, Rusia se ha convertido en el mayor proveedor de armamento de la región[31], suministrando alrededor de un 30% del total, si bien y como afirma Heydarian[32], las capacidades militares rusas demostradas en Ucrania, podrían tener un impacto negativo sobre las ventas de armas rusas a la región.

En segundo lugar, Rusia ha logrado establecer ejercicios navales en la región. Dentro de ellos, destacan los realizados con ASEAN por primera vez en la historia en diciembre de 2021, aspecto novedoso y simplemente histórico, que seguían los realizados con China (2018) y con Estados Unidos (2019). Y es que, y como afirma Storey[33], Rusia, mediante la realización de maniobras con ASEAN consiguió elevar su nivel geopolítico en la región, y ser visto como una gran potencia.

El tercer pilar de la estrategia rusa en el Sudeste Asiático es el fortalecimiento de las relaciones comerciales en la región, especialmente como proveedor de energía, gas y petróleo, así como de productos alimentarios como trigo y otros cereales. Además, el turismo ruso en la región ha experimentado un notable crecimiento en los últimos años, con un aumento destacado en Tailandia.

En cuarto lugar, a nivel político, Rusia mantiene una relación especial con Vietnam, su antiguo aliado, y también ha encontrado un aliado leal en Myanmar bajo el liderazgo de la junta militar dirigida por Min Aung Hlaing. También se debe mencionar Laos, un país comunista que mantiene fuertes lazos con Rusia desde la época de la Unión Soviética. Myanmar es particularmente importante, y se

---

31 STOREY, I y CHOONG, W., "Russia's Invasion of Ukraine: Southeast Asian Responses and Why the Conflict Matters to the Region", *ISEAS*, 9 de marzo de 2022 [en línea] www.iseas.edu.sg/wp-content/uploads/2022/02/ISEAS_Perspective_2022_24.pdf [Consulta: 11/02/2023].

32 HEYDARIAN, R., "Southeast Asia will not be Russia's lifeline", *Nikkei Asia*, 23 de septiembre de 2022 [en línea] https://asia.nikkei.com/Opinion/Southeast-Asia-will-not-be-Russia-s-lifeline [Consulta: 11/02/2023].

33 STOREY, I., "Russia's Maritime Exercise With ASEAN: Punching Below Its Weight", *Fulcrum*, 6 de diciembre de 2021 [en línea] https://fulcrum.sg/russias-maritime-exercise-with-asean-punching-below-its-weight [Consulta: 9/03/2023].

destacan las palabras de Min Aung Hlaing en referencia a Putin, a quien denominó como "líder del mundo" durante su visita a Moscú en septiembre de 2022. Es significativo que Rusia fue el primer país en reconocer a la nueva junta militar en Myanmar después del golpe de estado de febrero de 2021, lo que anticipó las futuras necesidades de apoyo militar y político que requeriría el gobierno militar, consolidando así la lealtad de Myanmar hacia Rusia. Además, Moscú ha sabido aprovechar el giro autoritario que se ha producido en el Sudeste Asiático en la última década, como se evidencia en la llegada al poder de Rodrigo Duterte en Filipinas, los golpes de estado en Tailandia y Myanmar, y la guerra civil en la que se encuentra inmersa Myanmar. Así y como afirma Abuza[34], Rusia se ha mostrado activa en el apoyo a gobiernos autoritarios y al mismo tiempo, haciéndose presente como actor global. Así, dentro de este contexto geopolítico cambiante, Rusia, se ha posicionado como un nuevo socio y amigo, que no solo era conocido por sus ingentes suministros de armas, sino también, y esto es clave, como país comprensivo del autoritarismo político. Y, de hecho, y como ejemplo de este aprovechamiento, las relaciones entre Rusia y Tailandia se han potenciado en los últimos años.

Por último, Rusia, y este aspecto es crucial también, percibe también al Sudeste asiático como un área de competición con Estados Unidos donde, y de acuerdo con el ministro de Exteriores Ruso, Lavrov, este pretende contener sus intereses[35].

Por ello cabe señalar, que Rusia ha vuelto al Sudeste Asiático y se ha convertido en un actor clave en la región, pero sus intereses, entre otros armamentismos, pueden chocar con su gran aliado regional que es China. Y es que a pesar de las palabras grandilocuentes que definen las relaciones entre ambos países, como una relación sin límites, lo cierto es, que acciones rusas en la región pueden producir severas tensiones entre ambos países. Junto a ello, las potentes rela-

---

34 ABUZA, Z., "The Bear Is Back? Russia's Return to Southeast Asia", *The Diplomat*, 1 de julio de 2021 [en línea] https://thediplomat.com/2021/06/the-bear-is-back-russias-return-to-southeast-asia [Consulta: 11/02.2023].

35 *Free Malaysia Today*, "Russia's Lavrov says West seeking to 'militarise' Southeast Asia", 13 de noviembre de 2022 [en línea] https://www.freemalaysiatoday.com/category/world/2022/11/13/russias-lavrov-says-west-seeking-to-militarise-southeast-asia [Consulta: 11/02/2023].

ciones entre Rusia e India constituyen un elemento disruptor entre Rusia y China.

India y su apuesta por el Sudeste Asiático

Si bien la competición sinoestadounidense será el elemento clave en el devenir del Indo-Pacifico, sería incorrecto, y sobre todo muy impreciso, el olvidar al segundo gran gigante regional, esto es, la República de India.

India, tuvo su nacimiento como país independiente en 1947, y su relación durante toda la Guerra Fría con el Sudeste Asiático y con ASEAN fue extremadamente limitada. A nivel regional, India, estaba ensimismada por su problemática relación con Pakistán durante el periodo de la Guerra Fría, pero dicha situación, finalizó abruptamente con el colapso de la Unión Soviética, y la irrupción de un nuevo entorno geopolítico. Así, India, se vio forzada a protagonizar un giro copernicano en su político exterior tras el colapso soviético, y ahí emergió, el Sudeste Asiático, como su socio natural, debido a las conexiones históricas entre la civilización india y el entorno del Sudeste Asiático[36].

Al cambio en las dinámicas mundiales, hay que añadirle también, la profunda crisis económica que afectó a India a comienzos de los 90, ocasionada por la reducción del comercio con el bloque soviético, pérdida de la adquisición petróleo barato de manos rusas, y un ascenso drástico del precio del mimo motivado por la invasión de Kuwait por parte de Irak. Esta doble crisis, tanto económica como política, obligó a India a embarcarse en la búsqueda tanto de nuevas oportunidades de negocio como de nuevos socios en el área internacional. Y fue el Sudeste Asiático, región donde el legado indio es notable a nivel cultural y religioso, donde India acudió a dar sus primeros pasos en el ámbito internacional.

Simbolizada esta apuesta, en la denominada como *Look East Policy* en 1991 que posteriormente se transformaría en la *Act East Policy* en

---

36 DE PEDRO, N., "La india, potencia global en ciernes y clave del Indo Pacífico", en: VVAA, *Panorama Estratégico 2022,* Ministerio de Defensa, Madrid, 2022, 175-206.

2014. Desde entonces, las relaciones entre India y la ASEAN no ha hecho sino aumentar y profundizar en las áreas comerciales, políticas y de seguridad, integrando a India en los diversos mecanismos liderados por ASEAN como el Fórum Regional de ASEAN[37], que ejerce un rol similar que la Conferencia de Seguridad de Múnich o el ADMM+ que reúne a todos los ministros de defensa de ASEAN, junto a los representantes de China, India, Japón, Corea del Sur, Estados Unidos, Australia y Nueva Zelanda., etc y sobre todo convirtiendo a India en un Socio estratégico en el 2012. Y es que, como afirman Vann y Heng[38], India no solo buscaba nuevos socios, sino también contrarrestar la larga sombra china sobre la región.

Apuesta histórica, que se vería reforzada por la firma del Tratado de Libre comercio entre Asean y la República de India en 2009. La conexión geográfica y cultural con el Sudeste Asiático, es asimismo valorada positivamente por los Estados Unidos, que perciben a India como un interesante país para colaborar en dicha región.

Así, India, es un actor en claro ascenso, que persigue varios objetivos estratégicos a nivel global, es decir, el establecimiento de un orden global multipolar, y a nivel regional, pretende ser el líder natural en su área de Influencia, esto es el Océano Indico y su vertiente terrestre en el sur de Asia, junto, y en un segundo término, iniciar su aproximación al Pacífico, para obtener mayores cotas de influencia. Poder, que su propia realidad geográfica, con el archipiélago de Andaman y Nicobar, en la boca del estrecho de Malaca, lo coloca en una perfecta situación.

A nivel global, su apuesta por un mundo multipolar, ha empujado a India, tanto a tener una relación más cercana con los Estados Unidos, sobre todo tras el acuerdo 1, 2, 3 de 2005, con el presidente Bush Junior, como con Rusia, con el que mantiene relaciones históricas y con la República Islámica de Irán, país con el que India, no solo

---

37 Conocido popularmente como el *ASEAN Regional Forum* (ARF), se celebra anualmente desde 1994 y es un foro de intercambio de impresiones e ideas sobre la seguridad en el Indo-Pacífico.

38 VANN, B. y HENG, K., "To Avoid Overdependence on China, Cambodia Needs to Build Its Relations With India", *The Diplomat*, 21 de agosto de 2020 [en línea] https://thediplomat.com/2020/08/to-avoid-overdependence-on-china-cambodia-needs-to-build-its-relations-with-india [Consulta: 21/03/2023].

posee lazos históricos, sino y sobre todo, potentes lazos comerciales y políticos que perduran, a pesar de los intensos cambios que se han producido en la República Islámica de Irán.

Si a nivel global, India hace una clara apuesta por el orden multipolar y no dudara en la defensa de sus intereses y por ello buscará un difícil, equilibrio, a nivel regional y el área del Indo-Pacífico, India percibe a China como su competidor sistémico regional, y por ello, sus movimientos en el mar del Sur de China, como su presencia e influencia en países del Sudeste Asiático como Laos, Camboya y sobre todo en Myanmar, producen una honda preocupación en Delhi.

Así, India, detenta tres objetivos claros en el Sudeste Asiático, que, sin duda, marcarán también, la competición sino americana en la región.

En primer lugar, y siguiendo los propios principios e intereses que motivaron su llegada al Sudeste Asiático, destaca el deseo de poseer nuevos socios regionales para mejorar sus relaciones comerciales, políticas y de seguridad.

En segundo término, India juega su propia carta política en el Sudeste Asiático, y su mayor acercamiento a ASEAN, debe ser visto, como un intento de reforzar a ASEAN, frente a la creciente influencia china en toda la región[39].

Por último, India es consciente de que debe garantizar un entorno seguro y estable en el Sudeste Asiático, que facilite el continuo ascenso tanto de la India, como y sobre todo de ASEAN, como claro contrapeso a China y como elemento central en el organigrama de paz y seguridad en la región.

ASEAN y el liderazgo indonesio

La rivalidad manifiesta entre Estados y China ha generado una importante ansiedad e inquietud, en una región, el Sudeste Asiático, que vivió en su territorio, la lucha sin cuartel entre Estados Unidos

---

[39] BAJPAEE, C., "The China factor in India's commitment to ASEAN", *The Lowy Institute*, 24 de enero de 2018 [en línea] https://www.lowyinstitute.org/the-interpreter/china-factor-india-s-commitment-asean [Consulta: 6/01/2023].

y la Unión Soviética. El legado de la Guerra fría y su amarga lección sigue siendo muy recordada en todos los gobiernos de la región. Aspecto, que se refuerza, dado el hecho de que la amplia mayoría de la región, con la excepción de Tailandia, fue colonizada por las potencias coloniales europeas, y que, tras el abrupto fin del periodo colonial, el poder emergente de Japón arrasó con los vestigios coloniales europeos, dado lugar a un corto pero determinante período colonial japonés, que ha determinado el devenir de todos los países del Sudeste Asiático en el presente.

Ante este nuevo contexto geopolítico, ASEAN e Indonesia, su líder natural, se enfrentan a un serio dilema, que se circunscribe sobre, si apoyar a uno de los dos contendientes o bien, como es la opción expresada en su propio documento estratégico, el de sortear dicha competición, y defender los intereses de la región. De hecho, y como muy bien apunta Nguyen[40], el reto que se presenta para todos los actores presentes en la zona es cómo cambiar la competición creciente entre Estados Unidos y China, por vías de cooperación.

ASEAN, es, por tanto, un testigo privilegiado de la competición entre Estados Unidos y China. Y, a pesar, de contar con el apoyo americano, para continuar siendo un elemento crucial en la arquitectura de toda la región, la posibilidad de verse atrapada entre gigantes es real y ejemplifica uno de los grandes temores en todas las cancillerías de la región y por ello ASEAN, desea seguir constituyéndose como una pieza central de encuentro y cooperación en el Indo-Pacifico a través de sus múltiples mecanismos como el *East Asia Summit*, el ARF o el ADMM+[41] pero siempre, no olvidando un aspecto clave, y es que, y como afirma Acharya[42], en su unidad y credibilidad reside su fortaleza ante los vientos poderosos externos.

Si bien, también hay que señalar, que hay autores más pesimistas sobre el futuro de ASEAN como organización, y vislumbra una cre-

---

40 NGUYEN, T., "US-China rivalry in Southeast Asia need not be a zero-sum game", *The Lowy Institute*, 9 de septiembre de 2022 [en línea] https://www.lowyinstitute.org/the-interpreter/us-china-rivalry-southeast-asia-need-not-be-zero-sum-game [Consulta: 6/01/2023].

41 *ASEAN Outlook on the Indo-Pacific*, 2019 [en línea] ASEAN-Outlook-on-the-Indo-Pacific_FINAL_22062019.pdf [Consulta: 6/01/2023].

42 ACHARYA, A. *Asia rising. Who is leading?*, World Scientific, Singapore, 2008.

ciente pérdida de importancia y fuerza debido a las acusadas diferencias de intereses entre sus países miembros[43], bien en su relación respecto a Estados Unidos o China, bien en la diferencia de opiniones sobre conflictos como los del Mar del Sur de china o bien por la nueva corriente del minilateralismo representado en nuevas alianzas como el AUKUS o el QUAD[44].

Si bien la toma de decisiones por consenso ha sido históricamente muy criticada, lo cierto es, que autores como Connelly[45], consideran vital ese mecanismo, como forma de reforzar la capacidad de resistencia de ASEAN, ante las cada vez mayores presiones externas, que irán a más en las próximas décadas y no solo por parte de Estados Unidos o China, sino también de India.

Para Indonesia, y de acuerdo con Wardoyo[46], ASEAN debe erigirse como el pilar central dentro de la arquitectura regional de seguridad. Pero este aspecto, que no es novedoso en las directrices de la política exterior del país de las 17.000 islas, esconde el interés principal en materia doméstica, que no es otro que seguir aumentando el desarrollo económico, frente a unos posibles sueños de liderazgo regional, que, hoy en día, no aparecen como un objetivo primario. Por ello, el rol de China y la influencia de China sobre Indonesia, es manifiesto y como destaca Weatherbee[47], Indonesia no ha convertido a ASEAN en un actor regional unido, y ello, debilita la posición de la organización.

---

43 PONGSUDHIRAK, T., "Geopolitical upheavals divide Southeast Asia", *GIS Reports*, 11 de octubre de 2022 [en línea] https://www.gisreportsonline.com/r/southeast-asia-divides-upheaval [Consulta: 10/03/2023].

44 *9DASHLINE*, "Does ASEAN have a leadership deficit", 11 de enero de 2022 [en línea] https://www.9dashline.com/article/2022-does-asean-have-a-leadership-deficit [Consulta: 11/02/2023].

45 CONNELLY, A., "Why ASEAN's rebuke of Myanmar's top general matters", *IISS Blog*, 21 de octubre de 2021 [en línea] https://www.iiss.org/blogs/analysis/2021/10/why-aseans-rebuke-of-myanmars-top-general-matters [Consulta: 19/02/2023].

46 WARDOYO, B., "ASEAN in the United States-China Strategic Competition: An Indonesian Perspective", International Workshop on ASEAN, *National Institute for Defence Studies*, Tokio, 2020 [en línea] www.nids.mod.go.jp/english/publication/joint_research/series18/pdf/chapter03.pdf [Consulta: 19/02/2023].

47 WEATHERBEE, D., *Indonesia in ASEAN. Vision and reality*, ISEAS, Singapur, 2013.

Curiosamente, dentro de ASEAN, Indonesia, presenta una inestable historia compartida tanto con Estados Unidos como con China. Países, ambos, que desde el nacimiento de la República de Indonesia han intentado jugar un papel determinante en el devenir político del país.

Si bien, ASEAN, tiene grandes objetivos, lo cierto es, como se ha visto en la crisis con Myanmar, ASEAN, ha sido incapaz de imponer los cinco puntos de acuerdo alcanzados con Myanmar[48]. Por ello, a pesar de los deseos de seguir siendo una pieza central en la arquitectura regional del Indo-Pacífico y de dialogar con los poderes globales clave, y ahí entra Rusia, y concretamente dentro del Sudeste Asiático, sus capacidades son limitadas.

Conclusiones

Tras lo expuesto con anterioridad, se pueden destacar una serie de conclusiones sintéticas que muestran el presente y futuro devenir de la región dentro de la competición sinoestadounidense.

En primer lugar, la región del Sudeste Asiático en su conjunto, tanto a nivel peninsular como insular, ha vuelto a recobrar un gran interés por parte de Estados Unidos, superpotencia, y la República Popular China, candidata a superpotencia y a desbancar a Estados Unidos en su liderazgo global. Si bien el interés por la región siempre ha sido permanente, con cambios respecto a la intensidad, lo que se ha modificado con mayor claridad, es que más actores, con una gran potencialidad, como son los casos de Rusia e India, también están jugando un papel cada vez más relevante. Por lo tanto, se puede concluir, que nos encontramos ante una competencia múltiple con intereses cruzados y en muchas ocasiones, enfrentados.

En segundo lugar, este mayor interés por la región se ha traducido en un gran dinamismo en las acciones de los actores principales, destacando tres por encima del resto. China, y su apuesta decidida

---

48 AZMI, H. y SYAMSUDIN, A., "Malaysia Warns Myanmar of Exclusion From Upcoming ASEAN Summit", *Benar News*, 4 de octubre de 2021 [en línea] www.benarnews.org/english/news/malaysian/malaysia-indonesia-asean-warn-myanmar-military-10042021124802.html [Consulta: 9/02/2023].

por consolidar su posición en el mar del Sur de China y en los océanos Índico y Pacífico, simbolizado en el pacto con las Islas Salomón. Estados Unidos, con sus movimientos en la formación del QUAD, y sobre todo del AUKUS, y la renovada confianza con Filipinas. Vector, este último, que le permitirá mejorar su capacidad de proyección de poder y protección de Taiwán. Por último, Rusia, que, de una manera silenciosa, ha conseguido labrarse un rol como suministrador de armas y como país amigo "autoritario" en una región, donde el giro autoritario es muy claro. Este dinamismo, continuará sin duda en la década presente.

En tercer lugar, la respuesta de la región, personificada en su principal institución regional, ASEAN, ha sido deficiente, lastrada por los intereses internos opuestos y divergentes entre sus países miembros, derivadas no solo de sus relaciones, bien con Estados Unidos o la República Popular China, sino también, referida a su situación política interna, desarrollo económico o paz social. ASEAN, debe dar un paso al frente, si desea seguir manteniendo su alto perfil como institución central y de centralidad en la región. Las dinámicas expresadas del resto de actores se erigen en su contra y, por tanto, deberá, de nuevo, surcar las peligrosas aguas de la competición estratégica en su propia región.

Por último, Indonesia tiene ante sí la gran oportunidad de salir de su letargo político que dura ya más de 50 años. El fin de la era de Sukarno, y la llegada de Suharto al poder, puso punto final a las ambiciones geopolíticas de un país, que, debido a sus problemas internos, ha concentrado sus esfuerzos en sus dinámicas internas. Esta apuesta por el liderazgo regional y por la emergencia como tercera gran potencia asiática tras China y la India, está por definir y ejecutar. Pero es ahora, cuando Indonesia tiene ante sí, la oportunidad de erigirse como garante de la autonomía estratégica del Sudeste Asiático, como región geopolítica con objetivos e intereses propios, y, sobre todo, con capacidad para defenderlos.

La competición en el norte de África y Sahel

Natividad Fernández Sola

Introducción

El 30 de septiembre de 2022, Burkina Faso vivía el segundo golpe de Estado en pocos meses. Las reacciones de Estados Unidos, Rusia, China y la Unión Europea (UE) revelaban la importancia que tiene este país para todos ellos y para su lucha por el poder en el sistema internacional[1]. En febrero de 2023, las fuerzas armadas francesas ponían fin a trece años de presencia en este país.

Muchos autores explican la inestabilidad y el auge del terrorismo a factores domésticos y externos. Los primeros crean un espacio ingobernable y una población vulnerable susceptible de apoyar a grupos terroristas[2]. Aunque relacionados, son determinantes la pobreza y la falta de expectativas de la población, la debilidad institucional, la existencia de gobiernos corruptos e ineficientes para terminar con la inseguridad derivada de la acción yihadista y para garantizar los servicios básicos, y la proliferación y auge de redes de crimen organizado. Los factores externos se observan principalmente desde las "primaveras árabes". Éstas habrían provocado el colapso o debilitamiento de regímenes autoritarios pero que, hasta entonces, contenían la actividad terrorista[3] provocando un fuerte aumento

---

1 OGOU, V., "Burkina Faso: el año de los golpes de Estado en el país de los hombres integros", *CIDOB Opinión*, 740, 2022.

2 NYADERA I., MASSAOUD H., "Elusive Peace and the Impact of Ungoverned Space in the Sahel Conflict", *Güvenlik Bilimleri Dergisi*, 8-2, 2019, 271-288; ÇONKAR, A., "Development and Security Challenges in the Sahel Region", *Mediterranean and Middle East Special Group (GSM), NATO Parliamentary Assembly*, 2020 [en línea] https://www.nato-pa.int/document/2020-development-and-security-challenges-sahel-region-conkar-042-gsm-20-e [Consulta, 20/03/2023].

3 ISSAEV, L.; KOROTAYEV, A. y BOBARYKINA, D., "The global terrorist threat in the Sahel and the origins of terrorism in Burkina Faso", *Vestnik RUDN. International Relations*, 22-2, 2022, 411-421; SCHUMACHER, M. y SCHRAEDER, P., "Does

de esta. Ello ha favorecido las intervenciones extranjeras que tampoco han sabido poner freno a dicha actividad[4].

Desde la rebelión tuareg en el norte de Mali en 2012, la situación se ha deteriorado con la reclamación del territorio ganado por el *Movimiento Nacional para la Liberación del Azawad* (MNLA) por parte de Ansar Dine, un grupo islamista compuesto en parte por excombatientes de Libia. *Al-Qaeda en el Magreb Islámico* (AQIM) se unió a la acción de Ansar Dine para crear un estado islámico en el norte de Mali. En 2017, este se fusionó con otros grupos militantes islamistas (AQIM, *Al-Morabitoun* y *Frente de Liberación de Macina*) para formar *Jama'at Nasr al-Islam wal Muslimin* (JNIM), activo principalmente en Mali, Burkina Faso y Niger. Su objetivo era derrocar a gobiernos corruptos y contrarrestar la presencia creciente de Daesh, conocido en la región como Estado Islámico del Gran Sahara, que opera en la región Liptako-Gorma, en las fronteras de Burkina Faso, Mali y Niger. A medida que JNIM ganaba superioridad sobre las fuerzas malinenses, obtenía apoyo social para sus prácticas financieras de apoyo al terrorismo, principalmente su participación en tráficos ilícitos. Esto puso en tela de juicio la viabilidad del Acuerdo de Paz firmado el 20 de junio de 2015.

La creación de un estado islámico en el norte del país llevó al presidente de Mali a pedir ayuda a Francia para retomar esta región; iniciándose así, con la autorización del Consejo de Seguridad, la operación Serval, a la que se unieron tropas del ECOWAS, con el fin de impedir la expansión hacia el sur de estos grupos radicales islámicos. A esta operación, tras conseguir la recuperación del territorio ocupado, seguiría la operación Barkhane; de dudoso éxito.

Así, desde Mali, fueron expandiéndose grupos vinculados con *Al-Qaeda* y con *Daesh* que desbordaron las fronteras nacionales para pasar, primero a Burkina Faso y Niger, y más recientemente a Costa de Marfil, Benin, Togo, Ghana y Chad. La ambición del JNIM es alcan-

---

Domestic Political Instability Foster Terrorism? Global Evidence from the Arab Spring Era (2011-14)", *Studies in Conflict & Terrorism*, 44-3, 2021, 198-222.

4 HASSAN, H., "A New Hotbed for Extremism? Jihadism and Collective Insecurity in the Sahel", *Asian Journal of Peacebuilding*, 8-2, 2020, 203-222.

zar la costa atlántica, de ahí su expansión hacia el Golfo de Guinea, y proclamar un Califato Islámico en África[5].

La violencia sistémica en la región del Magreb-Sahel da lugar a tráficos ilícitos, crimen organizado, violencia jihadista y desplazamientos de población masivos. Aunque JNIM presta atención a las poblaciones y líderes locales y rechaza la violencia sistemática contra la población civil, la imposición de la Sharia lleva a ataques y condiciones de esclavitud, lo que provoca migraciones masivas hacia Europa. Estas migraciones no controladas, a menudo violentas, también presentan riesgos de seguridad.

Las conexiones entre los países del Sahel y los del Norte de África, principalmente en cuanto a amenazas a la seguridad se refiere, pero también a las causas socioeconómicas y políticas de inestabilidad lleva a algunos autores a optar por la denominación de *Gran Magreb*[6]; concepto particularmente adecuado para aglutinar a estos países y diferenciarlos de los de Oriente Medio, incluidos en la denominación MENA utilizada en términos de estrategia nacional por los Estados Unidos. Utilizaremos el primero de estos conceptos para referirnos conjuntamente a Norte de África y Sahel.

En un primer momento, se analizarará la política de las grandes potencias en la región, así como sus relaciones mutuas consecuencia de su presencia en el Magreb y el Sahel. Posteriormente, conocidas esas interrelaciones, y la estructura del sistema internacional de competencia entre los grandes, se deducirán las posibilidades de cooperación y los obstáculos a la misma en esta región esencial para la configuración del orden mundial.

---

5 LABRADO, E., "La expansión del yihadismo del Sahel al Golfo de Guinea", *Revista Ejércitos*, 42, 2022 [en línea] www.revistaejercitos.com/2022/11/23/la-expansion-del-yihadismo-del-sahel-al-golfo-de-guinea/ [Consulta: 15/04/2023]. PAZ, M., "JNIM, las siglas que aterrorizan el Sahel", *geopol21*, 12 de octubre de 2022 [en línea] https://geopol21.com/jnim-las-siglas-que-aterrorizan-el-sahel/ [Consulta: 15/04/2023].

6 GARCÍA, D. (ed.), *The Greater Maghreb: Hybrid Threats, Challenges and Strategy for Europe*, Lexington Books, Londres, 2019.

Aproximación de las grandes potencias al Magreb

La competencia, incluso abierta rivalidad de las grandes potencias se manifiesta con toda su crudeza en el Norte de África y el Sahel; una región estratégicamente olvidada tras el fin de la Guerra Fría, salvo para China quien, desde hace décadas extiende en ella sus tentáculos económicos. El auge chino, junto a los síntomas de decadencia del orden internacional liberal basado en reglas[7] ha llevado a un incremento de las intervenciones de grandes potencias, favorecidas por la calificación del Sahel como zona de riesgo, y con la pretendida legitimación de la buena gobernanza, los derechos humanos, la democratización o la lucha contra el terrorismo[8]. Estas intervenciones externas han sido principalmente de agentes estatales con intereses económicos o políticos en la zona o que, simplemente, no pueden estar ausentes de la misma cuando sus rivales sistémicos u otros competidores están presentes.

Aunque se ha calificado esta situación de creciente competencia multipolar[9], parece más exacto hablar de concurrencia múltiple luchando por un orden bipolar o, incluso, unipolar. En esa competencia están China y Estados Unidos, más débilmente Rusia y la UE, así como Turquía, países árabes o de Oriente Medio. De esta forma, se configura, por un lado, una relación entre los actores externos que intervienen en el Gran Magreb y, por otro, una relación de cada uno de ellos con los países de la región.

Política de la Unión Europea hacia el Gran Magreb

Europa ha estado presente en el Norte de África y el Sahel desde la época de los grandes descubrimientos y conquistas. Los artículos

---

7 IKENBERRY, G., "The End of Liberal International Order?", *International Affairs*, 94-1, 2018, 7-23; MEARSHEIMER, J., "Bound to Fail: the Rise and Fall of the Liberal International Order", *International Security*, 43-4, 2019, 7-50.

8 JASSIMIU, B., "Новая Большая Игра Западных Держав В Регионе Сахеля", *RUDN Bulletin*, 16-2, 2016.

9 ALAMINOS, M. y MARQUINA, A., "África: competencia y sustitución en un entorno estratégico de rivalidad. Introducción al número especial", *UNISCI*, 60, 2022, 9-20.

198 y 355.3 del actual Tratado de Funcionamiento de la UE son vestigio de unas relaciones que se remontan a la colonización. En el presente, la UE ha asumido estas relaciones, sin ignorar las relaciones bilaterales de sus Estados miembros.

No puede decirse que las relaciones exteriores, vía política de vecindad, y la Política Exterior y de Seguridad Común (PESC) hayan resultado lo exitosas que esperaban, y la evolución de la situación de seguridad, humanitaria y política ha ido degenerando con consecuencias peligrosas para Europa, hasta el punto de poner en riesgo, incluso, el proceso de integración europea. Los acuerdos bilaterales de asociación de los años setenta y de los noventa con los países del Magreb, y los sucesivos acuerdos de Lomé y posteriormente de Cotonú, con países del resto de África, incluidos los del Sahel, fueron las bases convencionales que sustentaron las relaciones exteriores de la UE con la región, otorgando particular relevancia a la cooperación al desarrollo. Los primeros se vieron enriquecidos con la política de vecindad, ambiciosa iniciativa de la Comisión Europea en 1993 que englobaba tanto a los vecinos del Este de Europa, como por presión francesa, italiana y española, a los del Norte de África. Aunque esta política liberalizó los intercambios comerciales, no consiguió modificar las pautas políticas de los gobiernos destinatarios, lo que en buena medida estuvo en la base de las primaveras árabes. Por su parte, el paso de una relación desigual a una liberalización de los intercambios con los países del Sahel, no pudo ser asumido sin coste por unos Estados institucionalmente débiles y unos gobiernos corruptos.

La Estrategia de la UE para el Sahel, modificada en 2019 y en 2021[10], vendría a confirmar que las relaciones han pasado del carácter comercial y de cooperación al de securitización, por la inestabilidad y amenazas a la seguridad que plantea la región. El Sahel ha sido considerado por la UE como una prioridad de su acción exterior, la mayor durante mucho tiempo, y ha dedicado muchos recursos, incluido su Representante Especial para el Sahel, al considerarlo como parte de la vecindad en sentido extenso, por su conexión con el Magreb. En este sentido, no puede desconocerse el papel de la Unión

---

10 European Union's Integrated Strategy in the Sahel, Decisión del Consejo de 16 de abril de 2021, 7723/21.

en el proceso de paz de Mali y como garante de la puesta en práctica del Acuerdo de paz y reconciliación de 2015, o su apoyo activo a las sanciones del Consejo de Seguridad de la ONU contra quienes lo amenazaran[11]. Pese a la prioridad securitaria, la UE busca un enfoque integrado que aborde todas las vertientes de la seguridad, no sólo la defensiva. Así, la Estrategía de 2021 propone centrarse en la estabilización a corto plazo y en las perspectivas de desarrollo sostenible a largo plazo[12]. En esta última faceta, que se añade a la lucha contra los grupos armados terroristas, se incluyen los ámbitos social, medioambiental y económico; todo ello presidido por la condicionalidad del respeto a los derechos humanos y estado de derecho, como corresponde a un actor pretendidamente normativo como la UE. Institucionalmente, el Servicio Europeo de Acción Exterior (SEAE) ha establecido una *Sahel Task Force* para coordinar a todos sus departamentos y a los de la Comisión, con el Representante Especial y con el Coordinador Contraterrorismo. De este modo se responde a una excesiva focalización en la seguridad.

Francia ha capitalizado la situación al considerar que la región es un interés nacional y, de alguna forma, su "patio trasero" debido a sus pasadas relaciones coloniales. Así apelando a los problemas comunes que se derivan para Europa, París ha perseguido su propia política de seguridad en África intentando esquivar los procedimientos comunes en la UE, y arrastrando a Alemania y a España a Mali en el marco de las operaciones Serval y Barkhane. La debilidad de las fuerzas francesas, europeas y de las Naciones Unidas ha favorecido la retirada europea y la activación de la Federación Rusa en la zona para luchar contra el terrorismo.

A la presencia europea de mano de algunos Estados miembros, se une la acción de la UE como tal a través de las misiones de adiestramiento de fuerzas en Mali (*EUTM Mali*), y de las fuerzas de segu-

---

11 Council Decision (CFSP) 2022/157, amending Council Decision (CFSP) 2017/1775 concerning restrictive measures in view of the situation in Mali, *OJ* L 25, 4 February 2022, págs. 7-16.

12 VENTURI, B., "The EU's Diplomatic Engagement in the Sahel", *IAI Papers* 22, 2022; LÓPEZ, E., "Performing EU Agency by Experimenting the 'Comprehensive Approach': The European Union Sahel Strategy", *Journal of Contemporary African Studies*, 35-4, 2017, 451-468.

ridad (*EUCAP Sahel-Mali*), de asociación militar (*EUMPM Niger*), y de generación de capacidades militares (*EUCAP Sahel-Niger*), ambas en Niger, además de la misión de mantenimiento de la paz de las Naciones Unidas (MINUSMA)[13]. Las misiones PESC en el Sahel son buen ejemplo de la tendencia a mantener un perfil muy técnico que deja poco margen para indicir en cuestiones como la gobernanza o la interacción con la sociedad civil, que serían necesarias para un enfoque integrado efectivo.

Por otra parte, el hecho de que los golpes de Estado en Mali fueran protagonizados por algunas de las fuerzas formadas y armadas por Europa o por el ejército estadounidense, hace replantearse su utilidad[14]. La actitud del gobierno malinense, favorable al apoyo ruso para terminar con el terrorismo en el Sahel, hace peligrar la propia legitimidad de estas misiones basada en la petición de los gobiernos de capacitación para hacerle frente. No obstante, sus mandatos han sido prorrogados por razones estratégicas[15], aunque con modificaciones.

Los sucesivos golpes de estado en Mali en 2020 y 2021 tuvieron respuesta militar y comercial de ECOWAS, organización regional apoyada por la UE, según la Estrategia Global de Seguridad de 2016. La suspensión del país de los principales órganos de la organización, la retirada de embajadores, el cierre de fronteras, la suspensión de transaciones comerciales o financieras, o la congelación de bienes malienses son las sanciones más destacadas. También la UE condenó esta subversión de la legalidad del país y apoyó las sanciones adoptadas y otras propias, en línea con la Resolución del Consejo de Seguridad 2584/2021[16]. Una reacción muy similar a la que siguió al

---

13 La Misión Multidimensional Integrada de Estabilización de las Naciones Unidas en Mali (MINUSMA) fue creada por el Consejo de Seguridad en resolución S/RES/2100, de 25 de abril de 2013.

14 SCHMAUDER, A., SOTO-MAYOR, G. y GOXHO, D., "Strategic Missteps: Learning from a Failed EU Sahel Strategy", *ISPI*, 2020 [en línea] https://www.ispionline.it/en/publication/strategic-missteps-learning-failed-eu-sahel-strategy-28130 [Consulta: 14/04/2023].

15 El Consejo de la UE, el 10 de enero de 2023, extiendió el mandato de EUCAP Sahel Mali hasta el 31 de enero de 2025.

16 Consejo de la UE, *Mali: EU Sets Up Autonomous Framework for Sanctions against Those Obstructing the Political Transition*, 13 de diciembre de 2021 [en línea]

golpe de Estado de Burkina Faso en enero de 2022. En estas reacciones puede mostrarse la combinación de principios y pragmatismo, conocida como *principled pragmatism*, proclamada por la Estrategia Global de la UE. En efecto, Bruselas ha aplicado sanciones frente a los golpes de estado, pero, siguiendo a las organizaciones regionales africanas, dejando margen al restablecimiento de la voluntad popular mediante la celebración de elecciones en un breve plazo; y ello teniendo en cuenta los intereses de terceras potencias presentes en la zona que desearían la ruptura completa de vínculos entre los países del Sahel y los de la UE.

La relación de Mali, en particular con Francia, se deteriora desde principios de 2022 por el discurso anti-francés del nuevo gobierno provisional. Degradación de relaciones también perceptible con Dinamarca, Estonia o Suecia[17]. Todo ello conducirá al presidente francés Macron a anunciar, en febrero de 2022, la retirada de tropas europeas de Mali, coordinada con los organismos internacionales, y su consiguiente emplazamiento en Niger. En esta tensa situación, de rechazo a la acción de Francia y de falta de coordinación y de resultados, París y otros socios europeos se plantean la conveniencia de reducir su impronta sobre la fuerza del G5 Sahel, lo que no puede sino ampliar las oportunidades de China y Rusia en la región.

Pese a esta retirada operativa, la UE sigue jugando un papel diplomático en el Sahel; papel que se ve amenazado por la creciente presencia de otras potencias y por el forzado cambio en las prioridades estratégicas que ha supuesto la guerra en Ucrania.

En el Sahel la UE busca estabilidad, seguridad y desarrollo, mientras que en el Magreb la relación se inclina hacia aspectos comerciales, pero la posición varía de un país a otro. La relación bilateral con Marruecos es particularmente relevante, ya que ha impuesto sus condiciones e intereses a la UE, y el cambio de posición de algún Estado miembro respecto al Sahara Occidental aceptando la propuesta

---

https://europa.eu/!k9jTJG [Consulta: 20/04/2023]; Council Implementing Regulation (EU) 2022/156 of 4 February 2022 Implementing Article 12(2) of Regulation (EU) 2017/1770 Concerning Restrictive Measures in View of the Situation in Mali y Consejo de Seguridad de las NNUU, *Resolución 2584 (2021)*, 29 de junio de 2021.

17 VERONI, *op. cit.*

marroquí de descartar su autodeterminación y aceptar la soberanía marroquí, contra el derecho internacional[18], ha desequilibrado las relaciones de la UE, en especial con Argelia[19]. Esto podría alterar la situación de paz tensa en el Magreb y deslizarse hacia un nuevo auge del extremismo radical en Argelia o en el territorio del Sahara Occidental. Por eso es criticable la postura de la UE de no implicarse exigiendo el cumplimiento del derecho internacional y priorizando sus intereses comerciales y políticos de Francia. Lo mismo puede decirse del ejercicio de ingeniería legal para incluir recursos del Sahara en los acuerdos de la UE con Marruecos[20]. Aunque el pueblo saharaui ha venido exigiendo su derecho a la libre determinación en los términos requeridos por la ONU, estos golpes a la legislación internacional por parte de un actor normativo podrían alterar la situación de paz tensa en el Magreb y deslizarse hacia un nuevo auge del extremismo radical en Argelia, o en el territorio del Sahara Occidental. Por eso resulta criticable la postura europea de no implicarse exigiendo el cumplimiento del Derecho Internacional y priorizar sus intereses comerciales[21], o los intereses políticos de Francia.

---

18 Res. AGNU incluyendo al Sahara Occidental entre los territorios no autónomos (A/5514, anexo III); el derecho a la autodeterminación es objeto de numerosas resoluciones desde entonces. La Corte Internacional de Justicia confirma el derecho del pueblo saharaui pese a las continuas postposiciones del referéndum que lo materialice (Dictamen consultivo del Sahara Occidental, 16 de octubre de 1975, CIJ *Recueil* 1975).

19 AL-FAWIRIS, M., "The EU and the Diplomatic Dilemma in the Maghreb", *Carnegie Endowment for International Peace*, 28 de julio de 2022 [en línea] https://carnegieendowment.org/sada/87590 [Consulta: 18/04/2023].

20 SOROETA, J., "El Tribunal General pone fin a la sinrazón del Consejo y la Comisión (sentencias de 29 de septiembre de 2021): no habrá más acuerdos para explotar los recursos naturales del Sahara Occidental sin el consentimiento del Frente Polisario", *Rev. General de Derecho Europeo*, 56, 2022.

21 FERNÁNDEZ SOLA, N., "El reconocimiento de Estados por la Unión Europea. Análisis de la discrecionalidad del no-reconocimiento", en DE CASTRO, J. et al., (dirs.), *Cursos de Derecho Internacional y Relaciones Internacionales de Vitoria-Gasteiz 2019*, Tirant lo Blanch, Valencia, 2021, 331-369.

Posición de la OTAN respecto al Gran Magreb

Mientras que la UE ha mantenido una relación muy estrecha con el Magreb y el Sahel, la OTAN tradicionalmente ha desatendido su Flanco Sur y no lo ha considerado como teatro de operaciones. Aunque desde el fin de la Guerra Fría la ribera sur del Mediterráneo empezó a ser considerada por la OTAN[22], fue en la Cumbre de Varsovia (2016) cuando se explicitaron los riesgos procedentes principalmente del Sahel para la seguridad transatlántica. En la Cumbre Atlántica de junio de 2021 se planteó la respuesta aliada ante dichos riesgos basada en una asociación con Mauritania y la provisión de asesoría y apoyo al adiestramiento; se pensaba ampliar el diálogo con representantes de la región, y con organizaciones como la Unión Africana, el G5 Sahel, las Naciones Unidas, la UE y la Coalición por el Sahel. Tras la caída del régimen de Gadafi en Libia y la guerra en Siria en 2011, generadas por la intervención occidental, el movimiento de elementos extremistas armados desde Libia, por países del Magreb y posteriormente del Sahel, ha extendido el terrorismo de corte jihadista en estos países, ha generado conflictos y movimientos masivos de población, principalmente hacia el sur de Europa. Tanto las iniciativas contraterroristas lideradas por Francia, como las medidas internacionales adoptadas por la Misión de las Naciones Unidas (MINUSMA), y las misiones de adiestramiento de la UE fallaron por la progresiva regionalización de los grupos terroristas y su utilización de métodos de guerrilla. China aumentó su presencia económica y Rusia la militar en la zona. La OTAN ha tenido dificultad para promover la estabilidad y frenar el crimen organizado, dada su negativa imagen tras la intervención en Libia, y la falta de voluntad política real para ocuparse de la región.

El *Concepto Estratégico* de 2022 ha validado un enfoque retóricamente global de la seguridad aliada, aunque con vocación oriental, y ha ampliado sus previsiones hacia esas regiones, principalmente Ucrania, que también experimentan dinámicas de competición. Si el documento *NATO 2030*, que daba las pautas del nuevo Concepto

---

[22] FERNÁNDEZ SOLA, N., "OTAN, España y el Frente Sur. Análisis geopolítico tras cuarenta años de experiencia compartida", *Revista de Estudios de Seguridad Internacional*, 8-1, 2022, 71-85.

Estratégico, se refería a la región del Gran Magreb-Sahel en términos parcos[23], el texto aprobado en la Cumbre de Madrid es todavía más escueto. En él se reafirma que el objetivo principal de la OTAN es la defensa colectiva de los aliados sobre la base de un enfoque 360°. Esto supone que los tres cometidos principales de la Alianza, disuasión y defensa, prevención y gestión de crisis, y seguridad cooperativa se activarán venga de donde venga la amenaza. Con este concepto, se hace referencia a la amenaza que supone la presencia rusa y china en África, Indo-Pacífico u otras regiones. Así se confirma en el párrafo 8 del Concepto al referirse al objetivo de la Federación Rusa de desestabilizar los países del Este y del Sur. Esta aproximación minimiza, incomprensiblemente, la amenaza del terrorismo jihadista y del crimen organizado asociado que procede del Sahel y del Magreb para la seguridad transatlántica, y pone de relieve el enfoque conflictual en el contexto de competición entre potencias.

El Concepto coloca en la misma categoría a los países de Oriente Próximo, Norte de África y Sahel reconociendo sus problemas de seguridad, demográficos, económicos y políticos, agravados por el cambio climático y la fragilidad de las instituciones; terreno fértil para la proliferación de grupos armados no estatales, principalmente terroristas. Pero no es esta la preocupación de la Alianza, sino la injerencia desestabilizadora de competidores estratégicos, principalmente Rusia. Esta estrecha óptica condiciona la respuesta aliada que cabe esperar y que es ciertamente escasa. Descartando cualquier tipo de disuasión o de gestión de crisis, el Concepto se limita a un vago compromiso de seguridad cooperativa con cualquier país u organización si ello refuerza la seguridad mutua de los aliados. Luego, el declarar el Norte de África y el Sahel como zonas de interés estratégico para la Alianza, no garantiza acción alguna en pro de la estabilización de ambas. Ni siquiera, como apuntaba el *NATO 2030*, se sugiere el diálogo, la coordinación y la identificación de deficiencias en la región, primando el enfoque conflictual con otras grandes potencias en la región.

---

23 BERGER, C., *What role for NATO in the Sahel?*, Policy Brief 22, NATO Defence College, Roma, 2021.

Es probable que las previsiones que muestran indiferencia hacia el Gran Magreb ignoren los factores que generan la inestabilidad y la necesidad de un enfoque integrado. La OTAN no tiene la capacidad ni la voluntad de desarrollar un plan de seguridad cooperativa para abordar la amenaza a la seguridad transatlántica que representan el terrorismo y el crimen organizado en la zona. Además, esta actuación requeriría la cooperación con actores locales e internacionales, en lugar de la confrontación y la competencia por el poder. El desinterés aliado por el Gran Magreb tiene un impacto particular en la UE y sus Estados miembros, especialmente en España.

Acción de China en el Gran Magreb

La naturaleza de la presencia china es objeto de debate. ¿Se trata de una relación comercial que busca beneficio económico consolidando el proyecto *Belt & Road* (BRI)? Lo cierto es que, en el Gran Magreb, China ha buscado aliados tanto para consolidar su poder económico y político como para garantizar su ascenso pacífico[24]; pero lo ha hecho a su manera, buscando la lealtad de esos países con los que quiere establecer un sistema multipolar dirigido desde Pekín. Las ventajas o atractivo de la oferta china —traducida en cuantiosas inversiones en infraestructuras para poder aprovechar mejor los recursos naturales de la región— residen en la falta aparente de condicionalidad. A diferencia de la UE, para su colaboración China no exige democracia, ni respeto de los derechos humanos o del estado de derecho. La desventaja reside en la deuda derivada de los préstamos concedidos por China, que hace dependientes a los países que la reciben en una suerte de "neocolonialismo", y en el impacto negativo sobre el medio ambiente, y los bajos estándares sociales y laborales seguidos[25].

---

24 CHIN-HAO, H., "China en África", en Cátedra Cervantes, *África a debate*, Ministerio de Defensa, Madrid, 2009, 105-113.

25 BRÎNZÀ, A., "What Happened to the Belt and Road Initiative?, *The Diplomat*, 6 de septiembre de 2022 [en línea] https://thediplomat.com/2022/09/what-happened-to-the-belt-and-road-initiative/ [Consulta: 21/04/2023].

Si atendemos a los tres principales objetivos de la política china —restauración de la pasada gloria del país, deseo de una China rica, poderosa y moderna, y mantenimiento de la estabilidad social— el área de estudio, principalmente el Sahel, constituye un interés político y económico, más que militar o de seguridad; interés por los recursos minerales y como mercado para los productos chinos. Para ello China ha invertido en industrias manufactureras en Mali, infraestructuras ferroviarias en Nigeria, o en energía, minería e inmobiliaria en Níger. No obstante, la implicación china en el Sahel es más reducida que la realizada por este país en otras regiones del continente africano[26].

Sin embargo, la inseguridad creciente en la región, manifestada en golpes de Estado, incremento de la actividad terrorista, y desplazamientos masivos de población, amenaza las inversiones, la infraestructura industrial, y a los nacionales chinos; más de un millón en todo África. Esta realidad es particularmente notable en Mali y Burkina Faso; Níger es relativamente estable desde un punto de vista político; en Chad se experimentó un incremento de la violencia ejercida por grupos nómadas y armados contra grupos sedentarios de agricultores; violencia que se generalizó con el asesinato del presidente Idriss Déby en abril de 2021. Mauritania todavía mantiene una cierta estabilidad. Solo este país y Chad disponen de cierta capacidad para responder a amenazas terroristas, por sus ejércitos, servicios de inteligencia y unidades de intervención rápida. Esta inseguridad puede llamar a un incremento de la participación militar de China en la región para asegurar una estabilidad que garantice sus inversiones e intereses económicos. La canalización de esta actividad ha sido llevada a cabo desde hace más de una década a través de la contribución de Pekín a las operaciones de mantenimiento de la paz de las Naciones Unidas, como hizo en la operación MINUSMA, en Mali, y a la financiación y provisión de equipamiento militar de la fuerza conjunta G5-Sahel. Conviene recordar que una nueva ley de 2015 permite al ejército y a la policía chinos intervenir fuera de sus fronteras como parte de las denominadas misiones anti-terroristas, para proteger sus intereses económicos y a su población, en la región africana, en este

---

26 HASSAN, *op. cit.*

caso. Estas misiones permiten al ejército chino practicar en teatros de operaciones reales[27], familiarizándose con el territorio, mejorar sus capacidades, probar nuevo armamento y utilizar su base en Yibuti, inaugurada en 2017. Ésta garantiza la libertad de navegación, hace de China una gran potencia naval, posibilita una eventual defensa en profundidad frente a Estados Unidos y es una inmejorable plataforma para la rivalidad con India.

Por parte china, los pasos son inequívocos para consolidar lazos entre el Ejército Popular de Liberación y el "Estado Mayor africano" y definir las bases de esta cooperación, en particular, el tema de la "asistencia mutua de seguridad", término recogido en el segundo documento político sobre África, en 2015[28], y que incluye el adiestramiento de soldados y la venta de armas.

Las críticas al modelo chino en el Sahel, por usar su poder económico para forzar a gobiernos a conferirle un trato especial, y la consecuencia de sus préstamos endeudando estas economías han llevado a postergar el uso del concepto de la Franja y la Ruta y sustituirlo por el de Iniciativa de Desarrollo Global (GDI). Este cambio de la principal estrategia de marca de la política exterior china se constata en 2022[29]. La GDI busca promover el desarrollo en paralelo con la Agenda 2030 de las Naciones Unidas, forjando asociaciones de alta calidad con los países beneficiados. Se quiere borrar la imagen de que la acción de Pekín en el Sahel y en toda África ha desatendido la preservación del medio ambiente, o la calidad del trabajo para sus infraestructuras. No obstante, esta no ha suscitado el entusiasmo entre los destinatarios africanos que, en su día suscitó la Franja y la Ruta; lo cual nos habla de un cierto debilitamiento de la imagen de China, en particular en el Sahel.

Si enfocamos hacia las especificidades de la actuación china en el Norte de África, su estrategia obedece a una distinta lógica y objetivos que la desarrollada en el Sahel. Las relaciones comerciales con

---

27 HODZI, O., *The End of China's Non-intervention Policy in Africa*, Palgrave Macmillan, Londres, 2019.

28 Gobierno Chino, *China's second Africa policy paper*, 5 de diciembre de 2015 [en línea] http://www.china.org.cn/world/2015-12/05/content_37241677.htm [Consulta: 24/03/2023].

29 BRÎNZÀ, *op. cit.*

Marruecos, Túnez, Argelia, Mauritania y Libia fueron muy limitadas hasta principios del siglo XXI por falta de vínculos históricos. Sin embargo, desde entonces, China se ha posicionado como un socio indispensable en el Magreb por motivos energéticos y comerciales[30]. Su presencia cuenta con varios obstáculos, como los vínculos con países europeos y con Estados Unidos, y la percepción negativa de Pekín como actor ambicioso y hostil al islam. La mayor parte de intercambios regionales se realiza con Argelia, fluctuando al ritmo que lo hacen los precios de los hidrocarburos. No obstante, la cantidad de energía que el Magreb proporciona a China es todavía limitada, tanto por la falta de previsibilidad fiscal y jurídica, como por la inseguridad del recorrido de buques metaneros por el Canal de Suez.

En cuanto a las importaciones, China es el primer proveedor de Argel y el tercero de Túnez, aunque la inversión directa extranjera es todavía muy discreta, a diferencia de lo que ocurre en el Sahel. Las empresas chinas destacan en la construcción de infraestructuras por su rapidez y calidad superior a las locales. El potencial de crecimiento económico del Magreb en las próximas décadas hace de estos países un mercado prometedor para China, pese a que los europeos tienen gran parte del mismo, y a que la entrada de países del Golfo se produjo previamente.

Además de garantizar la estabilidad política y social para el mejor rendimiento de sus inversiones, China tiene un interés político en eludir el posible efecto contagio que fenómenos del estilo de las "primaveras árabes" pueda tener en su territorio, y por la extensión del terrorismo islamista de los combatientes de *Al-Qaeda* en áreas tribales de Pakistán hacia los separatistas uigures en la región de Xinjiang, al suroeste de China.

En suma, China intercala sus objetivos políticos y comerciales en el Gran Magreb. Sus compañías satisfacen necesidades del ejército chino, pero más que utilizar directamente el instrumento militar, Pekín busca esquivar a los poderes tradicionales en la región, como Francia y especialmente los Estados Unidos. De este modo, diseña una nueva diplomacia multilateral y bilateral.

---

30 LAFARGUE, F., *The Economic Presence of China in the Maghreb: Ambitions and Limits*, Foundation pour la Reserche Stratégique, París, 2018.

Rusia en el Gran Magreb

Durante la Guerra Fría, la Unión Soviética mantenía relaciones, principalmente con Argelia; relaciones que se inscribían en el contexto y la lógica de aquel sistema internacional bipolar y, por tanto, enmarcado en la lucha por áreas de influencia donde expandir sus modelos políticos y económicos.

La garantía de la seguridad, integridad territorial y soberanía del país, así como el bienestar de sus ciudadanos, principales objetivos de la política exterior rusa, junto al mantenimiento de un estatuto internacional de gran potencia[31] justifican el interés ruso por la región. Así apreciamos unos intereses económicos, estratégicos y políticos que empujan a Moscú a estar presente en el Gran Magreb.

Entre los primeros, Rusia muestra su interés por las materias primas, en particular las necesarias para la generación y almacenamiento de energías renovables, hidrocarburos y uranio; pero también persigue ganar los mercados de los países magrebíes y sahelianos para los productos rusos; concretamente para sus hidrocarburos y su industria de defensa.

Por otro lado, existe un interés estratégico en la actuación en el Gran Magreb. Y es que siendo el norte de África y el Sahel focos de propagación del terrorismo jihadista, a Moscú le interesa combatir con éxito esta lacra, que constituye una fuente de conflictos e inseguridad, también para Rusia. Moscú considera su presencia en la zona legítima, dado que otros poderes con un pasado colonial que Rusia no tiene ya han intentado estabilizarla; esto daría mayor "neutralidad" a sus actividades en la región. Califica negativamente la actuación de países europeos, en concreto de Francia, porque además de no ser exitosa, ha empeorado la situación con enfrentamientos entre diversas afiliaciones terroristas y con la expansión de su actividad a

---

[31] Entre los objetivos de la política exterior rusa eventualmente relevantes en el Gran Sahel destacan el afrontar el debilitamiento de las instituciones internacionales y de la eficiencia del sistema de seguridad global, aumentar la estabilidad del sistema y la estratégica, la resolución conjunta de problemas globales y regionales, entre ellos el terrorismo, y el desarrollo de la cooperación comercial y económica.

otros países como Niger, Nigeria o Burkina Faso[32]. La falta de resultados de la intervención europea y posterior retirada ha generado mayor sensación de inseguridad entre la población y también un resentimiento hacia Francia. Ese vacío dejado tras la retirada es el que pretende cubrir Rusia. No olvidemos el intento de las dos principales organizaciones terroristas de corte jihadista de crear un Califato de Asia Central, lo que pondría a las puertas de Rusia esta amenaza securitaria.

Finalmente, como interés político, la recuperación de un estatuto de gran potencia, sin ser marginada internacionalmente, confiere particular relevancia a la proyección exterior de Rusia en el Gran Magreb como vía para consolidar su régimen político y afianzarse frente a competidores. Sobre este principio de actuación, la *Estrategia de Seguridad Nacional* (ESN) de 2021[33] es mucho más explícita que la de política exterior y afirma la voluntad de potenciar el papel de Moscú en el diseño de un mundo policéntrico, y su actuación sobre la base de los principios de soberanía, independencia, integridad territorial; al tiempo que énfatiza el renacer de los valores espirituales y morales rusos (libertad e independencia de Rusia, humanismo, paz interétnica, unidad de culturas de los múltiples pueblos de la Federación, respeto a la familia y a las tradiciones de fe y patriotismo).

La Estrategia de Política Exterior (2013) constataba puntos calientes que difunden extremismo, enemistad religiosa, lucha interétnica y terrorismo. La ESN 2021 se enfoca en la seguridad nacional ante fuerzas externas, sin mencionar explícitamente el auge de Daesh por la política de doble estándar contra el terrorismo. Se refiere a la voluntad de Rusia de aumentar la estabilidad global y regional al resolver problemas como terrorismo, extremismo, tráfico de drogas y crimen organizado. Se compromete a fomentar la cooperación multilateral mediante instrumentos políticos, jurídicos, diplomacia en red y cooperación político-militar y técnico-militar.

---

32 SUMMERS, M., "Actividad yihadista en el Magreb y el Sahel en septiembre 2022", *Observatorio internacional de estudios sobre terrorismo (OIET)*, 21 de octubre de 2022 [en línea] https://observatorioterrorismo.com/analisis/actividad-yihadista-en-el-magreb-y-el-sahel-en-septiembre-2022/ [Consulta: 25/03/2023].

33 Decreto del Presidente de la Federación Rusa, *Estrategia de Seguridad Nacional*, 2 de julio de 2021.

Lo expresado por estos documentos y la práctica diplomática seguida permiten apreciar una continuidad sustancial de la política rusa[34], pese a la ausencia de estrategia regional, si bien con la novedad de no inscribirse en la lucha ideológica existente durante la guerra fría y no excluir la cooperación con otras potencias.

La presencia rusa en el Sahel, en Mali, a través del grupo Wagner, junto al golpe de estado en el país y las sanciones contra el gobierno transitorio han constituido desafíos para la diplomacia de la UE[35]. La Junta surgida del golpe habría negociado con el Grupo Wagner para que aportara efectivos que permitieran acabar con el terrorismo en el país; aunque en Mali se habla de los adiestradores rusos presentes como parte de una cooperación bilateral más amplia. Oficialmente, el Kremlin niega cualquier conexión con actores privados de seguridad, la UE reaccionó imponiendo sanciones sobre el grupo ruso por fomentar la violencia y por violaciones de derechos humanos en África y otros puntos. El Grupo Wagner parece tomar posiciones también en Burkina Faso tras la retirada francesa. El coste humano y económico de la guerra en Ucrania no ha disminuido el interés de la Federación Rusa en el Sahel y el Magreb, si bien los recursos disponibles son más reducidos.

Estados Unidos en el Gran Magreb. ¿Poder en retirada?

Durante la Guerra Fría, Estados Unidos se interesa en la región como una pieza más de la pugna ideológica y de poder con la Unión Soviética; interés mantenido posteriormente por razones principalmente militares. Hasta hace poco tiempo sólo la UE, por razones económicas y estratégicas, y los Estados Unidos como parte de su "Guerra contra el terror" que siguió a los atentados del 11-S, han tenido una presencia destacada en el Norte de África y en el Sahel.

Los programas de seguridad y contraterroristas son sin duda la primera contribución estadounidense a los países del Sahel: desde el

---

34 TSYGANKOV, A. P., *Russia's Foreign Policy. Change and Continuity in National Identity*, Rowman & Littlefield, Oxford, 2006.

35 VENTURI, *cit.*

mando africano (AFRICOM)[36], hasta la financiación y adiestramiento de fuerzas armadas y de seguridad. Contribución que algunos juzgan más bien como causa de mayor violencia, y cuya persistencia constituye un obstáculo para cooperar en otros ámbitos económicos, sociales o políticos; en otras palabras, la guerra contra el terror habría contribuido a generar aquello que pretendió eliminar. La visión contraterrorista ha llevado a ver a las organizaciones regionales como coaliciones militares, ignorando el resto de sus objetivos, y el terrorismo en África se ha incrementado en un 300% en la última década.

Por ello, internamente, muchos creen deseable reconsiderar este tipo de presencia en la zona y el fin de su apoyo a guerras interminables que han generado desplazamientos en masa y bajas civiles. De la misma forma que se propugna el cambio de rumbo del apoyo a la sociedad civil, excesivamente focalizado en luchar contra el terrorismo extremista en detrimento de la financiación de programas con mayor contenido social. La prioridad dada a la acción contraterrorista ha llevado a pasar por alto los abusos de los socios; lo que a su vez ha contribuido a la mayor inestabilidad y a un incremento de la afiliación a las organizaciones terroristas que se presentan como próximas a los intereses de la población.

En consecuencia, hasta ahora no puede hablarse de éxitos en la eliminación del islamismo radical, ni en la erradicación de la inestabilidad, ni en la finalización de los conflictos, puesto que no se abordan las causas de la situación que se encuentran en la pobreza extrema, la degradación ambiental o la corrupción endémica; problemas estos que requieren de soluciones locales. Por si esto fuera poco, el énfasis de Washington en la Guerra contra el Terror, ha supuesto la pérdida de oportunidades económicas para Estados Unidos, abandonando su posición como principal socio comercial en la mayoría de países africanos, reemplazado por China. Aunque la administración Obama intentó fomentar la inversión en infraestructuras energéticas, no consiguió los fondos suficientes para ello.

---

36 IDAHOSA, S.; DEGTEREV, D. y ABIDOYE, R., "Strategic Fight Against Terrorism: A Narrative of its Implication in the Sahel Region", *International Journal of Engineering & Technology* 7, 2018, 727-731.

Políticamente, la administración Trump delegó su política en la zona en Israel, Egipto, Marruecos y EAU, con consecuencias para el Sahara Occidental, fuente de desestabilización en toda la zona del Sahel. Además, puso en pie de guerra a Argelia, cerrando así las posibilidades de cooperación entre los países del Magreb. La administración Biden carece de una política discernible para la región, aunque ha mantenido las medidas de su predecesor.

La reducción de la presencia militar estadounidense ya realizada y la planeada, que llegará hasta un 10%, junto a la retirada de Francia ha generado un vacío de poder dejando la oportunidad de intervenir a otras potencias "emergentes". Sin embargo, tanto Estados Unidos como Francia y la UE se oponen a la acción militar rusa en el Sahel por ser contraria a la soberanía de los países implicados y aumentar la inseguridad de estos[37]. Subyace en el fondo de esta posición un rechazo al papel de Rusia en la arquitectura de seguridad de la región, de Mali en particular. La indiferencia occidental queda reflejada en el Nuevo Concepto Estratégico de la OTAN, ignorando prácticamente la región del Sahel.

¿Es posible la cooperación?

Desde su independencia de las potencias coloniales, los países del Magreb y del Sahel han interactuado con sus antiguas metrópolis, principalmente Francia. En el Magreb se ha reflejado más claramente la lucha anticolonial, aunque Marruecos y Túnez optaran por mantener una vinculación con Occidente y Argelia permaneciera entre los no alineados. La dependencia derivada se ha percibido más en la década 2010-2020 por las obligaciones financieras contraídas por estos países y por imperativos de seguridad en sus fronteras. A pesar

---

[37] Department of State, *Potential Deployment of the Wagner Group in Mali*, Press statement, 15 de diciembre de 2021 [en línea] https://www.state.gov/potential-deployment-of-the-wagner-group-in-mali/ [Consulta: 23/03/2023]. Pese a la retórica, no es descartable la aceptación por Francia del papel del Grupo Wagner y la cooperación con Rusia si permite a las empresas francesas continuar operando en Mali.
CSIA European Security Working Group, "Instability and Change on NATO's Southern Flank", *International Security*, 3-3, 1979, 150-177.

de ello, la región ha salido progresivamente del ámbito de influencia europea y estadounidense en algunos aspectos.

La aceleración de nuevas dinámicas geopolíticas ha incrementado el interés en la zona. La actitud desdeñosa de Washington bajo la Presidencia de Trump hacia el Magreb (2016-2020) será el desencadenante que favorezca el retorno de Rusia a la zona, movida por el acceso a los recursos naturales y a puertos cerca del Flanco Sur aliado, y la expansión a gran escala de China mediante la extensión de su BRI[38]. Este nuevo escenario ha llevado a una reacción de los Estados Unidos y de los países europeos, en esta ocasión, a través del nuevo Concepto Estratégico de la OTAN. Aprobado en la Cumbre de Madrid, éste enfatiza el término de seguridad 360° que nos llevaría a creer que ahora la Alianza se ocupa también de las amenazas a la seguridad euroatlántica procedentes del Sur, por la simple razón de que Rusia (enemigo) y China (competidor) desarrollan actividad en el Magreb y el Sahel. Sin embargo, como hemos visto, la acción que realmente propugna este documento se limita a un apoyo a las organizaciones regionales presentes en el Sahel. Algo claramente insuficiente para responder al reto de seguridad que se plantea, en particular, para Europa, por su proximidad al Continente africano.

Además, la guerra de Ucrania ha desplazado el interés de las potencias occidentales hacia el Frente Este, desentendiéndose del Frente Sur. España es el país más afectado por la inestabilidad en el Magreb-Sahel, junto a Francia, comparten intereses de seguridad por el riesgo de atentados terroristas, flujos migratorios y tráficos ilícitos; además ambos tienen vínculos históricos con la región. La retirada francesa reabre el debate sobre el futuro de la política europea, a la que España debe aportar su conocimiento e intereses.

Un análisis conjunto de las aproximaciones de las potencias en la zona permite ver las carencias que impedirán su éxito. Aunque el Gran Magreb no es un global common, sino un conjunto de países soberanos con déficits, las grandes potencias se ven afectadas negativamente por la inestabilidad de la zona. La región debería ser objeto de una estrecha cooperación entre potencias competidoras, enfren-

---

38 ZOUBIR, Y., "The Maghreb in International Relations", *International Studies*, 2022 [preprint] https://doi.org/10.1093/acrefore/9780190846626.013.616

tadas con visiones de "suma cero" debido a la amenaza del radicalismo islamista. Ninguna de las grandes potencias puede, por sí sola, poner fin a la situación y encauzarla hacia un desarrollo sostenible y en paz, llamada a la cooperación ya realizada por el exsecretario de Estado norteamericano, Kissinger[39].

Para ello serían necesarios cambios en las políticas de Estados Unidos, la UE, Rusia y China, además de la colaboración de los países del Magreb y del Sahel. Los actores locales y regionales del Gran Magreb han sido, en buena medida, víctimas de una intervención occidental que ha expandido involuntariamente el terrorismo, y de la intervención rusa y china cuyos resultados dudosamente serán adecuados si no se dan una serie de condiciones para que los actores externos no persigan tanto sus intereses inmediatos y la prevalencia sobre los demás como la estabilidad y desarrollo de la región.

La política estadounidense en la zona debiera haberse enfocado menos en la solución militar contraterrorista y atender más a la lucha contra la corrupción y al empoderamiento local. Las organizaciones extremistas violentas, que son la primera amenaza a la seguridad, se benefician de la marginación de ciertos grupos étnicos y de la ausencia de instituciones gubernamentales. Recomendación también aplicable a la UE. Además, la cooperación en la zona con otros actores pasaría por dejar de alimentar a los Emiratos que fomentan el terrorismo, directa o indirectamente, en su lucha contra Irán por la hegemonía regional. La situación de ocupación del Sáhara Occidental es un foco de violencia, repensar el apoyo a Marruecos en contra del Derecho Internacional sería esencial para mitigar el extremismo y no enrarecer más las relaciones con Argelia.

La UE ha seguido acríticamente el enfoque norteamericano y cada vez más ha concentrado su atención en las misiones militares, aunque no operativas, amortiguando sus proyectos de desarrollo y de fomento de la gobernanza respetuosa con los principios del estado de derecho. La Organización ha aplicado un enfoque integrado en la región, pero su actuación se ha concentrado excesivamente en

---

39 KISSINGER, H., *Primakov Lecture by Henry A. Kissinger at the Gorchakov Fund in Moscow*, 4 de febrero de 2016 [en línea] http://gorchakovfund.ru/print/news/18352/ [Consulta: 17/03/2023].

la seguridad y asistencia militar a los gobiernos regionales, aunque también financie proyectos de mantenimiento de la paz. Sería aconsejable que dedique más esfuerzos diplomáticos a la protección de civiles o a la buena gobernanza. Al mismo tiempo, su enfoque integral debería serlo en mayor medida y con perspectiva a largo plazo, comprendiendo las dimensiones regionales y locales. Diplomáticamente, la UE podría comprometerse con otros actores internacionales de paz y seguridad en la región, especialmente multilaterales.

Desde Occidente se debería propiciar la aproximación a Rusia y China sobre el terreno y generar un marco de cooperación que permita el desarrollo económico y social de los países del Sahel, el aligeramiento de la consecuente presión migratoria sobre el Magreb y Europa, y la eliminación de circunstancias que pueden hacer atractivo el terrorismo en dichas sociedades.

Por su parte, China ha de sumarse a la labor y enfocar su acción en estos países en cooperar con su desarrollo sin dejar el lastre de la deuda, ni esquilmar sus recursos naturales. Ese proceso cooperativo amortiguaría las posibilidades de desencuentro entre Rusia y China a medio plazo.

Para favorecer el proceso de estabilización deberían empoderar a la región, quizá primero a través del G5 Sahel. Rusia manifestó su voluntad de ser observador del G5 Sahel; su potenciación haría prescindible el recurso a mercenarios, si bien la salida de Mali del G5 Sahel no facilita éxitos del grupo. Aunque los Estados Unidos y la UE aportan a esta fuerza adiestramiento, es necesario un mando unificado y apoyo sobre el terreno para yugular a los grupos terroristas y redes de crimen organizado, algo que las potencias occidentales dudosamente harán. Y es que, para Washington, el Gran Magreb no es una prioridad, y Europa no desea aportar fuerzas a operaciones peligrosas. Sin embargo, las fuerzas rusas pueden realizar este apoyo transitorio a las del Sahel, con sus capacidades y la voluntad de usarlas para garantizar la seguridad de la región. Lo que no impediría a la OTAN, eventualmente, trabajar con la UE y la Unión Africana u otras organizaciones regionales con el objetivo común de estabilizar y desarrollar el Gran Magreb, en asociación con Rusia.

En el marco cooperativo, las Naciones Unidas a través de MINUSMA deben apoyar acciones dirigidas a cumplir el acuerdo de paz de

2015 en Mali y restaurar el poder del Estado. De las grandes potencias ha de llegar el apoyo económico, comercial, de control de fronteras y al desarrollo de una correcta gobernanza, incluyendo policía e instituciones judiciales, con absoluto respeto a la soberanía de cada país de la región.

Conclusiones

Rusia ha asumido la carga de la lucha militar contra el radicalismo islamista. Ni es seguro el éxito, ni solo esto garantiza la estabilidad si no se atacan las raíces del problema que lo genera. La fuerza militar debería retirarse paulatinamente poniendo el énfasis en el resto de medidas que han de permitir sociedades más estables y seguras. Moscú debería ser la primera en sumarse a los esfuerzos internacionales por un desarrollo sostenible del Gran Magreb y contribuir al mismo, por ejemplo, a través de la cooperación energética.

Por su parte, China ha de sumarse a la labor y enfocar su acción en estos países en cooperar con su desarrollo sin dejar el lastre de la deuda a las generaciones futuras, ni esquilmar sus recursos naturales.

Ese proceso cooperativo amortiguaría las posibilidades de desencuentro entre Rusia y China a medio plazo.

En el marco cooperativo, las Naciones Unidas a través de MINUSMA deben apoyar acciones dirigidas a cumplir el acuerdo de paz de 2015 en Mali y restaurar el poder del Estado. De las grandes potencias ha de llegar el apoyo económico, comercial, de control de fronteras y al desarrollo de una correcta gobernanza, incluyendo policía e instituciones judiciales, con absoluto respeto a la soberanía de cada país de la región.

Relaciones UE-OTAN: hacia una redefinición del vínculo trasatlántico tras la guerra de Ucrania

Francisco Ruiz González

Introducción

Antes de abordar la evolución pasada y la situación actual de las relaciones entre la Unión Europea (UE) y la Organización del Tratado del Atlántico Norte (OTAN), así como de estudiar su posible reconfiguración por la guerra de Ucrania, es necesario anteponer una serie de consideraciones básicas.

La primera de ellas es la relativa a la diferente naturaleza de ambos actores. Así, la OTAN es una organización político-militar, pero en la que el segundo componente predomina sobre el primero, en especial por las enormes capacidades de su estructura de mando y control (*NATO Command Structure* - NCS). Aunque desarrolla múltiples cometidos, no cabe duda de que su principal tarea es la defensa colectiva de sus aliados, función primigenia que ha regresado con fuerza tras el ataque ruso a Ucrania.

Por su parte, la UE es un ente supranacional nacido en los años 90 del pasado siglo sobre tres pilares: el primero, las Comunidades Europeas, de marcado carácter económico; el segundo, la Política Exterior y de Seguridad Común (PESC); y el tercero, el de Justicia e Interior. No fue hasta 1999 cuando se intentó dotar a ese pilar PESC de un componente de seguridad y defensa, con un nivel de ambición limitado y orientado, principalmente, a la gestión de crisis de seguridad por fuera de las fronteras de la Unión.

En consecuencia, cuando se habla de las relaciones UE-OTAN sería más preciso referirse a las relaciones entre la Política Común de Seguridad y Defensa (PCSD) de la UE y la OTAN, ya que es ahí donde se produce un solape funcional entre ambas organizaciones. Esa reflexión es importante si se tiene en cuenta que la PCSD es solo una parte, pero no el todo de la PESC, que a su vez es una parte, pero no el todo del conjunto de la Acción Exterior de la UE, lo que provoca una clara asimetría en la relación.

Por otra parte, en términos de membresía se produce de nuevo un importante solape, en este caso geográfico, dado que 21 de los 27 Estados miembro de la UE son a la vez 21 de los 30 aliados de la OTAN, un número que aumentará a 23 cuando se produzca el ingreso de Suecia y Finlandia. Por parte de la UE, los miembros no-aliados son principalmente países tradicionalmente neutrales[1], mientras que por parte de la OTAN existe una casuística más variada de países: los norteamericanos y su proxy en Europa[2]; los europeos poco poblados y ricos, que no aspiran a entrar en la UE[3]; los europeos en lista de espera para lograrlo[4]; y Turquía, como un rara avis vestigio de la Guerra Fría.

Por lo tanto, se produce la paradoja de que esos 21 países, a la hora de definir un marco de cooperación entre la PCSD-UE y la OTAN, negocian en cierto modo consigo mismos sobre cómo hacerlo. Nada describe mejor esa situación que el símil empleado en un artículo de *The Economist* en 2006, cuando afirmaba que: "La OTAN y la UE son como dos gemelos siameses incómodamente unidos. Tienen muchos órganos comunes (soldados, equipos, planificadores militares) pero sus cabezas separadas no van al unísono"[5].

Sin embargo, es fácil adivinar que no todos los actores citados tienen un peso similar a la hora de definir la relación entre ambas organizaciones; dejando a un lado el enfrentamiento entre Turquía por un lado y Grecia y Chipre por otro, que ha condicionado la cooperación desde la entrada de este último país en la UE en 2004, el factor decisivo ha sido, es y será la posición de Estados Unidos. Y no

---

1 Irlanda, Austria, Malta y Chipre, en el caso de este último con el 40% de su territorio ocupado por un miembro de la OTAN, Turquía.

2 Estados Unidos y Canadá, y Reino Unido que se autoexcluyó de la UE en 2018.

3 Noruega e Islandia.

4 Albania, Montenegro y Macedonia del Norte.

5 *The Economist*, "Predictions of its death were premature", 23 de noviembre de 2006 [en línea] https://www.economist.com/special-report/2006/11/23/predictions-of-its-death-were-premature [Consulta: 21/04/2023].

nos referimos tan solo a los criterios que pueda imponer en la OTAN, valiéndose de su posición hegemónica en ese marco, sino también de su capacidad de influir desde fuera en los propios desarrollos de la PCSD de la UE.

En resumen, nuestro objeto de estudio es la relación entre dos organizaciones de naturaleza muy dispar, pero que presentan un amplio solapamiento funcional y geográfico. Por ello, comenzaremos por repasar la evolución de esa relación desde el final de la Guerra Fría hasta nuestros días, valorando las variables que han favorecido o perjudicado la cooperación hasta llegar a la situación previa a la guerra de Ucrania, para después abordar las primeras consecuencias de la invasión rusa de 2022 en la posible redefinición del vínculo trasatlántico, siguiendo una serie de tendencias que se están evidenciando conforme continúa y se enquista el conflicto, con efectos negativos para Europa.

Antecedentes de la ¿cooperación? UE-OTAN

Tras la II Guerra Mundial, Europa Occidental creó diversas estructuras de cooperación económica, hasta el surgimiento en 1957 de la Comunidad Económica Europea por el Tratado de Roma. Ya antes, y ante la amenaza del antiguo aliado soviético, se planteó la necesidad de colaborar también en el ámbito de la defensa, materializada en la firma por Francia, Reino Unido y el Benelux del Tratado de Bruselas de 1948 que creó la Unión Occidental.

Sin embargo, la Europa devastada de la postguerra no estaba en condiciones de garantizar su seguridad, por lo que recurrió al apoyo de Estados Unidos. Aunque los dirigentes estadounidenses pretendían retraerse hacia sus fronteras, finalmente aceptaron comprometerse con la defensa de Europa con la firma del Tratado de Washington en 1949, que dio lugar al nacimiento de la OTAN.

Tras ello, en 1952 se firmó el tratado de la Comunidad Europea de Defensa, pero fue rechazado en 1954 por el Parlamento francés, por lo que ese año se modificó el Tratado de Bruselas y nació la Unión Europea Occidental (UEO), integrada por los cinco miembros de la Unión Occidental más Alemania e Italia. En la práctica la UEO fue irrelevante frente a la OTAN, por lo que la seguridad del continente quedó en manos de la Alianza Atlántica durante toda la Guerra Fría, hasta la caída del Muro de Berlín el 9 de noviembre de 1989.

Ya en la posguerra fría, el Consejo Europeo de Roma en diciembre de 1990 inició una Conferencia Intergubernamental sobre la unión política[6], que según Francia y Alemania debería llevar a integrar la UEO en la nueva PESC, segundo pilar de esa Unión. Washington intentó impedirlo remitiendo a las capitales europeas en febrero de 1991 el "Memorando Bartholomew", en el que se afirmaba que subordinar la UEO a la futura UE acentuaría la separación e independencia del pilar europeo respecto de la Alianza, y que eso serviría sólo para debilitar la integridad de la seguridad y defensa trasatlántica común[7].

En consecuencia, y dada la existencia de un grupo de Estados miembros (liderados por el Reino Unido) que respaldaba las posiciones de Washington, el Tratado de Maastricht (1992) consagró la continuidad de la UEO como un ente independiente de la Unión, al que ésta podría solicitar la elaboración y puesta en práctica de las decisiones del Consejo Europeo con repercusiones en el ámbito de la defensa. Por otra parte, en diciembre de 1991 la OTAN había culminado su transformación con la aprobación en su Cumbre de Roma de un nuevo Concepto Estratégico[8], en el que se saludaban los esfuerzos europeos por desarrollar una identidad de seguridad propia, pero circunscribiendo esta iniciativa al pilar europeo de la propia Alianza Atlántica.

A partir de ese momento, las sucesivas guerras en los Balcanes, con la OTAN asumiendo un papel principal ante la impotencia de la UE, supusieron la paralización en la práctica del pilar PESC, como lo prueban la falta de avances en este ámbito del Tratado de Ámsterdam de 1997 o la definitiva subordinación de la UEO a la OTAN, al

---

6 *Conclusiones de la Presidencia*, Consejo Europeo, Roma, 14 y 15 de diciembre de 1990 [en línea] https://www.consilium.europa.eu/media/20533/1990_diciembre_-_roma__es__part_i.pdf [Consulta: 13/03/2023].

7 DUKE, S., *The elusive quest for European Security*, Saint Martin's Press, Nueva York, 2000, 95-97.

8 *The Alliance's new Strategic Concept*, Roma, 7-8 de noviembre de 1991 [en línea] https://www.nato.int/cps/en/natohq/official_texts_23847.htm [Consulta: 13/03/2023].

aprobarse en junio de 1996 el acuerdo de Berlín de colaboración entre ambas organizaciones[9]. En adelante, la UEO podría planear y conducir operaciones militares usando capacidades de la OTAN, pero con la previa aprobación unánime del Consejo del Atlántico Norte (NAC).

El desafío a ese statu-quo se produjo en el marco más inesperado, la Cumbre franco-británica en Saint-Malo de diciembre de 1998, cuya declaración final afirmaba que "...la Unión debe tener la capacidad de actuar autónomamente, respaldada por fuerzas militares creíbles, los medios para decidir su utilización y el alistamiento para hacerlo, para responder a las crisis internacionales".

Y decimos inesperado porque, si bien la posición francesa estaba en consonancia con sus tradicionales postulados europeístas, el cambio de posición británico representó una novedad. Así lo percibió la administración estadounidense, que pocos días después y por boca de la secretaria de Estado Albright intentó limitar esa capacidad autónoma de la UE con la "teoría de las tres D": no-disminución de las capacidades aliadas, no-duplicación de esfuerzos, y no-discriminación de los aliados de la OTAN ajenos a la Unión[10].

A pesar de esas presiones, el Consejo Europeo de Colonia en junio de 1999 hizo propias las conclusiones de Saint-Malo, naciendo así la Política Europea de Seguridad y Defensa (PESD)[11], y en el Consejo de Helsinki en diciembre de ese mismo año se establecieron las capacidades militares de las que la UE debería disponer, comenzando a integrar los recursos de la UEO[12].

---

9 *Comunicado Final,* Reunión Ministerial del NAC, Berlín, 3 de junio de 1996 [en línea] https://www.nato.int/docu/pr/1996/p96-063e.htm [Consulta: 13/03/2023].

10 *Press conference by US Secretary of State Albright,* 8 de diciembre de 1998 [en línea] https://www.nato.int/docu/speech/1998/s981208x.htm [Consulta: 13/03/2023].

11 *Consejo Europeo de Colonia, Anexo III de las conclusiones de la presidencia, Informe de la presidencia sobre de la política europea común sobre seguridad y defensa,* Colonia 3-4 de junio de 1999 [en línea] https://www.consilium.europa.eu/media/21064/57889.pdf. [Consulta: 13/03/2023].

12 *Conclusiones de la Presidencia.* Consejo Europeo de Helsinki, 10-11 de diciembre de 1999 [en línea] https://www.europarl.europa.eu/summits/hel1_es.htm [Consulta: 13/03/2023].

En los años siguientes se negociaron los acuerdos "Berlín Plus", que entraron en vigor en marzo de 2003. Al igual que ocurría con los acuerdos de 1996 con la UEO, Berlín Plus permite apoyar con capacidades de la OTAN operaciones de la UE, pero sólo se aplican a los Estados miembro también aliados, o al menos participantes en su Asociación por la Paz.

Aprovechando esos acuerdos, en marzo de 2003 la UE lanzó su primera operación militar (EUFOR Concordia) en Macedonia, a la que siguió el relevo en diciembre de 2004 de la SFOR de la OTAN por EUFOR ALTHEA. Sin embargo, en mayo de 2004 se amplió la UE a diez nuevos Estados, incluyendo Chipre y Malta que no eran partícipes de la Asociación por la Paz, y por tanto quedaban excluidos del marco de Berlín Plus, lo que ha impedido volver a utilizarlo.

Por otra parte, y en plena crisis entre aliados por la invasión de Irak, Francia, Alemania, Bélgica, Luxemburgo propusieron en abril de 2003 la creación de un Cuartel General permanente para la UE, para el planeamiento y conducción independiente de operaciones. La propuesta provocó nuevamente la oposición de Estados Unidos, cuyo Embajador ante la OTAN describió la política de la UE como la amenaza más significativa al futuro de la Alianza[13], críticas a las que se sumó el Secretario General británico Lord Robertson[14].

En resumen, la cuestión clave del debate sobre la arquitectura de seguridad europea era el determinar cómo el vínculo trasatlántico podía acomodar el surgimiento de la UE como un actor estratégico independiente, con sus propias políticas y prioridades, una pregunta que en el ámbito de Estados Unidos y de la propia OTAN no ha encontrado respuesta. Eso llevó en la época a decisiones ineficaces, como el lanzamiento por separado de operaciones militares coincidentes en el tiempo en Darfur (2005) o en el Océano Índico (2008)[15].

---

13 LEBL, L., "European Union Defense Policy. An American Perspective", *CATO Institute*, 516, 2004, 4-5 [en línea] www.cato.org/sites/cato.org/files/pubs/pdf/pa516.pdf [Consulta: 13 de marzo de 2023].

14 MARSDEN, C., "Washington warms EU over NATO unity", *World Socialist Website*, 23 de octubre de 2003 [en línea] https://www.wsws.org/en/articles/2003/10/nato-o23.html [Consulta: 13/03/2023].

15 Una situación que, muy acertadamente, se definió como un "concurso de belleza" entre ambas organizaciones (POP, A., "NATO and the European Union:

En diciembre de 2009 entró en vigor el Tratado de Lisboa de la UE, con nuevas herramientas para la PESD, denominada desde entonces Política Común de Seguridad y Defensa (PCSD). Eso coincidió con la elaboración del nuevo Concepto Estratégico de la OTAN de Lisboa en 2010. Pero ese nuevo marco no sirvió para avanzar en la cooperación, con la UE concentrada en hacer frente a la crisis económica, y la OTAN focalizada en su operación en Afganistán. Esa situación de impasse se mantuvo básicamente hasta el año 2014.

Las declaraciones conjuntas UE-OTAN

El nuevo contexto de seguridad provocado por la anexión de Crimea por parte de Rusia, en marzo de 2014, y la declaración del Califato por el autodenominado Estado Islámico, en julio del mismo año, determinó una mayor aproximación entre la UE y la OTAN. Se puede considerar que, si bien persistían los problemas políticos de fondo, se adoptó entonces una actitud más constructiva, lo que se plasmó en la firma de la Declaración Conjunta de Varsovia el 8 de julio de 2016.

Esa primera Declaración Conjunta[16] sentó las bases para desarrollar la cooperación práctica en siete ámbitos: lucha contra las amenazas híbridas; operaciones; ciberseguridad y ciberdefensa; desarrollo de capacidades; industria de defensa e investigación y desarrollo (I+D); ejercicios; y desarrollo de capacidades de los socios. A ellos que se suma el refuerzo del diálogo político. Algunas de sus principales ideas-fuerza son:

- La cooperación se debe desarrollar en pleno respeto de la autonomía de los respectivos procesos de la decisión, y sin perjudicar el carácter especial de la política de seguridad y defensa

Cooperation and security", *NATO Review*, 1 de abril de 2007 [en línea] https://www.nato.int/docu/review/articles/2007/04/01/nato-and-the-european-union-cooperation-and-security/index.html [Consulta: 13/03/2023].

16 *Joint Declaration on EU-NATO cooperation by the President of the European Council, the President of the European Commission, and the Secretary General of the North Atlantic Treaty Organization*, 8 de julio de 2016.

de ninguno de sus miembros (en referencia a los países neutrales de la UE).

- Es necesario encontrar nuevos modos de trabajar conjuntamente, ya que la seguridad de ambas organizaciones está interconectada y se debe hacer el uso más eficiente de los recursos: una OTAN más fuerte conlleva una UE más fuerte y viceversa.
- El reforzar la estabilidad de los socios y vecinos, para que sean capaces de hacer frente a los retos que afrontan, contribuye a la propia seguridad de UE y OTAN y a una paz sostenible, conforme a los valores compartidos.

La Declaración finaliza encargando al Servicio Europeo de Acción Exterior (SEAE) y al Estado Mayor Internacional de la OTAN el desarrollo de acciones concretas para su implementación, incluyendo los mecanismos de coordinación necesarios, que debían ser presentadas a los respectivos Consejos (de la UE y del Atlántico Norte) en diciembre de 2016.

En cumplimiento de ese mandato, el Consejo de la UE aprobó unas Conclusiones el 6 de diciembre de 2016[17], que comienzan enumerando algunos progresos concretos desde la firma de la Declaración Conjunta: la implementación paralela de procedimientos para hacer frente a las amenazas híbridas; el refuerzo de la cooperación y coordinación en asuntos marítimos, incluyendo entre las operaciones "Sophia" de la UE y "Sea Guardian" de la OTAN en el Mediterráneo, así como en el Egeo; el desarrollo de ejercicios paralelos y coordinados; y la comunicación estratégica común para aumentar la resiliencia.

Pero lo más relevante fue la aprobación de un listado con 42 acciones conjuntas, agrupadas en los siete ámbitos de la Declaración, con las que se pasaba de las palabras a los hechos, favoreciendo la cooperación práctica entre ambas organizaciones a un nivel que po-

---

17 *Council Conclusions on the Implementation of the Joint Declaration by the President of the European Council, the President of the European Commission and the Secretary General of the North Atlantic Treaty Organization*, 6 de diciembre de 2016 [en línea] https://www.europarl.europa.eu/cmsdata/121581/ST_15283_2016_INIT_EN.pdf [Consulta: 5/03/2023].

dríamos denominar "táctico", obviando así (o al menos posponiendo) los problemas del nivel "político".

Sin entrar en el detalle de las 42 acciones, se pueden evaluar algunas de sus características. Así, por ejemplo, diez de ellas se enmarcan en la lucha contra las amenazas híbridas, agrupadas en los conceptos de: conciencia situacional, comunicación estratégica, respuesta de crisis, e impulso de la resiliencia. Con ello se acredita que la principal amenaza que se percibía entonces era la de las campañas híbridas llevadas a cabo por actores externos, tanto estatales (Rusia) como no-estatales (Estado Islámico), que se materializaban principalmente en el ciberespacio, ámbito para el que se proponen otras cuatro acciones.

Por el contrario, en el ámbito de las capacidades de defensa, aunque se contemplan seis acciones, todo se limita a buscar la mayor coherencia entre los procesos de planeamiento aliado y europeo, conforme al concepto de "conjunto único de fuerzas"[18], mientras que en industria de defensa se contemplan dos exiguas acciones, que nunca darían fruto. Las seis acciones vinculadas a los ejercicios giran en torno al concepto PACE[19], mientras que las cuatro acciones del ámbito de la construcción de las capacidades de los países socios se centran en coordinar los respectivos proyectos, orientados a aumentar su resiliencia.

Mención aparte merece la cooperación operacional, incluyendo en asuntos marítimos, dado que debería ser uno de los ámbitos en los que la colaboración fuese mayor, en especial en las zonas en las que ambas organizaciones coinciden. Aunque se asignan siete acciones a ese ámbito, la única relevante es la primera, por la que se busca reforzar la coordinación entre las operaciones "Sophia" y "Sea Guardian" en el Mediterráneo. Por último, se incluyen tres acciones de refuerzo de la interacción entre el personal de ambas organizaciones, mediante conferencias "cruzadas" y continuando la agenda de reuniones entre el Comité Político y de Seguridad de la UE (COPS) y el NAC.

18 La base de este concepto es que, con independencia del marco en que se obtengan, las capacidades resultantes son propiedad de cada Estado, que puede decidir libremente en qué marco las emplea (OTAN o UE, pero también individualmente, en coaliciones ad-hoc, o en otras organizaciones como la ONU).

19 PACE: Parallel and Coordinated Exercises.

El 5 de diciembre de 2017, el Consejo de la UE aprobó otras Conclusiones[20] con un listado de 32 acciones adicionales, incluyendo nuevos asuntos como el contraterrorismo, la agenda de "mujer, paz y seguridad", o la movilidad militar, aunque sin variar los siete ámbitos genéricos de la cooperación.

De esas 32 nuevas acciones, diez de ellas pertenecen al ámbito de la lucha contra las amenazas híbridas, lo que vino a reiterar el papel central de esa cuestión en la cooperación UE-OTAN. Se introducen ocho acciones sobre contraterrorismo dispersas en diversos ámbitos, así como una sobre la movilidad militar en el ámbito de las capacidades. Y se recogen nada menos que siete acciones de refuerzo de la interacción "staff-to-staff", lo que acredita que el principal resultado práctico de la cooperación era precisamente esa interacción.

Destacamos, nuevamente, el ámbito de la cooperación en operaciones, incluyendo en asuntos marítimos, ya que a pesar de ser uno de los que inicialmente levantó más interés, en este segundo listado solo incluye una acción, relativa a explorar nuevas posibilidades para el apoyo logístico mutuo y el intercambio de información, cuando ambas organizaciones coincidan. En el ámbito de las capacidades, se reitera la necesidad de lograr la coherencia entre los respectivos procesos, y en el de ejercicios se habla de seguir avanzando en el concepto PACE, basándose en las lecciones aprendidas en 2017.

Ese ciclo inicial se cerró con firma de la segunda Declaración Conjunta UE-OTAN, el 10 de julio de 2018[21]. Nuevamente se trata de un documento muy breve, de tan solo una página y media, en el que se menciona el desarrollo sustancial de la cooperación desde 2016, hasta alcanzar un nivel sin precedentes por su calidad, alcance y vigor. Entre los principios rectores de la relación se destaca la trasparencia, calificada como "crucial" y basada en la mayor implicación posible de los aliados OTAN, no Estados miembro, en las iniciativas de la UE, y

---

[20] *Council Conclusions on the Implementation of the Joint Declaration by the President of the European Council, the President of the European Commission and the Secretary General of the North Atlantic Treaty Organization*, 5 de diciembre de 2017.

[21] *Joint Declaration on EU-NATO cooperation by the President of the European Council, the President of the European Commission, and the Secretary General of the North Atlantic Treaty Organization*, 10 de julio de 2018 [en línea] www.consilium.europa.eu/media/36096/nato_eu_final_eng.pdf [Consulta: 8/03/2023].

en el mayor envolvimiento posible de los Estados miembro de la UE, no aliados, en las iniciativas de la OTAN.

La segunda Declaración también cita los nuevos temas que se habían incorporado al segundo listado de acciones conjuntas, y explicita una cierta división de tareas entre ambas organizaciones, dando la bienvenida:

- A los esfuerzos de la UE para impulsar la seguridad y defensa europea, para proteger mejor a la Unión y a sus ciudadanos y para contribuir a la paz y seguridad en el vecindario y más allá. La Cooperación Estructurada Permanente (PESCO) y el Fondo Europeo de Defensa (EDF) contribuyen a esos objetivos.
- A los esfuerzos llevados a cabo por la OTAN en defensa colectiva, gestión de crisis y seguridad cooperativa, para asegurar la defensa y la seguridad del área euroatlántica, en particular por medio de la disuasión y defensa, proyección de estabilidad y lucha contra el terrorismo. La OTAN continuará jugando su papel único y esencial como la piedra angular de la defensa colectiva para todos los aliados.

Aunque ese texto incluye tanto las prioridades estratégicas de la Estrategia Global de la UE de 2016[22], como las tareas fundamentales del Concepto Estratégico de Lisboa de 2010[23] de la OTAN, es evidente la asimetría a favor de esta última en los comentarios adicionales. Así, en el caso de la UE sólo se destacan dos iniciativas vinculadas al desarrollo de capacidades de Defensa (PESCO y EDF), mientras que para la OTAN se hace una exaltación de su papel en la defensa colectiva de Europa.

La valoración oficial de la evolución de la cooperación UE-OTAN, así como de la implantación de las 74 acciones conjuntas, se lleva a cabo periódicamente mediante los llamados "Informes de Progreso", el séptimo y último de los cuales se hizo público en junio de 2022.

---

22 *Estrategia global para la política exterior y de seguridad de la Unión Europea*, junio 2016 [en línea] https//eeas.europa.eu/archives/docs/top_stories/pdf/eugs_es_.pdf [Consulta: 12/03/2023].

23 *Strategic Concept for the Defence and Security of the Members of the North Atlantic Treaty Organization*, 19-20 noviembre 2010 [en línea] https://www.nato.int/nato_static_fl2014/assets/pdf/pdf_publications/20120214_strategic-concept-2010-eng.pdf [Consulta: 12/02/2023].

Como en esa fecha ya había dado comienzo la guerra de Ucrania, centraremos el análisis en el anterior, de junio de 2021[24], en cuya introducción se destacan cuestiones como:

- El diálogo político es continuo a todos los niveles, en un entorno estratégico marcado por la crisis de la COVID-19, reforzando la confianza mutua.
- Las interacciones y continuas consultas mutuas han puesto de manifiesto los factores clave en la cooperación: resiliencia, tecnologías emergentes y disruptivas, gestión de crisis, y asuntos globales como las implicaciones de seguridad y defensa del cambio climático y la creciente competición estratégica a nivel global.
- La cooperación continúa dando resultados concretos, como las reuniones periódicas entre el COPS y el NAC, el diálogo estructurado sobre movilidad militar, los esfuerzos para asegurar la coherencia de resultados entre los respectivos procesos de planeamiento, y el desarrollo de capacidades críticas como la flota europea multinacional de aviones de transporte.

El resto del Informe es, como todos los anteriores, un largo listado de logros e interacciones entre el personal de ambas organizaciones, organizado en los siete ámbitos de cooperación de 2016, pero es en la citada introducción en la que se recogen los puntos clave. De ellos, nos detendremos en el tema de la movilidad militar, calificado como el "buque insignia" de la cooperación, ya que en este caso es evidente la asimetría de la relación a favor de la OTAN, que considera el esfuerzo de la UE en el ámbito de la seguridad y defensa, de algún modo, como subsidiario del suyo.

Así, tras la anexión de Crimea por Rusia en 2014 los aliados orientales solicitaron de la OTAN un mayor despliegue en sus territorios, como medida de disuasión ante Moscú. Al materializar esos despliegues, la Alianza comprobó las dificultades del transporte de personal y material militar a través de las fronteras europeas, por dos motivos

---

24 *Sixth progress report on the implementation of the common set of proposals endorsed by EU and NATO Councils on 6 December 2016 and 5 December 2017*, 3 de junio 2021 [en línea] www.nato.int/nato_static_fl2014/assets/pdf/2021/6/pdf/210603-progress-report-nr6-EU-NATO-eng.pdf [Consulta: 12/03/2023].

principales: la diversidad de legislación y procedimientos entre países, y la falta de infraestructuras capaces de facilitar el rápido refuerzo desde Occidente del flanco oriental.

Si bien el primer grupo de restricciones podría abordase por la propia OTAN, promoviendo la modificación de las normas nacionales, la cuestión de las infraestructuras civiles conlleva grandes inversiones para las que la Alianza carece de fondos. Por eso acudió a la UE para que financiara la adaptación de la red transeuropea de transporte TEN-T[25] a los requerimientos del transporte militar (por ejemplo, la altura de los túneles o el peso que soportan los puentes).

La cuestión es que la PCSD de la UE, conforme a los Tratados, solo se puede desarrollar fuera de nuestras fronteras, por lo que es difícil enmarcar en ella la cuestión de los movimientos internos de personal y material militar, en particular para adaptar las infraestructuras defectuosas del Este de Europa. Finalmente, la cuestión se solventó recogiendo, en los planes de acción de movilidad militar de la UE, que las medidas en ejecución también favorecerán la proyección más allá de sus fronteras, y en todas las direcciones (no sólo hacia el Este).

Además, las previsiones iniciales de dedicar hasta 6.500 millones de euros del presupuesto comunitario para movilidad militar, en el periodo 2021-2027, se vieron finalmente reducidas a unos 1.700 millones. Pero es inevitable concluir que el planteamiento inicial de la cooperación en este ámbito era que la OTAN identificase los reque rimientos, y la UE pagase la factura para alcanzarlos.

...Y llegó la invasión de Ucrania

En paralelo al progreso de la cooperación entre la UE y la OTAN, detallada en el epígrafe anterior, la PCSD vivió un desarrollo exponencial en el periodo 2016-2020, basado en la ya citada Estrategia

---

25 *Trans European Network-Transport (TEN-T)* es una política de la Comisión Europea para la implementación y desarrollo de carreteras, líneas de ferrocarril, canales, rutas marítimas, puertos, aeropuertos y terminales ferroviarias, consistente en dos capas: la red global, que cubre toda Europa, y el núcleo, que une los nodos principales de la red global.

Global para la Política Exterior y de Seguridad y, muy especialmente, en su Plan de Implementación en Seguridad y Defensa[26]. Baste citar para acreditar esos avances algunas de las iniciativas puestas en marcha en esa etapa:

- La ya citada PESCO, denominada la "Bella Durmiente" del Tratado de Lisboa. Con ella, los Estados miembro participantes asumen 20 compromisos concretos en cinco áreas[27], y han lanzado 60 proyectos concretos.
- Revisión Anual Coordinada de la Defensa (CARD), con la que se obtiene una "foto fija" del panorama de las capacidades, y se identifican oportunidades de cooperación en capacidades y operativa entre Estados miembro.
- Plan de Acción Europeo de la Defensa (EDAP), por el que la Comisión buscaba incentivar, por primera vez con fondos comunitarios, los programas cooperativos de I+D y de desarrollo de nuevas capacidades de Defensa.
- Capacidad Militar de Planeamiento y Conducción (MPCC), como cuartel general permanente de nivel estratégico, responsable inicialmente de las misiones no ejecutivas[28] de adiestramiento de la UE en África.
- Fondo Europeo de Apoyo a la Paz (EPF), para financiar los gastos comunes de las operaciones, las "medidas de asistencia" militares en beneficio de los socios, y las misiones de paz de otras organizaciones regionales.

En contraste, la OTAN se hallaba en ese periodo en una relativa crisis, acrecentada durante la presidencia de Donald Trump por sus continuas críticas a la Alianza, en las que ponía en duda su compro-

---

26 *Implementation Plan on Security and Defence*, 14 de noviembre de 2016 [en línea] www.consilium.europa.eu/media/22460/eugs-implementation-plan-st14392en16.pdf [Consulta: 14/03/2023].

27 En materia de inversiones, armonización de aparatos de Defensa, compromisos operativos, solventar carencias del Plan de Desarrollo de Capacidades, y participación en proyectos de la Agencia Europea de Defensa.

28 Tradicionalmente, la UE diferencia su PCSD militar entre operaciones ejecutivas, en las que está autorizado el uso de la fuerza para hacer cumplir el mandato, y misiones no-ejecutivas, en las que el uso de la fuerza sólo puede ser en autodefensa.

miso con la defensa colectiva del art. V del Tratado de Washington, y exigía una mayor inversión en Defensa de los aliados europeos. A su vez, eso llevó al presidente francés Macron a afirmar que la OTAN se hallaba "en muerte cerebral", por lo que Europa debía acelerar la obtención de una verdadera autonomía estratégica[29].

Por lo tanto, a principios de la presente década, a la vez que proseguía la implementación más o menos afortunada de las 74 acciones conjuntas en el marco de la cooperación formal entre ambas organizaciones, el balance de fuerzas estaba claramente descompensado en favor de la UE, a lo que contribuyó igualmente la desastrosa retirada de Afganistán en verano de 2021, país en el que se habían centrado los esfuerzos de la OTAN durante años.

Además, aunque tras la anexión de Crimea en 2014 la Alianza había reforzado su flanco oriental, en esa época no se percibía una amenaza real por parte de Rusia más allá de la consabida guerra híbrida, salvo en el caso de los aliados más orientales (Polonia y los Bálticos) que insistían en el enfrentamiento, a la vez que limitaban internamente el desarrollo de la PCSD, por miedo a socavar a la OTAN y a molestar al garante último de su seguridad, Washington.

Con la llegada de Biden a la Casa Blanca en 2021, con una posición más favorable hacia el vínculo trasatlántico, algunos analistas proponían el establecer un acuerdo sobre el papel a jugar por la UE y la OTAN, basado en una división práctica de responsabilidades. El objetivo sería el asegurarse que todo es hecho por la organización que lo hace mejor, nada se hace dos veces, y nada se queda sin hacer, algo poco probable en ese momento a pesar de todas las promesas, compromisos vinculantes y declaraciones conjuntas[30].

Comenzando ese reparto de tareas por la defensa colectiva, los europeos están atrapados en un círculo vicioso: como se sienten débiles y dependientes de Estados Unidos, evitan toda iniciativa que pueda enojar a Washington; en consecuencia, perpetúan esa situación de

---

29 Ver una dura crítica a esa posición de Macron en ARTEAGA, F. "El presidente Macron y la "muerte cerebral" de la OTAN", *Real Instituto Elcano*, 11 de noviembre de 2019 [en línea] https://www.realinstitutoelcano.org/comentarios/el-presidente-macron-y-la-muerte-cerebral-de-la-otan/ [Consulta: 14/03/2023].

30 BISCOP, S., "EU and NATO Strategy: A Compass, a Concept, and a Concordat", *EGMONT Security Policy Brief*, 141, marzo de 2019.

debilidad y dependencia. Por su parte, Washington tiende a reforzar esa situación, ya que a la vez que exhortan a los europeos a contribuir más, reaccionan con virulencia ante cualquier iniciativa que pueda amenazar su liderazgo o sus exportaciones de armas[31].

Lo cierto es que, a pesar de la cláusula de asistencia mutua del artículo 42.7 del Tratado de Lisboa[32], la UE ni ha aspirado nunca ni aspira a ser capaz, por sí sola, de hacer frente a una invasión convencional a gran escala, y mucho menos a una posible escalada nuclear. Para ambas cuestiones necesitaría de Estados Unidos, como se acredita en el propio art. 42.7 cuando afirma que:

"Los compromisos y la cooperación en este ámbito seguirán ajustándose a los compromisos adquiridos en el marco de la OTAN, que seguirá siendo, para los Estados miembros que forman parte de esta, el fundamento de su defensa colectiva y el organismo de ejecución de ésta".

Sin embargo, cabe destacar que la Unión sí que puede jugar un papel principal en la construcción de la resiliencia frente a amenazas no-convencionales, utilizando múltiples herramientas de las que la OTAN, por ejemplo, no dispone. Una de las tres prioridades estratégicas establecidas en el citado Plan de Implementación en Seguridad y Defensa es la de "Proteger a la Unión y sus ciudadanos", mediante acciones de la PCSD fuera de nuestras fronteras como:

- Refuerzo de la protección y resiliencia de las infraestructuras críticas.
- Refuerzo de las fronteras exteriores de la Unión y de la capacidad de los socios de proteger las suyas propias.

---

31 Algo magistralmente descrito por Gnessoto: "*Los americanos tienen dos visiones: o bien los europeos son considerados irrelevantes porque carecen de cualquier capacidad militar seria, o vistos como potencialmente peligrosos una vez que están políticamente organizados o son excesivamente ambiciosos. En un caso, son vistos como inútiles, una carga, o un condicionante; en el otro, como un competidor, una amenaza, o un traidor*". GNESSOTO, N., "EU, US: visions of the world, visions of the other", en LINDSTROM, G. (ed), *Shift or Rift. Assessing US-EU relations after Iraq*, EUISS, París, 2003, 27.

32 Art. 42.7: "*Si un Estado miembro es objeto de una agresión armada en su territorio, los demás Estados miembros le deberán ayuda y asistencia con todos los medios a su alcance, de conformidad con el artículo 51 de la Carta de las Naciones Unidas*".

- Asegurar el libre acceso y uso de los espacios globales comunes, incluidos la altamar y el espacio exterior.
- Hacer frente a las amenazas híbridas y a las ciberamenazas.
- Prevención y lucha contra el terrorismo y la radicalización.
- Combatir el contrabando y el tráfico de personas.

Las otras dos prioridades estratégicas de la UE son el responder a los conflictos y crisis externas, y la construcción de las capacidades de los socios, que coinciden con dos tareas fundamentales de la OTAN (gestión de crisis y asociaciones), pero en las que la Unión tiene una mayor variedad de herramientas, para ser utilizadas en el marco de un enfoque integrado[33]. Eso es especialmente necesario en el vecindario sur (Sahel y África Subsahariana), escenario preferente de actuación de la PCSD, por ser donde se originan muchas de las amenazas a nuestra propia seguridad: terrorismo, crimen organizado, radicalismo, tráficos ilícitos, etc.

Sin embargo, y como anticipábamos en la Introducción, la invasión rusa de Ucrania, que dio comienzo el 24 de febrero de 2022, ha supuesto un punto de inflexión para la seguridad europea, y en consecuencia para la cooperación entre la UE y la OTAN que ha evolucionado en dos sentidos: una mayor coordinación en la acciones de apoyo a Ucrania, como consecuencia de la determinación del llamado "Occidente colectivo" por ayudar a Kiev; y un cambio en el balance relativo de fuerzas, en esta ocasión claramente a favor de la OTAN.

Esa mayor coordinación se ha puesto de manifiesto en los documentos doctrinales aprobados en los meses posteriores al ataque ruso: en el caso de la UE, en marzo de 2022 se aprobó la "Brújula Estratégica"[34], mientras que, en el caso de la OTAN, en junio se aprobó el nuevo Concepto Estratégico de Madrid[35].

---

33 *Council Conclusions on Integrated Approach to External Conflicts and Crises*, 22 de enero de 2018 [en línea] https://data.consilium.europa.eu/doc/document/ST-5413-2018-INIT/en/pdf [Consulta: 15/03/2023].

34 *A Strategic Compass for Security and Defence*, marzo de 2022 [en línea] www.eeas.europa.eu/sites/default/files/documents/strategic_compass_en3_web.pdf. [Consulta: 16/03/2023].

35 *NATO's Strategic Concept*, 29 de junio de 2022 [en línea] www.nato.int/strategic-concept [Consulta: 16/03/2023].

En la Brújula Estratégica hay hasta 30 menciones a la OTAN, solo diez de ellas en el epígrafe más lógico, el de “Asociaciones”. Eso demuestra que esa relación permea otros muchos ámbitos de la PCSD, partiendo de los principios inmutables recogidos ya en la Introducción del documento: “Una UE más fuerte y eficaz en el campo de la seguridad y la defensa contribuirá positivamente a la seguridad trasatlántica y global y es complementaria a la OTAN, que sigue siendo el fundamento de la defensa colectiva de sus miembros”.

Si consideramos que, tras el ataque ruso a Ucrania, el foco de Europa se ha puesto precisamente en la defensa colectiva, es fácil concluir que la OTAN ha salido reforzada, con los europeos dedicados casi en exclusiva a potenciar el despliegue aliado en el flanco Este, en detrimento de las misiones y operaciones de gestión de crisis de la PCSD de la UE en otras zonas como el vecindario Sur.

De hecho, los Estados miembro del antiguo bloque comunista siempre habían abogado por ese enfoque, y la invasión de Rusia, en cierto modo una profecía auto-cumplida, no ha hecho sino reafirmarlos en sus posiciones, echando en cara a la “vieja Europa” que no escuchase sus advertencias. Eso está en línea con el citado nuevo Concepto Estratégico de la OTAN, en el que las menciones a la UE son escasas y concentradas en el epígrafe de la seguridad cooperativa.

Por su parte, la principal respuesta de la UE en el ámbito de la PCSD ha sido la asignación masiva de fondos del citado EPF a medidas de asistencia a Ucrania, en su mayoría para proporcionarle material letal, en lo que supone un cambio de paradigma histórico. Se trata de un instrumento extra-presupuestario (contribuyen los Estados miembro en función de su PIB), que se dotó de 5.500 M€ para el periodo 2021-2027. Con su primer pilar, de entidad menor, se financian los gastos comunes de las misiones y operaciones, mientras que con el segundo se financian medidas de asistencia en beneficio de los socios.

Si bien el EPF estaba inicialmente concebido para apoyar a Estados débiles del vecindario Sur, su flexibilidad ha hecho que se emplee para proporcionar 3.500M€ en ayuda militar a Ucrania (un 65% del total previsto hasta 2027). Eso puso en peligro su sostenibilidad y, sobre todo, redujo las cantidades disponibles para otras actividades. En diciembre de 2022, el Consejo Europeo decidió aumentar el EPF en 2.000 millones adicionales, planteando otro aumento de 3.500 millones a debatir en 2024. Pero la evolución de la situación ha llevado a dedicar los 2.000M€ de aumento a la compra de munición para Ucrania, así como a adelantar la nueva ampliación. Lo previsible es que, de no cesar los combates, las necesidades ucranianas sigan consumiendo el EPF sin límite.

En un plano más positivo, la UE ha sabido asumir con eficacia y rapidez el liderazgo en el adiestramiento de los militares ucranianos. Eso se ha conseguido mediante una misión no-ejecutiva de asistencia militar, EUMAM Ucrania, con la que a finales de 2023 se habrá formado a unos 30.000 efectivos en territorio de la propia UE, conforme a unos módulos de adiestramiento adaptados a las necesidades expresadas por las autoridades militares ucranianas.

¿Ahora qué? Conclusiones y perspectivas

El 10 de enero de 2023 se aprobó una tercera Declaración Conjunta UE-OTAN[36], anunciada inicialmente por la presidenta de la Comisión como un objetivo a alcanzar a finales de 2021. No ha existido una justificación oficial de ese retraso, aunque se apunta al sempiterno enfrentamiento Turquía-Chipre, las diferencias sobre el modo de reflejar el papel de la UE en seguridad y defensa (vinculadas al concepto de autonomía estratégica), o la visión sobre China[37].

La Declaración es principalmente simbólica, con pocos objetivos concretos o acciones derivadas, y se centra en: las amenazas comunes (con un papel principal de Rusia); las áreas tradicionales de cooperación y algunas posibles novedades[38]; la citada mención a China, sin duda impulsada por Estados Unidos, en unos términos más negativos

---

36 *Joint Declaration on EU-NATO cooperation by the President of the European Council, the President of the European Commission, and the Secretary General of the North Atlantic Treaty Organization,* 10 de enero de 2023.

37 *The third joint EU-NATO declaration,* 10 de enero de 2023.

38 Competición geoestratégica, resiliencia, protección de infraestructuras críticas, tecnologías emergentes y disruptivas, espacio, implicaciones del cambio climático en la seguridad, y manipulación de la información e interferencias externas.

que las de la Brújula Estratégica; y la contribución de la UE en seguridad y defensa, complementaria a la OTAN.

Este último punto es el más relacionado con nuestro objeto de estudio, y los mensajes incluidos son los habituales: la OTAN es el fundamento de la defensa colectiva; una Europa más fuerte y capaz en el ámbito de la defensa contribuye a la seguridad trasatlántica y es complementaria a la OTAN e interoperable con ella; la OTAN y la UE juegan papeles complementarios, coherentes y mutuamente reforzantes; y se movilizarán todas las herramientas disponibles, políticas, económicas o militares, para alcanzar los objetivos comunes.

Sin embargo, y poniendo la Declaración en el contexto de la reacción de Occidente ante la guerra de Ucrania, de ese planteamiento se infiere que corresponde a la OTAN el principal papel en el actual entorno de seguridad, mientras que a la UE le corresponde un papel subsidiario de apoyo en esa tarea de defensa colectiva, la única que se nombra obviando cuestiones como la gestión de crisis o la construcción de las capacidades de los socios.

Esa misma tendencia se verifica en algunas de las misiones de adiestramiento de la UE en África, que han pasado a justificarse por la necesidad de evitar la maligna influencia de Rusia en regiones como el Sahel, obviando que se lanzaron para hacer frente a los ya mencionados riesgos y amenazas para la seguridad de Europa presentes en el vecindario Sur. Es más, podría debatirse si esas amenazas son en realidad más tangibles que la de un posible ataque convencional ruso a un país de la OTAN y de la UE, ahora que se ha comprobado que Rusia no es capaz tan siquiera de doblegar la voluntad de lucha de Ucrania.

El hecho es que los países orientales de la UE, que como hemos mencionado siempre han limitado el desarrollo de la PCSD por miedo a incomodar a Estados Unidos, a día de hoy están imponiendo su posición, exclusivamente focalizada en la defensa colectiva frente a Rusia, a la vez que imponen un papel secundario a la propia Unión en beneficio de la OTAN, buscando por ejemplo el canalizar el aumento de los presupuestos de defensa y las nuevas iniciativas de adquisición de capacidades a la compra de soluciones "off-the-shelf" a

Estados Unidos, en lugar de reforzar la base industrial y tecnológica de la defensa europea[39].

En resumen, la autonomía estratégica de la UE, de la que se ha dejado de hablar en estos últimos meses, parece ser una víctima más del cruel conflicto que se desarrolla en Ucrania, con preocupantes consecuencias para Europa.

---

39 Al respecto, compartimos plenamente el análisis de: BERGMANN, M. y BESCH, S., "Why European Defense Still Depends on America", *Foreign Affairs*, 7 de marzo de 2023 [en línea] www.foreignaffairs.com/ukraine/why-european-defense-still-depends-america [Consulta: 19/03/2023].

La guerra de Ucrania: un antes y un después para la UE y la OTAN

Beatriz Cózar Murillo

Introducción

La invasión rusa de Ucrania ha actuado como catalizador para la Política Común de Seguridad y Defensa (PCSD) de la Unión Europea (UE). El conflicto está marcando un antes y un después tanto para la UE como para los Estados que la conforman. Sin embargo, la celeridad y contundencia con la que se han tomado medidas no podría entenderse sin atender a las bases sentadas en los años anteriores. Una serie de iniciativas y herramientas encaminadas a lograr la ansiada "Autonomía Estratégica" que ahora deben reconfigurarse para dotar de coherencia al sistema y a la acción de los 27 Estados miembros. Lo anterior, combinado con una OTAN que se ampliará con la adhesión de Finlandia y Suecia y reforzará tanto sus capacidades militares como su política de disuasión, sentarán las bases para una nueva arquitectura de seguridad en Europa.

La guerra de Ucrania ha supuesto un antes y un después para la UE. Aunque su importancia solo se entenderá con el paso del tiempo, en un año ya se ha avanzado más en algunos de los aspectos más problemáticos de la integración que en las décadas anteriores. Dado el funcionamiento de los 27, una vez la paz vuelva al continente regresarán algunas de las tradicionales diferencias entre los socios. A efectos de la construcción europea, muchos de los pasos dados difícilmente se desandarán porque se han sentado demasiados precedentes. Los aumentos presupuestarios, la concienciación de las élites sobre el funcionamiento real del sistema internacional, basado en el poder y tan extraño al *wishful thinking* predominante en la "burbuja" bruselense, o la búsqueda de alternativas a los hidrocarburos rusos son algunos de los aspectos en los que la guerra ha obligado a la UE a avanzar, acercándola hacia una verdadera autonomía estratégica.

Las sanciones: una herramienta limitada

Cuando se ha superado el primer año de guerra en Ucrania, la UE ha logrado aprobar hasta diez paquetes de sanciones que afectan a temas tan variados como la prohibición y limitación de exportaciones e importaciones[1]; el transporte por mar y carretera o la suspensión de las licencias de actividad de aquellos medios que forman parte de la "maquinaria de desinformación" del Kremlin.

Sumadas a las aprobadas tras la anexión ilegal de Crimea en 2014, han sido incluidas hasta hoy en las listas de sancionados 1.473 personas y 205 entidades, incluyendo personalidades que van desde el presidente ruso, Vladímir Putin, al fundador del grupo Wagner, Yevgeny Prigozhin, así como empresarios y propagandistas afectos al Kremlin. También los responsables y participantes en las atrocidades de Bucha y Mariúpol, en las deportaciones y adopciones forzadas de menores ucranianos o en la fabricación y suministro de drones. Del lado de las entidades, entre las instituciones afectadas se incluyen el Banco Central de Rusia y numerosas empresas del sector de la defensa. Pese a todo, aun no se ha logrado imponer sanciones contra la industria nuclear rusa y su principal operador, Rosatom. Además, lejos de limitarse a Rusia, estas sanciones se han extendido a entidades y particulares de Irán y Bielorrusia, por su apoyo al Kremlin de cara a la invasión en el primer caso y con el suministro y fabricación de drones suicidas en el segundo.

Al esfuerzo de los 27 por aprobar los sucesivos paquetes de sanciones se han sumado algunos importantes socios, como Japón, Corea del Sur, Australia o Suiza, los integrantes del Espacio Económico Europeo o los candidatos a la UE salvo Serbia, que se ha mostrado renuente por motivos obvios. Es lógico que se haya logrado implicar a tantos Estados, toda vez que parte de las sanciones han sido coordinadas al más alto nivel, aprovechando foros como el G7, como ocurriera con la imposición de un límite al precio del petróleo ruso.

---

1 Consejo de la Unión Europea, "Cronología - Medidas restrictivas de la UE contra Rusia por sus actos en Ucrania", 14 de abril de 2023 [en línea] www.consilium.europa.eu/es/policies/sanctions/restrictive-measures-against-russia-over-ukraine/sanctions-against-russia-explained [Consulta: 15/03/2023].

Más difícil ha sido la implementación, pues son muchas las lagunas que están permitiendo a Rusia evadirse de algunos de sus efectos. Ello demuestra las limitaciones de esta herramienta que, del mismo modo que no disuadió a Rusia de lanzar el ataque, tampoco servirá para que dé marcha atrás. Sin embargo, estas sanciones imponen unos costes que Rusia intenta mitigar recurriendo al mercado gris para dotarse de componentes tecnológicos o a terceros, cuando se trata de dar salida a sus hidrocarburos. No es, pues, de extrañar que el Consejo adoptase una decisión encaminada a añadir la violación de medidas restrictivas a la lista de "eurodelitos" que figuran en el Tratado de Funcionamiento de la UE[2].

La ayuda militar

Además de los dos beligerantes, en Ucrania también se libra una guerra por delegación[3] en la que la UE está jugando un papel crucial aunque carezca de todas las herramientas propias de los Estados. Es hasta cierto punto lógico que se hayan superado algunos de los remilgos tradicionales de los 27, dado que esta guerra marcará los límites del área de influencia europea al este del continente[4] y también la forma en que otros actores percibirán a la UE en el futuro.

De entre todas las medidas, la de mayor calado fue anunciada por el Alto Representante y vicepresidente de la Comisión Europea, Josep Borrell, el 28 de febrero de 2022: la compra y envío conjunto de armamento y equipamiento militar para suministrárselo a Ucrania. Se pretendía ofrecer a Kiev los medios necesarios para defender la integridad territorial y soberanía del país, pero también para prote-

---

2 Consejo de la UE, "Sanciones: el Consejo añade la vulneración de las medidas restrictivas a la lista de eurodelitos", 28 de noviembre de 2022 [en línea] www.consilium.europa.eu/es/press/press-releases/2022/11/28/sanctions-council-adds-the-violation-of-restrictive-measures-to-the-list-of-eu-crimes [Consulta: 15/03/2023].

3 VALES, R., "Ucrania, una guerra proxy", en CÓZAR, B. y COLOM, G. (eds.), *La guerra de Ucrania II: De la conquista de Lugansk a la contraofensiva ucraniana,* Catarata-Ejércitos, 2023, págs. 164-180.

4 BISCOP, S., "From Buffer to Frontier: Ukraine and the EU", *Egmont Institute,* 16 de febrero de 2023 [en línea] www.egmontinstitute.be/from-buffer-to-frontier-ukraine-and-the-eu [Consulta: 15/03/2023].

ger a la población civil; un giro en la forma de que implica dejar atrás uno de los tabúes que tradicionalmente han envuelto a la política exterior europea[5].

El instrumento elegido para articular esta decisión fue el Fondo Europeo de Apoyo a la Paz (EPF). Hasta la fecha, los Estados miembros han aprobado seis tramos de ayuda a través del EPF, cada uno de ellos por un importe de 500M€. En total, Ucrania recibirá ayuda militar por valor de 3.000 millones. Además, las dos decisiones más recientes del Consejo, adoptadas el 17 de octubre de 2022, permiten que la financiación se utilice también para mantener y reparar equipos militares ya entregados. Conviene igualmente precisar que la ayuda a través del fondo se diferencia entre equipo y plataformas letales (por un importe de 2.820M€) y apoyo no letal (con un coste de 180M€). Este último punto es importante pues, cuando se decidió emplear el fondo para suministrar armamento letal, Irlanda, Austria y Malta utilizaron la abstención constructiva por su tradicional política de neutralidad[6]. Por tanto, estos países contribuyen únicamente al apoyo no letal enviando suministros médicos, combustibles, cascos y chalecos. De hecho, estos tres países han aportado al fondo 100M€ en ayuda no letal, por lo que la asistencia militar a Ucrania asciende a 3.100M€[7].

Tampoco debe obviarse que esta y otras medidas están siendo posibles gracias al giro que están dando las políticas exteriores de algunos Estados miembros, especialmente Alemania. Berlín ha debido cambiar desde su política energética, dependiente de Rusia hasta el comienzo de la guerra, hasta sus prioridades presupuestarias, anunciando un fondo extraordinario de 100.000M€ para recuperar capa-

---

5 Servicio Europeo de Acción Exterior, *Further measures to respond to the Russian invasion of Ukraine: Press statement by High Representative/Vice-President Josep Borrell,* 27 de febrero de 2022 [en línea] https://www.eeas.europa.eu/eeas/further-measures-respond-russian-invasion-ukraine-press-statement-high-representativevice_en [Consulta: 15/03/2023].

6 KILLEN, M., "Irish PM: Non-lethal aid to Ukraine not against military neutrality", *Euroactiv,* 1 de marzo de 2022 [en línea] https://www.euractiv.com/section/politics/short_news/irish-pm-non-lethal-aid-to-ukraine-not-against-military-neutrality [Consulta: 15/03/2023.]

7 BILQUIN, B., *European Peace Facility: Ukraine and beyond,* European Parliamentary Research Service, Bruselas, 2022.

cidades militares y futuros aumentos en la inversión en dicha materia hasta cumplir con el objetivo de destinar el 2% del Producto Interior Bruto (PIB) a defensa.

En el lado del debe, la opacidad ha sido máxima. De hecho, se desconoce qué se está financiando a través del EPF, trascendiendo únicamente que Bruselas está coordinando la adquisición conjunta de armamento y material en base a las peticiones del gobierno ucraniano y en coordinación con la OTAN. La falta de transparencia llega a tal punto que no se informa sobre la cantidad que cada Estado miembro aporta al Fondo. Si bien se entiende que algunos datos permanezcan alejados del escrutinio público, como las rutas de los envíos, otras deberían ser públicas, especialmente si se trata de adquisiciones a empresas o intermediarios del sector de la defensa, de forma que trascienda qué compañías o personas se están beneficiando. En relación con esto, no debe perderse de vista que la UE está comprometida con la creación de un Mercado Común de la Defensa (un tema sensible) y que el Fondo no puede utilizarse para beneficiar a las industrias de uno o varios Estados sobre el resto, algo que no podemos descartar dadas las cifras que se manejan.

Llegados a este punto, es imprescindible explicar, siquiera brevemente, el funcionamiento en la práctica de este mecanismo. El EPF solo proporciona la financiación a los Estados miembros, los cuales serán en última instancia quienes organicen los envíos de armamento a Ucrania. Es así dado que la Unión no tiene competencia en el marco del fondo para adquirir bienes de defensa por su cuenta ni tampoco para entregarlos a Ucrania, lo que hace que en realidad EPF funcione a modo de mecanismo de reembolso a los Estados miembros en compensación por el material entregado a Ucrania.

Dicho esto, los Estados miembros realizan contribuciones al EPF de acuerdo con su Renta Nacional Bruta (RNI), lo que no implica que la ayuda aportada sea siempre proporcional a este último indicador. De hecho, persiste un problema que las instituciones europeas no han sabido o querido aclarar: ¿cómo se determina el valor del armamento donado a Ucrania por los Estados miembros? Dicho esto, y siguiendo con el funcionamiento del EPF, en el Estado Mayor de la Unión Europea (EUMS) se ha establecido un centro de intercambio de información (*clearing house*) para coordinar la oferta y la demanda con base en las solicitudes de Ucrania en comunicación con los

Estados miembros y socios. Estos últimos reciben una "lista de prioridades" redactada por Kiev sobre la que realizan sus envíos de ayuda militar, reclamando posteriormente su reembolso al Fondo[8], total o parcial. Sin embargo, cada solicitud de reembolso se evaluará y aprobará de manera individual y, en cualquier caso, atendiendo siempre a las prioridades fijadas con anterioridad.

Por otra parte, los Estados no tienen la obligación de solicitar el reembolso, aunque lo usual es hacerlo. Desde *Kiel Institute* se señala, precisamente, que no se sabe "...qué países recibieron fondos del EPF, para qué tipo y número de armas de sustitución se produjo [refiriéndose a los intercambios circulares de armamento[9]], ni cuándo se realizan los reembolsos financieros a través del EPF"[10]. Esto supone, como señalan sus analistas, que a la hora de realizar un cómputo total de la ayuda prestada no se incluyan las contribuciones al EPF en tanto esto podría dar lugar a un sesgo o a una doble contabilización.

Dada la situación de emergencia en Ucrania y en virtud de las Decisiones 338/2022 y 339/2022 del Consejo[11], los ministerios de los Estados miembros —que son, en última instancia, quienes ejecutan las medidas— tienen permitido entregar rápidamente los equipos a Ucrania sin tener que someterse al procedimiento estándar de licitación y adquisición establecido por el EPF[12]. Rescatando las palabras de Gustav Gressel (2022)[13] la articulación práctica del EPF

---

8 ANTEZZA, A. et al., *The Ukraine Support Tracker: Which Countries Help Ukraine and How?*, Kiehl Institute for the World Economy, Kiehl, 2022, pág. 15.

9 Varios, *op. cit.*

10 ANTEZZA, et al., *op. cit.*, pág. 11.

11 Decisión (PESC) del Consejo de 28 de febrero relativa a una medida de asistencia en el marco del Fondo Europeo de Apoyo a la Paz para el suministro a las Fuerzas Armadas ucranianas de equipos y plataformas militares diseñados para producir efectos letales, DO L 60, 28.02.2022, pág. 1-4.; Decisión (PESC) del Consejo de 28 de febrero de 2022 sobre una medida de asistencia con cargo al Fondo Europeo de Apoyo a la Paz para apoyar a las Fuerzas Armadas ucranianas, DO L 61 1 de 28.2.2022, pág. 1-4.

12 BILQUIN, B., "Russia's war on Ukraine: The EU's financing of military assistance to Ukraine", *European Parliamentary Research Service*, 11 de marzo de 2022 [en línea], https://epthinktank.eu/2022/03/11/russias-war-on-ukraine-the-eus-financing-of-military-assistance-to-ukraine [Consulta: 15/03/2023].

13 GRESSEL, G., "In Europe's defence: Why the EU needs a security compact with Ukraine", *European Council on Foreign Relations*, 30 de septiembre de 2022 [en

es "...peor aún para la reputación de la UE como actor que lidera el esfuerzo para apoyar a Ucrania, pero no hay información pública disponible sobre qué sistemas de armas fueron financiados por el EPF". Es así en tanto los 5.600 millones asignados en el EPF hasta 2027 no están sujetos a la supervisión parlamentaria. Como pone de manifiesto el mismo autor, "...las entregas de sistemas nuevos y costosos por parte de los grandes estados de Europa occidental a Ucrania probablemente estén financiadas o cofinanciadas por el EPF, pero solo los estados miembros obtienen el crédito por ello". En resumidas cuentas, y aunque se entiende que hablamos de un instrumento nuevo y empleado además en una situación excepcional, no debemos olvidarnos de la necesaria rendición de cuentas o de la de proponer medidas que mejoren la implementación del mecanismo.

La ayuda material no ha sido la única proporcionada por los Estados miembros, pues también se ha venido ofreciendo entrenamiento a las tropas ucranianas. La UE ha lanzado la Misión de Asistencia Militar a Ucrania (*EUMAM Ukraine*) que no debe confundirse con su Misión civil de Asesoramiento (*EUAM Ukraine*), en funcionamiento desde 2014. Lo anterior supone que por primera vez la UE desplegará una misión en su propio territorio, en tanto los 30.000 militares ucranianos serán entrenados en suelo de los Estados miembros en 2023. *EUMAM Ukraine* dispondrá de dos centros de formación, sitos en Polonia y Alemania, manteniéndose el cuartel general dentro de la Capacidad de Planificación y Ejecución (MPCC) en Bruselas. Respecto a su financiación, correrá a cargo del EPF y contará con una vigencia de 24 meses, calculándose los costes comunes de la misión en 106,7M€[14]. Además de lo anterior, *EUMAM Ukraine* estará abierta a la participación de terceros países, habiendo decidido Noruega

línea] https://ecfr.eu/publication/in-europes-defense-why-the-eu-needs-a-security-compact-with-ukraine [Consulta: 15/03/2023].

14 Consejo de la Unión Europea, *Ukraine: EU sets up a military assistance mission to further support the Ukrainian Armed Forces*, 17 de octubre de 2022 [en línea] www.consilium.europa.eu/en/press/press-releases/2022/10/17/ukraine-eu-sets-up-a-military-assistance-mission-to-further-support-the-ukrainian-armed-forces [Consulta: 15/03/2023].

contribuir con 150 millones de coronas al EPF, en lo que constituye un auténtico hito[15].

Antes de pasar a otras cuestiones, es importante poner en valor otros esfuerzos que los Estados miembros han asumido y que a menudo pasan desapercibidos, seguramente eclipsados por la ayuda militar; más vistosa a la par que polémica. En primer lugar, dada la cercanía entre la Unión Europea y Rusia, la disposición a asumir una hipotética escalada; efectivamente, cualquier escalada horizontal (aumento del número de estados implicados directamente en el conflicto) o vertical (empleo de armamento más contundente como el nuclear) tendría un impacto directo sobre los Estados miembros, no así sobre los Estados Unidos. En segundo lugar, el esfuerzo realizado por acoger la gran masa de desplazados por el conflicto, algo que podría repetirse si la guerra se recrudece y que tampoco afecta a nuestros socios del otro lado del Atlántico. En tercer lugar, el alza de los precios de la energía, asumido especialmente por unos europeos que eran mucho más dependientes de los hidrocarburos rusos y cuyos ciudadanos han debido soportar una carestía en los precios a la que la población de América del Norte es ajena. En resumidas cuentas, y aunque sin duda Estados Unidos es el país que más ha aportado en términos militares, además con un componente tecnológico clave para las posibilidades ucranianas del que la UE carecía en muchos casos, han sido los europeos quienes más han arriesgado en su ayuda a Ucrania.

Repercusión en la PCSD

Tan solo cinco días después de que comenzase la invasión, el 1 de marzo de 2022 el presidente del Consejo Europeo, Charles Michel, afirmaba "La Europa de la Defensa ha nacido este fin de semana" y "Hoy asistimos a un surgimiento de una unidad sin fisuras"[16]. Había

---

15 Gobierno de Noruega, *Norway supports the EU Military Assistance Mission for Ukraine with approximately NOK 150 million*, 25 de noviembre de 2022 [en línea] www.regjeringen.no/en/aktuelt/eumam/id2948545 [Consulta: 15/03/2023].

16 MICHEL, C. [@eucopresident], "*The Europe of Defence was born this weekend. Today we witness a surge of unity that is unfailing. Confronted with the essential, we chose to be*

sido él mismo quien había calificado con anterioridad al 2022 como el "Año de la Defensa Europea" debido a los hitos que estaban previsto en el ámbito de Defensa, entre otros, la adopción de la Brújula Estratégica, la publicación de los segundos resultados de la Revisión Anual Coordinada de la Defensa (CARD) o la Cumbre de la OTAN en Madrid en la que se aprobaría el nuevo Concepto Estratégico[17].

Aunque tomemos esta afirmación con entusiasmo a la par de con precaución, no hay que perder de vista que en especialmente en esta Política todos los desarrollos dependen de la voluntad política del momento y del rumbo que los Estados miembros quieran poner.

Por tanto, en este último año sí hemos podido entrever los primeros cambios en la postura de la UE y el paso a dejar de ser un "gusano militar"[18] para convertirse en algo más. Quizá estemos entrando en el momento en el que la UE decida finalmente qué quiere ser de mayor.

Prueba de ello fue la adopción de la Brújula Estratégica[19], la primera verdadera estrategia en el marco de la PCSD y que marca el rumbo para el refuerzo de la política de seguridad y de defensa hasta 2030. No obstante, su adopción estaba prevista con carácter previo al inicio de la guerra en Ucrania y no se permitió que el nuevo escenario supusiera un retraso en el proceso. Un hecho que es susceptible de debate pues quizá una acción prudente hubiese sido apostar por

---

solid. @franceinfo", 1 de marzo de 2022 [Twitter] https://twitter.com/eucopresident/status/1498580501191434243 [Consulta: 15/03/2023].

17 CÓZAR, B., "La Defensa europea en 2022: ¿qué esperar cuando estás esperando?", *Ejércitos*, 12 de enero de 2022 [en línea] https://www.revistaejercitos.com/2022/01/12/la-defensa-europea-en-2022-que-esperar-cuando-estas-esperando [Consulta: 15/03/2023].

18 PULIDO, G., "Las miserias de la defensa europea. Una crítica fundamentada a las ensoñaciones estratégicas europeas", *Ejércitos*, 14 de febrero de 2020 [en línea] https://www.revistaejercitos.com/2020/02/14/las-miserias-de-la-defensa-europea [Consulta: 15/03/2023.]

19 Consejo de la UE, *Una Brújula Estratégica para la Seguridad y la Defensa - Por una Unión Europea que proteja a sus ciudadanos, defienda sus valores e intereses y contribuya a la paz y la seguridad internacionales*, 21 de marzo de 2022 [en línea], https://data.consilium.europa.eu/doc/document/ST-7371-2022-INIT/es/pdf [Consulta: 15/03/2023].

un retraso controlado, aunque ello a su vez podría haber implicado no lograr la endiablada unanimidad[20].

Sin perjuicio de lo anterior, el contenido de la Brújula en determinados aspectos sí sufrió un refuerzo en sí mismo respecto del documento presentado en noviembre de 2021 como consecuencia de la guerra en Ucrania. Por ejemplo, además de introducir párrafos adicionales sobre la agresión, se han insertado más referencias al artículo 42.7 del Tratado de la UE, que prevé la cláusula de asistencia mutua.

Otro de los hitos que sí se alcanzaron como consecuencia del inicio de la invasión de Rusia fue la adopción de la Declaración de Versalles en la cumbre informal del Consejo Europeo de 10 y 11 de marzo de 2022[21]. Su importancia radica precisamente en que los jefes de Estado y de gobierno de los 27 acordaron fortalecer las capacidades de defensa, entre otras cuestiones, asumiendo compromisos concretos:

1. Aumentar el gasto en defensa, dedicando una parte significativa a la inversión para resolver las carencias estratégicas detectadas y desarrollando capacidades de defensa de manera colaborativa dentro de la UE.
2. Estimular las inversiones colaborativas en proyectos conjuntos y la adquisición conjunta de capacidades de defensa.
3. Potenciar la inversión en capacidades necesarias para operar en todo el espectro, incluyendo elementos de apoyo (cibercapacidades o conectividad espacial).
4. Fomentar las sinergias entre la I+D+i civil, militar y espacial, invertir en tecnologías emergentes y apoyar la innovación en la seguridad y la defensa.

---

20 CÓZAR, B., "La Brújula Estratégica de la Unión Europea. La primera verdadera estrategia para la defensa europea", *Ejércitos,* 31 de agosto de 2022, [en línea], https://www.revistaejercitos.com/2022/08/31/la-brujula-estrategica-de-la-union-europea/ [Consulta: 15/03/2023].

21 Consejo de la UE, *Declaración de Versalles,* 11 de marzo de 2022 [en línea] https://www.consilium.europa.eu/es/press/press-releases/2022/03/11/the-versailles-declaration-10-11-03-2022 [Consulta: 15/03/2023].

5. Apoyar el refuerzo y desarrollo de la industria de defensa, incluidas las pymes.

Sin restar importancia a la Declaración y al impacto de la guerra, la asunción de estos compromisos también ha sido posible gracias al camino que había ido allanando la UE gracias a diversas iniciativas de Defensa esencialmente desde 2016. Entre otras, la Revisión Anual Coordinada de la Defensa (CARD), el Fondo Europeo de Defensa (EDF) y la Cooperación Estructurada Permanente (PESCO). De hecho, cuando se lanzó la PESCO en 2017 los Estados miembros participantes asumieron 20 compromisos más vinculantes, entre los que se cuentan el aumento del gasto en defensa y, más especialmente, aquella partida destinada a la inversión.

Si bien es cierto que estas iniciativas no han madurado lo suficiente aún, también lo es que sí se pueden ver algunos frutos. Como consecuencia de la invasión de Rusia a Ucrania, por primera vez se ha activado una capacidad desarrollada bajo el paraguas de la PESCO a petición de Ucrania y gracias a que el proyecto *Cyber Rapid Response Team (CRRT)* liderado por el Ministerio de Defensa de Lituania estaba plenamente operativo[22].

En paralelo, la guerra de Ucrania además ha provocado que Dinamarca abandone su tradicional cláusula *opt-out* en lo que concierne a la PCSD y mediante referéndum se votase a favor de entrar a participar también de esta política europea. No obstante, antes de que se celebrase la votación Dinamarca dicha cláusula no impidió al país contribuir al EPF y enviar armamento letal a Ucrania a título individual.

Junto con los compromisos, hay otro aspecto interesante de la Declaración; aquel en el que se invita a la Comisión a que junto con la Agencia Europea de Defensa (EDA) realizase "un mapa de las brechas de inversión en defensa". Este se presentó el 18 de mayo[23] y

---

22 Agencia Europea de Defensa, *Activation of first capability developed under PESCO points to strength of cooperation in cyber defence*, 24 de febrero de 2022 [en línea] https://eda.europa.eu/news-and-events/news/2022/02/24/-of-first-capability-developed-under-pesco-points-to-strength-of-cooperation-in-cyber-defence [Consulta: 15/03/2023].

23 Comisión Europea, *European Commission calls for joint procurement in defence and strengthening the defence industrial base*, 18 de mayo de 2022 [en línea] https://

como resultado arrojó que los Estados miembros cuentan con una brecha de 160.000M€, cifra coincidente con la cantidad que se hubiese gastado desde 2008 hasta 2022, invirtiendo lo mismo que antes de la crisis del euro.

Se trata de una tendencia que los Estados miembros tienen la voluntad de revertir y, para ello, han puesto sobre la mesa la creación de una plataforma conjunta de adquisiciones que permita superar las brechas de capacidad actuales. Las prioridades urgentes no serían otras que reponer las reservas, reemplazar los sistemas heredados de la época soviética y reforzar los sistemas de defensa aérea y antimisiles. Lo que ya se conoce como EDIRPA permitirá reforzar la industria europea de defensa mediante una regulación común de contratación pública incentivando a los Estados miembros a adquirir productos de defensa de manera conjunta. Si bien EDIRPA se concibe como un instrumento presupuestario a corto plazo dotado con 500M€, además de las inversiones propias de los Estados miembros, su sucesor, el Programa Europeo de Inversiones en Defensa (EDIP) si llegaría para quedarse[24]. Por tanto, la UE contaría con un reglamento en el que se establecen las condiciones para que los Estados miembros realicen adquisiciones conjuntas exentas del impuesto sobre el valor añadido (IVA) y contando con el apoyo financiero de la Unión.

Lo interesante es, además, que la primera ministra de Estonia, Kaja Kallas, propuso emplear una plataforma de adquisiciones conjuntas como se hiciese en el contexto del COVID-19 también para ayudar a Ucrania[25], no solo a ellos mismos, es decir, las capitales europeas. Así, propuso dotar con 4.000M€ al EPF y adquirir proyectiles de 155 mm para satisfacer una de las necesidades más acuciantes de las fuerzas ucranianas.

---

defence-industry-space.ec.europa.eu/european-commission-calls-joint-procurement-defence-and-strengthening-defence-industrial-base-2022-05-18_es [Consulta: 15/03/2023].

24 *Ibid.*

25 *Ejércitos*, "Guerra de Ucrania - Día 351", 9 de marzo de 2023 [en línea] www.revistaejercitos.com/2023/02/09/guerra-de-ucrania-dia-351 [Consulta: 15/03/2023].

En la Cumbre informal de los ministros de Defensa de Estocolmo de 7 y 8 de marzo de 2023[26], el Alto Representante y vicepresidente de la Comisión Europea, Josep Borrell, propuso un enfoque basado en tres ejes:

1. Un nuevo paquete de apoyo a través del Fondo Europeo de Ayuda a la Paz (EPF) por valor de 1.000M€. Estos fondos se destinarán al reembolso de la entrega inmediata de munición de 155 mm (estándar OTAN) o 122 mm (calibre soviético) por parte de los Estados miembros, ya proceda de sus existencias nacionales o bien de la que tengan comprometido adquirir a la industria.
2. Articular una demanda coordinada para que los Estados miembros adquieran munición de 155 mm a través de la EDA. Borrell les ha insistido en la idea de que hay que actuar de manera coordinada para dirigirse a la industria pues la demanda tendrá un doble objetivo: enviar más munición a Ucrania y reponer las existencias nacionales. Para ello, la EDA ya ha elaborado un proyecto con el fin último de reducir los precios unitarios, pero también el plazo de entrega. Al igual que en la propuesta anterior, se prevé que se destinen 1.000M€ para ponerla en marcha también a través del EPF.
3. Aumentar la capacidad industrial no solo para apoyar a Ucrania, sino también para reponer los stocks de nuestros ejércitos. De este modo, los ministros de Defensa están de acuerdo en apoyar un aumento de las capacidades de fabricación en la UE y reducir los tiempos de producción. El Alto Representante ha señalado que si los Estados miembros reciben garantías de que tendrán sus reservas reabastecidas estarán más dispuestos a apoyar a Ucrania.

Si bien el aumento de 2.000 millones para el EPF se aprobó el mismo día 8 de marzo por el Comité de Representantes Permanentes de los Gobiernos de los Estados miembros de la Unión Europea (Coreper II), el acuerdo "concreto y formal" se hizo esperar.

---

26 Servicio Europeo de Acción Exterior, Speeding up our military support to Ukraine, 14 de marzo de 2023 [en línea] https://www.eeas.europa.eu/eeas/speeding-our-military-support-ukraine_en [Consulta: 15/03/2023].

Días después, el 20 de marzo de 2023 el Consejo de Asuntos Exteriores dio su visto bueno a la iniciativa acordando el envío de un millón de disparos de artillería a Ucrania en los doce meses posteriores, así como misiles si se solicitan. No obstante, únicamente 17 Estados miembros[27], a los que se suma Noruega, han firmado el proyecto de la EDA[28] para la adquisición colaborativa de municiones. Todo ello, sin perjuicio de que se espere que más Estados miembros se unan pronto a la iniciativa.

La Alianza Atlántica

La guerra de Ucrania ha provocado cambios tectónicos en el Viejo Continente y su arquitectura de seguridad, proceso del que la OTAN no podía escapar. No se trata tanto de que los aliados hayan asumido a nivel individual el grueso del esfuerzo para ayudar a Ucrania, tanto en el ámbito militar como en el humanitario y financiero, sino del efecto transformador que la guerra ha tenido en la propia OTAN. En otras palabras, la Alianza resultante tras el conflicto, no será la misma que la anterior a febrero de 2022 dado que:

1. Los aumentos presupuestarios y el cumplimiento del objetivo de invertir el 2% del PIB en defensa serán la norma y no la excepción.
2. La brecha entre ambas orillas del Atlántico en cuanto a capacidades se reducirá, aunque no llegará a cerrarse.
3. Las fronteras de la Alianza, con la entrada de Suecia y Finlandia, distarán mucho de las previas a la invasión, con todo lo que ello implica.
4. La guerra ha motivado la aprobación de un nuevo Concepto Estratégico que prioriza la disuasión y la defensa en detrimen-

27 Estos son: Alemania, Austria, Bélgica, Croacia, Chipre, Chequia, Eslovaquia, Estonia, Finlandia, Francia, Grecia, Luxemburgo, Malta, Países Bajos, Portugal, Rumanía, y Suecia

28 Agencia Europea de Defensa, *EDA brings together 18 countries for Common Procurement of Ammunition,* 14 de marzo de 2023 [en línea] https://www.eeas.europa.eu/eeas/speeding-our-military-support-ukraine_en [Consulta: 20/03/2023].

to de otras tareas que hasta ahora había venido asumiendo como la prevención y gestión de crisis.

Desde el inicio de la guerra de Ucrania, la OTAN ha tenido un papel protagonista en lo mediático, pero muy discreto en lo material, en relación con la ayuda a este país. Si bien la organización ha colaborado con Kiev, lo ha hecho en todos los casos suministrando ayuda no letal, con la intención de no provocar una escalada de consecuencias impredecibles. No hay que olvidar que, según la narrativa rusa, la guerra de Ucrania es una confrontación entre Rusia y la OTAN[29], en la que esta última apoya directamente a Kiev, utilizando al país como un mero peón en pro de sus intereses[30]. Por supuesto, hay una diferencia entre lo que la retórica rusa afirma y lo que sus diplomáticos y gobernantes entienden, no obstante, el clima de paranoia entre las élites del país no ha dejado de crecer, por lo que el control de la escalada es fundamental, algo que hasta el momento la OTAN ha demostrado ser capaz de llevar a cabo. Sirva como ejemplo lo ocurrido a los pocos días de comenzada la invasión, cuando tanto desde Kiev como desde algunas capitales de Europa del este se pedía el establecimiento de una zona de exclusión aérea sobre Ucrania, para evitar las acciones de la Fuerza Aérea rusa. Una petición que el secretario general de la Alianza, Jens Stoltenberg, en una de sus declaraciones más comentadas, rechazó de plano[31]:

> "La única manera de implementar una zona de exclusión aérea es enviar aviones de la OTAN, aviones de combate en el espacio aéreo ucraniano, y luego imponer esa zona de exclusión aérea derribando aviones rusos. Y nuestra valoración es que entendemos la desesperación. Pero también creemos que, si hiciéramos eso, acabaríamos con algo que po-

---

29 *Ejércitos*, "Guerra de Ucrania - Día 363", 21 de febrero de 2023 [en línea], www.revistaejercitos.com/2023/02/21/guerra-de-ucrania-dia-363 [Consulta: 15/03/2023].

30 HERNÁNDEZ-MORALES, A., "Putin accuses NATO of participating in Ukraine conflict", *Politico*, 23 de febrero de 2022 [en línea] https://www.politico.eu/article/vladimir-putin-accuse-nato-participate-ukraine-conflict-war-russia [Consulta: 15/03/2023].

31 Organización del Tratado del Atlántico Norte, *Press conference by NATO Secretary General Jens Stoltenberg following the Extraordinary meeting of NATO Ministers of Foreign affairs*, 4 de marzo de 2022 [en línea] www.nato.int/cps/en/natohq/opinions_192739.htm [Consulta: 15/03/2023].

> día terminar en una guerra en toda regla en Europa, involucrando a muchos más países, y causando mucho más sufrimiento humano".

La OTAN fue clara entonces al afirmar que no desplegaría tropas sobre el terreno ni sobre el espacio aéreo ucraniano dado el riesgo de conflicto abierto entre Rusia y Europa y ha seguido manteniéndose en la misma línea desde entonces. El único atisbo de una posible participación directa de la Alianza en la guerra se produjo únicamente a raíz de las amenazas por parte de Rusia de emplear armas atómicas, momento en el cual las declaraciones tanto de Stoltenberg como de Borrell[32] y otros líderes occidentales bastaron para restablecer la disuasión, apartando a Rusia de tal idea.

A pesar de que la participación directa, salvo que se produzca una escalada por ahora poco factible, no se ha producido, la OTAN ha sido clave en muchos aspectos para sostener el esfuerzo ucraniano. Prueba de ello son las reuniones auspiciadas por Estados Unidos del Grupo de Contacto para la Defensa de Ucrania o bajo el formato de Ramstein, citas a las que han acudido más de cincuenta representantes de los Ministerios de Defensa y que surgen como respuesta a la necesidad ucraniana de más armamento pesado y sistemas de defensa aérea. Por supuesto, y oficialmente, la OTAN como organización no está detrás del Grupo de Contacto, pero tanto el liderazgo estadounidense, como el solapamiento entre los participantes en estas reuniones y los miembros y *partners* de la Alianza son obvios. Incluso la elección de la base aérea de Ramstein, en Alemania, en la que tiene su sede el Mando Aéreo de la OTAN (AIRCOM), es significativo en este aspecto. Es más, incluso se han llevado a cabo reuniones en formato Ramstein en el Cuartel General de la OTAN en Bruselas, o en formato virtual, la última de ellas a fecha de redacción de este capítulo, el 15 de marzo de 2023[33].

---

32 Servicio Europeo de Acción Exterior, *European Diplomatic Academy: Opening remarks by High Representative Josep Borrell at the inauguration of the pilot programme*, 13 de octubre de 2022 [en línea] www.eeas.europa.eu/eeas/european-diplomatic-academy-opening-remarks-high-representative-josep-borrell-inauguration_en [Consulta: 15/03/2023].

33 U.S. Department of Defense, *Secretary of Defense Lloyd J. Austin III and Chairman of the Joint Chiefs of Staff Army General Mark A. Milley Hold a Press Conference Following Ukraine Defense Contact Group Virtual Meeting*, 15 de marzo de 2023 [en línea]

Dicho lo anterior, cabe aclarar que el hecho de que la OTAN se haya mantenido como uno de los organismos internacionales que menor ayuda han venido prestando a Ucrania, no implica que no haya contribuido. Las limitaciones de la Alianza en este sentido, además de con la escalada, tienen que ver también con la carencia de herramientas presupuestarias específicas y la necesidad de unanimidad a la hora de aprobar cualquier decisión. Nada de lo anterior impide, no obstante, que se haya ido incrementando la ayuda desde 2014[34], incluyendo la creación de fondos fiduciarios. En 2016, las medidas de apoyo a Ucrania pasaron a formarte el Paquete de Asistencia Integral, que se vio reforzado en la Cumbre de Madrid[35] e incluye iniciativas para impulsar el apoyo de la OTAN a Ucrania mediante asistencia no letal y un mayor apoyo a Ucrania en lo concerniente a mando y control. Lejos de ser ayuda a corto plazo, la Alianza apoyará a Ucrania en su transición desde equipos de la era soviética a otros con estándares OTAN, impulsando así la interoperabilidad entre las Fuerzas Armadas de dicho país y las de los Estados miembros. Un paso lógico en previsión de una hipotética entrada de Ucrania en la Alianza, dado que Kiev solicitó la adhesión el 30 de septiembre de 2022, en respuesta a la anexión rusa de los territorios de Donetsk, Lugansk, Jersón y Zaporiyia.

Nada de esto habla, sin embargo, de cómo la guerra ha transformado a la propia Alianza, que se ha visto reforzada alejándose de la "muerte cerebral" pronosticada por Macron apenas dos años antes de la invasión de Ucrania en el marco de una entrevista concedida a *The Economist*[36].

---

www.defense.gov/News/Transcripts/Transcript/Article/3330701/secretary-of-defense-lloyd-j-austin-iii-and-chairman-of-the-joint-chiefs-of-sta [Consulta: 15/03/2023].

34 Organización del Tratado del Atlántico Norte, *Relations with Ukraine*, 2023 [en línea] www.nato.int/cps/en/natohq/topics_37750.htm [Consulta: 15/03/2023].

35 Organización del Tratado del Atlántico Norte, *Press conference by NATO Secretary General Jens Stoltenberg following the meeting of the North Atlantic Council at the level of Heads of State and Government*, 29 de junio de 2022 [en línea] www.nato.int/cps/en/natohq/opinions_197288.htm [Consulta: 15/03/2023].

36 *The Economist*, "Emmanuel Macron warns Europe: NATO is becoming brain-dead", 7 de noviembre de 2019 [en línea] www.economist.com/europe/2019/11/07/emmanuel-macron-warns-europe-nato-is-becoming-brain-dead [Consulta: 15/03/2023].

En primer lugar, la guerra de Ucrania y la nueva percepción de la amenaza que Rusia supone, han provocado importantes anuncios relativos a futuras subidas presupuestarias por parte de buena parte de los Estados miembros. De este a oeste y de norte a sur, son muchos los que han hecho declaraciones al respecto, en algunos casos espectaculares como ocurre con Polonia y en otros más moderados y con un marco temporal menos ambicioso, como ocurre con España. Lo verdaderamente significativo, no obstante, es que una de las aspiraciones tradicionales de la organización, esto es, que sus integrantes destinen el 2% del PIB a defensa, está mucho más cerca de cumplirse. Es más, la presión del grupo —con países que han pedido que este objetivo crezca hasta el 2,5 por ciento[37]— hará que aquellos más renuentes, tengan cada vez más difícil escudarse en su participación en misiones o en cualquier otro concepto para evadir su responsabilidad.

Como consecuencia de lo anterior, es previsible que se reduzca en los próximos años la brecha de capacidades entre ambas orillas del Atlántico. Pese a esto, difícilmente llegará a cerrarse, dado el volumen de inversión en defensa estadounidense y las ventajas que le confiere ser un único estado capaz de aprovechar las economías de escala, algo que en Europa solo podría hacer la UE en su conjunto. En este sentido, las naciones europeas, más comprometidas con su propia defensa, podrán recuperar como pretende hacer Alemania con su fondo especial, algunas de las capacidades perdidas después de décadas de cobrarse los "dividendos de la paz". Esto permitirá a los miembros europeos de la Alianza asumir mayores responsabilidades a la hora de disuadir a Rusia, mientras los Estados Unidos centran su atención en Indo-Pacífico.

Por último, debe ponerse de manifiesto que, como consecuencia directa de la guerra en la Cumbre de Madrid, se adoptó un nuevo concepto estratégico que prima la disuasión y la defensa sobre misiones como la gestión de crisis. En esta misma cita se decidió transfor-

---

[37] *ERR News*, "Estonia's new coalition wants NATO allies to spend 2.5% GDP on defense", 13 de marzo de 2023 [en línea] https://news.err.ee/1608911333/estonia-s-new-coalition-wants-nato-allies-to-spend-2-5-gdp-on-defense [Consulta: 15/03/2023].

mar la Fuerza de Respuesta de la OTAN[38], aumentar el número de fuerzas de alta disponibilidad a 300.000 uniformados, preposicionar más equipo, fortalecer las capacidades de mando y control, y actualizar los planes de defensa dotándolos de fuerzas preasignadas para defender a determinados aliados. Un cambio sustancial que, además, permitirá ayudar directamente a Ucrania al restablecer la estabilidad estratégica y disuadir a Rusia de una escalada, colaborando a mantener el conflicto dentro de unos límites.

La principal consecuencia de la guerra de Ucrania para la OTAN, no obstante, ha sido el impulso concedido a la integración de Suecia y Finlandia en la Alianza, países ambos que solicitaron la adhesión el 18 de mayo de 2022. No hay que olvidar que la opinión pública de ambos Estados no ha sido mayoritariamente favorable a la entrada en la OTAN[39] hasta después de que se produjese la invasión, en lo que ha supuesto prácticamente un giro de 180 grados en la política exterior de los dos países nórdicos. Es cierto que después de décadas de una neutralidad *sui generis*, en virtud de la cual no formaban parte de la OTAN, pero adoptaban sus estándares, la opinión pública sueca y finlandesa comenzaron a ser más favorables a su entrada en la Alianza a partir de 2014[40]. Con la anexión ilegal de la península de Crimea, el miedo a acciones en la Zona Gris del espectro de los conflictos e incluso de una agresión creció, lo que motivó un buen número de informes y estudios sobre las posibles repercusiones de la adhesión de ambos estados en los años inmediatamente posteriores.

No obstante, en ningún momento se dieron pasos firmes, ni siquiera a raíz de los movimientos de tropas llevados a cabo en primavera de 2021, como antesala de la invasión llevada a cabo un año después. Es más, incluso días antes del inicio de la guerra, cuando

---

38 BISCOP, S., "The New Force Model: NATO's European Army?", *Egmont Institute*, 8 de septiembre de 2022 [en línea] www.egmontinstitute.be/the-new-force-model-natos-european-army [Consulta: 15/03/2023].

39 SZUMSKI, C., "Survey shows Swedes divided on NATO membership", *Euractiv*, 21 de enero de 2022 [en línea] www.euractiv.com/section/politics/short_news/survey-shows-swedes-divided-on-nato-membership [Consulta: 15/03/2023].

40 TURTIAINEN, S., "Despite Crimea, Finland and Sweden stay wary of NATO", *European Council on Foreign Relations*, 22 de abril de 2014 [en línea] https://ecfr.eu/article/commentary_despite_crimea_finland_and_sweden_stay_wary_of_nato250 [Consulta: 15/03/2023].

era evidente que ésta ya era algo más que una mera posibilidad teórica[41], el Gobierno finlandés seguía mostrándose poco proclive a la entrada en la OTAN[42], lo que unido a todo lo anterior deja claro que la guerra ha sido el elemento clave en el cambio de opinión. Si bien la sensación de inseguridad en ambos países era obvia, las amenazas rusas sobre posibles medidas contra Suecia y Finlandia en caso de que accediesen a la organización servían como freno, una situación que solo se ha logrado solventar a raíz de la guerra. Así las cosas, y aunque las trabas turcas y húngaras estén postergando el acceso de los nórdicos, todo indica que la situación terminará por desbloquearse. Con ello, la OTAN habrá ganado dos contribuyentes netos a la defensa colectiva, además de profundidad estratégica, a cambio de llevar sus fronteras a las de la misma Rusia, algo que por otra parte ya venía ocurriendo desde anteriores ampliaciones.

A este respecto, Rusia ha logrado exactamente lo contrario de lo que pretendía con la invasión de Ucrania, que buscaba alejar a este país de Occidente, disuadiendo de paso a otros estados de Europa del este y nórdica de hacer lo propio. Tal y como señaló el propio Stoltenberg: "Putin quería menos OTAN; él está teniendo más OTAN: más tropas y más miembros de la OTAN"[43].

Consideraciones finales

La guerra de Ucrania ha supuesto un antes y un después para la UE y la OTAN. En el primer caso, tanto la imposición de sanciones en algunos casos impensables antes de la invasión, como el envío de ayuda militar —incluyendo material cada vez más pesado y moderno

---

41 VILLANUEVA, C., "Crisis de Ucrania, crisis de Europa. El (des)equilibrio del terror", *Ejércitos,* 26 de enero 2022 [en línea] https://www.revistaejercitos.com/2022/01/26/crisis-de-ucrania-crisis-de-europa [Consulta: 15/03/2023].

42 *Euroactiv*, "Finland's PM says NATO membership is 'very unlikely' on her watch", 19 de enero de 2022 [en línea] www.euractiv.com/section/global-europe/news/finlands-pm-says-nato-membership-is-very-unlikely-on-her-watch [Consulta: 15/03/2023].

43 Organización del Tratado del Atlántico Norte, *Press conference by NATO Secretary General Jens Stoltenberg with the US Secretary of State Antony J. Blinken,* 1 de junio de 2022 [en línea] www.nato.int/cps/en/natohq/opinions_196030.htm [Consulta: 15/03/2023].

como los carros de combate— indican que la UE ha perdido el miedo a utilizar herramientas de poder duro. Cambios que deben unirse a los numerosos anuncios de incrementos presupuestarios en materia de Defensa por parte de los estados miembros y, especialmente, al impulso concedido a la PCSD. En este sentido, hitos como la financiación de armamento a través del EPF marcan un antes y un después en el proyecto europeo, situando a la Unión más cerca de convertirse en un jugador en pie de igualdad con otras potencias.

En el caso de la OTAN, la guerra de Ucrania ha servido para rescatar a la organización sino de la "muerte cerebral" pronosticada por Macron, sí de una incómoda indefinición, en la que algunos de sus miembros cuestionaban su utilidad, dada la ausencia de amenazas y la asunción en los últimos años de responsabilidades mucho más allá de su área geográfica. El fallido intento ruso por alejar a Ucrania, manu militari, de la órbita occidental —incluyendo a la OTAN— ha servido para unir a sus integrantes, acercarlos al objetivo de invertir el 2 por ciento de su PIB en defensa, redactar un nuevo y ambicioso Concepto Estratégico y transformar la Fuerza de Respuesta de la OTAN. Por encima de todo, ha motivado la solicitud de adhesión de Suecia y Finlandia a la Alianza.

No todo son luces en este proceso, pues la desunión ha quedado patente en muchos momentos, algunas herramientas como las sanciones se han demostrado muy limitadas y es difícil que una vez la guerra termine la UE siga profundizando en la cooperación en materia de defensa de la misma manera, toda vez que los intereses individuales volverán a aflorar. Para evitarlo será imprescindible completar el cambio de mentalidad entre las élites europeas, dejando de lado su tradicional idealismo en beneficio de una concepción más realista de la política internacional. Por otra parte, los cambios vividos tanto por la UE como por la OTAN, por más que se haga siempre referencia a una mayor estabilidad estratégica, no conducirán necesariamente a ese escenario. Una Rusia que ha dilapidado en cuestión de un año buena parte de su capital militar, cuyo retraso tecnológico respecto a Occidente ha quedado patente y en la que el discurso imperante es cada vez más radical, será también una Rusia más impredecible y peligrosa. Tanto más cuanto mayor sea su percepción de inseguridad, que el rearme europeo sin duda azuzará. Esto obligará a su vez, dado el *gap* entre la capacidad europea de disuasión convencional y la nuclear frente a una Rusia que solo es superada en este aspecto por los Estados Unidos bien a confiar todavía más en la disuasión extendida estadounidense, bien a dotarse de medios propios, en tanto la *force de frappe* gala es totalmente insuficiente a tal efecto.

Esto último es quizá lo más inquietante. Si de esta crisis no emerge una arquitectura de seguridad que garantice la estabilidad en el continente, estaremos condenados a repetir otra vez los mismos errores. La responsabilidad está en manos de los gobiernos europeos, pues hasta que no sean capaces de dotar a la UE de medios de disuasión creíbles, seguirán dándose las condiciones para futuras crisis.

La guerra de Ucrania y su impacto en las políticas de defensa de Alemania, Finlandia, Suecia y Dinamarca

Alberto Bueno

"El 24 de febrero de 2022 marca un cambio de época en la historia de nuestro continente". Olaf Scholz, canciller alemán[1].

"Hemos adoptado una actitud demasiado ingenua hacia Rusia y hemos basado nuestras expectativas en ideas erróneas". Sanna Marin, primera ministra finlandesa[2].

Introducción

La agresión ilegítima e injustificada de Rusia contra Ucrania lanzada el 24 de febrero de 2022 fue una conmoción para la mayoría de las sociedades y gobiernos europeos. Chocó con la percepción compartida entre muchos de que no se volvería a sufrir un cruento conflicto en el continente —soslayando, claro la brutalidad de las guerras yugoslavas en los años noventa o las distintas guerras en el Cáucaso, hasta el conflicto bélico de Nagorno-Karabaj dos años antes—. Una estupefacción fruto, al menos en parte, de la "desmilitarización" de los imaginarios colectivos[3]. La sorpresa, luego la sacudida moral y política.

---

1 Gobierno Federal Alemán, "Regierungserklärung von Bundeskanzler Olaf Scholz am 27. Februar 2022", 27 de febrero de 2022 [en línea], www.bundesregierung.de/resource/blob/992814/2131062/78d39dda6647d7f835bbe76713d30c31/bundeskanzler-olaf-scholz-reden-zur-zeitenwende-download-bpa-data.pdf. [Consulta: 14/02/2023.]

2 *Deutsche Welle*, "The EU must confess we have adopted too naïve an attitude toward Russia [Tweet]", 13 de septiembre de 2022 [en línea] https://twitter.com/dw_europe/status/1569612350604419072. [Consulta: 13/09/2022.]

3 SHAW, M., *Post-military society: Militarism, demilitarization and war at the end of the twentieth century*, Temple University Press, Filadelfia, 1991.

Así, el pretendido "golpe de mano" ruso y la posterior guerra desencadenada[4] revivieron los debates nacionales sobre las políticas de defensa, aun cuando las promesas de mayor gasto militar y las pretendidas reorientaciones estratégicas se desenvuelvan en un contexto de inevitable incertidumbre. Como fuere, la guerra ha irrumpido con fuerza transformadora en un área de políticas habitualmente renuente a ello y de marcada continuidad institucional.

Por esta razón, el conflicto de Ucrania ha sido definido como una "coyuntura crítica" (*critical juncture*)[5]. Los efectos de ese momento se observan en Estados de mucha relevancia para la seguridad europea, bien por su peso político y/o por su posición geopolítica, bien a causa de la propia dimensión alcanzada por la discusión abierta en sus políticas domésticas y el calado de las medidas propuestas. Son los casos de Alemania, Finlandia, Suecia y Dinamarca.

Por tanto, este capítulo aborda cuáles han sido las consecuencias de este evento crítico en las políticas militares —a mayor extensión, de sus políticas exteriores— de esos cuatro Estados. La pregunta sobre las eventuales reorientaciones de esas políticas públicas tiene, por tanto, interés político y académico, como parte de una reflexión más amplia sobre la posible transformación del orden internacional. Con este fin, en primer lugar, se establece el marco analítico desde el que se han examinado los casos seleccionados. En segundo, se analizan esos cuatro países, tanto su situación de partida, como las implicaciones en la guerra de Ucrania y, en definitiva, los cambios políticos planteados. Por último, se cierra con un apartado de conclusiones que atienden también a las consecuencias estratégicas de la invasión rusa.

---

4 VILLANUEVA, C., "Crónica de un fracaso estratégico", en: COLOM, G. (ed.), *La guerra de Ucrania. Los 100 días que cambiaron Europa*, Catarata-Ejércitos, Madrid, 2022, 37-74.

5 COTICCHIA, F., "A Watershed Moment? European Defence and the War in Ukraine", en: GIUSTI, S. y GREVI, G. (eds.), *Facing War: Rethinking Europe's Security and Defence*, ISPI, Roma, 2022, 24.

Marco analítico

Las políticas de defensa de los Estados suelen caracterizarse por su consistencia en el tiempo y su incrementalismo; esto es, la continuidad y/o adaptación gradual de actuaciones e instituciones ya asentadas, con un desenvolvimiento marcado por la persistencia de la trayectoria seguida hasta entonces (*path dependence*)[6]. Estos rasgos están determinados, entre otros factores, por el (necesario) alineamiento con la propia política exterior del país; condicionantes estructurales, como la geografía; procesos históricos y contextos culturales que moldean la cultura política; o el peso de las burocracias y culturas organizativas de las fuerzas armadas y los ministerios de Defensa. Además, los desarrollos de capacidades militares suelen requerir intrínsecamente procesos largos en el tiempo debido a la duración de la implementación de nuevas tecnologías o la propia generación de doctrinas militares, o la disposición de recursos financieros y de personal.

No obstante, estas políticas pueden alterarse como consecuencia de cambios en las políticas internas o en el escenario internacional (tensión social, conflictos, nuevas amenazas, modificación de la posición de los actores, etc.) y su impacto en las percepciones de los tomadores de decisiones. Por consiguiente, una conmoción como la experimentada se torna "estratégica" cuando afecta a los "supuestos estratégicos" y, por consiguiente, influye en los fines político-estratégicos perseguidos, los medios con los que se persigan o los modos en cómo se empleen.

Esos momentos de transformación pueden ser estudiados como coyunturas críticas: espacios relativamente cortos de tiempo producidos por uno o varios eventos que generan una fase de incertidumbre, durante la cual los actores asumen como posible la influencia en los resultados de las políticas[7]. Dichos eventos son normalmente exógenos al entorno de la política pública. Tales decisiones pueden causar

---

6 Sobre este concepto, véase: PAGE, S., "Path dependence", *Quarterly Journal of Political Science*, 1-1, 2006, 87-115.

7 CAPOCCIA, G. y KELEMEN, R., "The study of critical junctures: Theory, narrative, and counterfactuals in historical institutionalism", *World Politics*, 59-3, 2007, págs. 341-369.

que las instituciones[8] cambien su curso de acción, se reconviertan o desaparezcan[9]. De tal forma, se abren nuevas "sendas" de políticas que marcan los desarrollos subsiguientes. La guerra en Ucrania puede definirse de tal forma.

Constituye el punto culminante de una crisis dilatada en el tiempo. Algunos acontecimientos previos, como la guerra en la región oriental ucraniana del Donbás en 2014 o la anexión ilegal rusa de la península de Crimea, suscitaron discusiones sobre sus posturas estratégicas en los Estados europeos y en el seno de la OTAN y la UE, impulsaron la imposición de sanciones contra líderes o activos rusos, u ocasionaron que determinados países, como las tres repúblicas Bálticas o Polonia, reclamasen el despliegue de tropas OTAN en sus fronteras —con misiones de presencia avanzada o de policía aérea— y alarmasen sobre la asertividad revisionista rusa[10]. Sin embargo, las principales cancillerías europeas no plantearon una disuasión militar efectiva frente a Rusia, aun con su estrategia de acciones híbridas en la zona gris, en un claro error de percepciones y políticas[11].

La era de los "dividendos de la paz" y el *momentum* liberal acabó con un fallo de disuasión, que no es sino el fracaso de la política de defensa en su función más elemental. Como reacción, en toda Europa se observan los redireccionamientos (o su proclama) de instituciones y programas de décadas de existencia, al igual que posi-

---

8 Entendidas desde una perspectiva neoinstitucional (HALL, P. y TAYLOR, C., "Political science and the three new institutionalisms", *Political Studies*, 44-5, 1996, 936-957).

9 TARROW, S. ""The World Changed Today!" Can We Recognize Critical Junctures When We See Them?", *Qualitative and Multi-Method Research*, 15-1, 2017, 9-11.

10 Cronología de hechos que muestra la política reactiva de la Alianza frente a Rusia y no al revés, como sostiene el discurso del Kremlin y concretas voces académicas. En este sentido, la teoría del realismo ofensivo ayuda a explicar la posición —y agencia— de los países del centro y este de Europa respecto a su integración en la OTAN. *Vid.*: POAST, P., "A World of Power and Fear. What Critics of Realism Get Wrong", *Foreign Affairs*, 15 de junio de 2022 [en línea] www.foreignaffairs.com/articles/ukraine/2022-06-15/world-power-and-fear. [Consulta: 16/06/2022].

11 VILLANUEVA, C., "Crisis de Ucrania, crisis de Europa", *Revista Ejércitos*, 26 de enero de 2022 [en línea] www.revistaejercitos.com/2022/01/26/crisis-de-ucrania-crisis-de-europa/ [Consulta: 26/01/2022.]

ciones políticas ancladas en la cultura estratégica[12] de cada país. La sucesión de decisiones desde el *shock* de Kyiv en febrero del 22 hasta su progresiva implementación se entienden mejor, en efecto, como una coyuntura crítica. Esta comprensión engarza con otro concepto notable en el pensamiento estratégico y la teoría de las relaciones internacionales: el equilibrio de poder. Stephen Walt llama a repensar el valor explicativo de esta idea atendiendo al comportamiento de los Estados:

> "Los Estados son sensibles al poder, pero son aún más sensibles a la forma en que se utiliza ese poder. La reacción [...] de Occidente en general dice mucho sobre cómo perciben y responden los Estados a las amenazas. [L]os Estados tienen más problemas para saber cómo reaccionar ante países cuyo poder está aumentando debido a sus propios esfuerzos internos, pero que (todavía) no está utilizando ese poder para alterar el *statu quo* o intentando hacerse más fuerte arrebatando territorio a otros Estados. Las motivaciones rusas en Ucrania no fueron la clave, sino las intenciones de Rusia de usar el poder. Los Estados prestan mucha atención al equilibrio de poder, pero lo que realmente les importa son las amenazas"[13].

Este planteamiento realza la significación de analizar la postura estratégica de un país en conexión con los supuestos estratégicos y, explícitamente, con la comprensión acerca del uso de la fuerza militar, objeto constitutivo para los estudios estratégicos[14]. Si bien este capítulo no tiene una pretensión empírica, constituye una aportación original para aplicar el concepto de coyuntura crítica, así como trabajar la idea de Walt.

Los cuatro casos seleccionados ilustran distintos aspectos de las transformaciones en curso en política de defensa, las cuales contrastan con sus respectivas tradiciones estratégicas. Alemania desarrolló una política basada en la construcción de relaciones estables y duraderas con Rusia, con el convencimiento de que llevarían a unas relaciones pacíficas. Por su parte, Finlandia y Suecia plantearon durante

---

12 GRAY, C., "Strategic Culture as Context: The First Generation of Theory Strikes Back", *Review of International Studies*, 25-1, 1999, 49-69.

13 WALT, S., "What Are Sweden and Finland Thinking?", *Foreign Policy*, 18 de mayo de 2022 [en línea] https://foreignpolicy.com/2022/05/18/nato-sweden-finland-russia-balance-threat [Consulta: 21/04/2023].

14 BUENO, A. "De los Estudios Estratégicos. Conceptualización y evolución de un campo de estudio", *Revista de Estudios en Seguridad Internacional*, 4-1, 2018, 24.

la Guerra Fría una estrategia de no integración en la OTAN que se mantuvo hasta el año 2022, cuando solicitaron su ingreso; además, el caso finés había dado lugar a un concepto particular: el de "finlandización". El análisis de estos dos países escandinavos se expone en conjunto por claridad analítica y expositiva, dada la interrelación de sus políticas. Por último, Dinamarca pretende sumarse ahora a las políticas europeas de seguridad y defensa de las que había permanecido pretendidamente al margen.

Alemania. Adaptación catártica a un cambio de época

La conmoción estratégica descrita encuentra un caso "de manual" en Alemania. La guerra de Ucrania hizo temblar todos los cimientos de la estructura institucional y mental que sostenían la posición de la potencia germana. Esa sensación de que Europa no supo evitar la agresión encuentra en Alemania "el ejemplo más evidente de disuasión débil"[15]. Rastrear las causas de este error implica reparar en sus nexos históricos con Rusia, así como en la cosmovisión política y cultura estratégica de sus élites y sociedad, en particular desde la posguerra fría. ¿Su contexto? El de una "potencia reticente"[16] a caballo entre su consciencia de poder europeo —sobre todo, económico— y un pasado totalitario y militarista; entre su relación con las otras potencias y con sus vecinos del centro y el este de Europa. Una ambivalencia impregnada por las dudas acerca de su identidad y lugar en el mundo[17].

La acción exterior contemporánea alemana se basa en el idealismo y el liberalismo institucional. Está fuertemente anclada en la visión de que el multilateralismo es un fin en sí mismo para la gobernanza del sistema internacional y el modo prioritario de conducir sus relaciones con otros Estados; bajo estas premisas, que el comercio internacional o la interdependencia económica conducirían a una

---

15 CALVO, J., "Primeras impresiones militares", en COLOM, G. (ed.), *La guerra de Ucrania. Los 100 días que cambiaron Europa*, Catarata-Ejércitos, Madrid, 2022, 22.

16 REQUENA, P., *La potencia reticente. La nueva Alemania vista de cerca*, Debate, Barcelona, 2017.

17 KUNDNANI, H., *German Power. Das Paradox der deutschen Stärke*, C. H. Beck, Múnich, 2016.

coexistencia pacífica. De manera concomitante, se aprecia una cultura estratégica que no se ha preocupado por pensar en términos estratégicos y reflexionar sobre la articulación de fines, medios y modos. Una cultura estratégica renuente al empleo de la fuerza armada como instrumento de política exterior y con el prejuicio de que los temas militares y de defensa no son importantes, cuando no directamente incómodos y rechazados socialmente[18].

Frente a ella, Rusia. Con la gran potencia, Alemania ha medido sus fuerzas desde el siglo XIX, con las dos guerras mundiales y la Guerra Fría como períodos álgidos de conflicto. Entre 1949 y 1990, el país se partió entre la República Federal de Alemania y la República Democrática Alemana, ésta última bajo yugo de la URSS. Rusia ha sido una cuestión existencial para el Estado germano que, paradójicamente, ha convivido con la "rusofilia" cultural y política de sus élites[19].

De la división en dos Alemanias surge la importancia de la "Política del Este", la *Ostpolitik,* iniciada por el canciller socialdemócrata Willy Brandt y seguida por los siguientes, no sin reticencias entre los democristianos. La caída del Muro de Berlín abrió indefectiblemente la cuestión de la reunificación como futuro de la nación alemana, una condición sin la cual no se atisbaba la paz europea[20]. Desde entonces se desarrolló una política exterior amable con Rusia, buscando reforzar los vínculos comerciales, económicos, culturales y energéticos. Por puro interés económico alemán, pero también como garantía para el sistema de seguridad europeo, donde el poder militar se veía como un instrumento inútil; no había por qué disuadir, ni menos aún debía hacerse mediante la fuerza armada. Estas

---

18 FRANKE, U., "A millenial considers the new German problem after 30 years of peace", *War On the Rocks,* 19 de mayo de 2021 [en línea] https://warontherocks.com/2021/05/a-millennial-considers-the-new-german-problem-after-30-years-of-peace/ [Consulta: 20/05/2021].

19 STRATIEVSKI, D., "German 'Sentimental Russophilia'", *Riddle,* 29 de noviembre de 2022 [en línea] https://ridl.io/german-sentimental-russophilia/ [Consulta: 29/11/2022]

20 SAROTTE, M., *Not one inch. America, Russia, and the making of post-cold war stalemate,* Yale University Press, New Haven, 2021, 19-42.

características explican las relaciones entre Alemania y Rusia[21], pero también de aquella con respecto a muchos de sus vecinos orientales, quienes atesoran una memoria respecto al imperio ruso radicalmente distinta.

El 27 de febrero de 2022, el canciller Olaf Scholz, líder de un ejecutivo de coalición tricolor, se dirigió al parlamento para anunciar que la agresión rusa había provocado un cambio de época para el continente, un *Zeitenwende*. Por consiguiente, Alemania debía estar a la altura de las circunstancias y adaptarse. Scholz se comprometió a librar un fondo especial de 100.000M€ para las fuerzas armadas, modificando con ello la Constitución y rompiendo las reglas de control del déficit; a adquirir nuevos sistemas militares (como el cazabombardero estadounidense F-35) y a cumplir definitivamente con el compromiso de gasto aliado de inversión del 2% del PIB en defensa.

Es interesante observar quiénes lo firmaban, por lo llamativo del viraje: los liberales, paladines de la ortodoxia económica; los Verdes, encarnación del ecologismo y pacifismo alemanes; y la formación del jefe de gobierno, los socialdemócratas del SPD, el partido de la *Ostpolitik* y la sensibilidad alemana hacia Rusia. Cundía esos días entre las élites la sensación de fracaso o engaño, de haber subestimado a Rusia y a Putin, de haber errado el cálculo durante años. La misma posición de figuras centrales como Angela Merkel ha ido oscilando: desde el reconocimiento de una parte de la responsabilidad, hasta afirmar que los Acuerdos de Minsk (2014-2015) fueron una suerte de estratagema con el fin de conseguir tiempo para Ucrania[22]. Se pensase lo que se pensase, en la respuesta inicial hubo consenso entre los partidos de la coalición y la familia democristiana. En palabras de la entonces ministra de Defensa alemana, Christine Lambrecht, "nuestros valores, la democracia, la libertad y la seguridad están sien-

---

21 Sin menospreciar las influencias de figuras como la del excanciller Gerhard Schröder, convertido por antonomasia en "*Putinversteher*"; neologismo peyorativo que designa a quienes en Alemania defienden, a quienes "entienden", la posición rusa.

22 OSANG, A., "Das Gefühl war ganz klar: Machtpolitisch bist du durch", *Der Spiegel*, 48, 24 de noviembre de 2022.

do defendidos en Ucrania”[23]. Contrarios a ese acuerdo, los extremos políticos de La Izquierda y Alternativa por Alemania, con declaraciones y votaciones casi siempre alineadas con los intereses rusos, bien por “antiamericanismo” y “antioccidentalismo” de nostálgica naftalina, bien por abierta simpatía hacia el proyecto ultraconservador y autoritario de Putin.

Fue también un discurso histórico porque situaba a la *Bundeswehr* en el centro de la solución; *ergo*, había sido parte del problema. Las denuncias acerca de la disponibilidad de armas y sistemas, o sobre la misma disposición de los ejércitos, se venían sucediendo desde hace años[24]. Además, la salida de Afganistán, donde el ejército alemán era el segundo contribuyente tras Estados Unidos en 2021, había acentuado la sensación de fracaso. En esa semana de febrero, el jefe de Estado Mayor del Ejército de Tierra comentó en Facebook —todo un ejemplo de comunicación institucional líquida— que las fuerzas armadas serían incapaces de responder a un ataque como el lanzado por Rusia.

La revitalización de la *Bundeswehr* fue la promesa más a corto plazo, pero confrontaba de lleno la cultura estratégica alemana: obligaba a repensar sus fuerzas armadas. A modo de ejemplo, el ejército se había preparado para operaciones en el exterior, pero no para la defensa del país[25]. A la apuesta le siguió los anuncios de adquisición de múltiples sistemas: los ya mencionados F-35, cuya relevancia política se explica por ser de factura estadounidense y no europea, así como el único avión posible para mantener la capacidad nuclear alemana,

---

23 VON DER BURCHARD, H., “EU security ‘being defended in Ukraine’: Germany’s Lambrecht vows continued support for Kyiv“, *Politico*, 11 de septiembre de 2022 [en línea], https://www.politico.eu/article/eu-security-being-defended-in-ukraine-germanys-lambrecht-vows-continued-support-for-kyiv/. [Consulta: 11/09/2022].

24 JUNGHOLT, T., “Bundeswehr befürchtet eine, Panzerdelle‘”, *Welt*, 13 de diciembre de 2020 [en línea], https://www.welt.de/politik/deutschland/article222365670/Bundeswehr-bedingt-einsatzbereit-Panzerdelle-beim-Leopard.html. [Consulta: 17/02/2023].

25 SZYMANSKI, M., “Wir haben einen riesigen Aufholbedarf”, *Süddeutsche Zeitung*, 11 de noviembre de 2022 [en línea] https://www.sueddeutsche.de/politik/bundeswehr-interview-heeresinspekteur-alfons-mais-1.5693218. [Consulta: 11/11/2022].

contribuyendo pues al *nuclear sharing* aliado y reforzando las relaciones transatlánticas; aviones de patrulla marítima P-8A Poseidón, también norteamericanos; igualmente, sistemas antimisiles y antiaéreos, dotación de misiles a sus drones, vehículos de combate de infantería Puma, o capacidades de ciberdefensa. En definitiva, un nuevo camino que permitiría a Alemania convertirse en un "país normal"[26].

Sin embargo, la adaptación militar alemana al *Zeitenwende* también enfrenta serios problemas. Primero, los de financiación: por un lado, la fortaleza del dólar o la subida de la inflación ha reducido la inversión inicial prometida en torno a un 15%[27]. Por otro, nuevas estimaciones sobre la modernización y capacitación de las fuerzas armadas apuntan a que la inversión presupuestaria requeriría ser tres veces mayor[28]. Segundo, el tiempo de implementación: la planificación del fondo especial, denunciada por el Tribunal de Cuentas[29], y los procesos burocratizados de planeamiento y adquisición —la agencia alemana competente, la BAAINBw, ya arrastraba esa crítica— no casan ni con el apremio manifestado ni, aún menos, con los ritmos exigidos por la guerra. Tercero, la propia capacidad de producción de la industria de defensa nacional. Cuarto, la competencia entre ejércitos por situar sus preferencias en la agenda política; y, finalmente, las discrepancias entre los socios de coalición.

La respuesta alemana a la crisis de Ucrania ha sido compleja, con fuertes desavenencias internas en el gobierno y con los socios europeos, hasta el punto de costar el puesto a la ministra de Defensa

---

26 BAJPAEE, C., "The Year Japan and Germany Became 'Normal' countries", *The Diplomat*, 30 de diciembre de 2022 [en línea] https://thediplomat.com/2022/12/2022-the-year-japan-and-germany-became-normal-countries/ [Consulta: 4/01/2023].

27 GREIVE, M.; MURPHY, M. y SPECHT, F., "Regierung kürzt mehrere Rüstungsprojekte", *Handelsblatt*, 24 de octubre de 2022 [en línea] https://www.handelsblatt.com/politik/deutschland/bundeswehr-sondervermoegen-regierung-kuerzt-mehrere-ruestungsprojekte/28761788.html [Consulta: 24/11/2022].

28 Parlamento Alemán, *Man bräuchte 300 Milliarden*, 15 de enero de 2023 [en línea] https://www.bundestag.de/parlament/wehrbeauftragter/reden/20230115-fas-929380. [Consulta: 15/01/2023].

29 VON PETER, C., "Lambrecht muss Rüstungsprojekte streichen" [en línea], *Frankfurter Allgemeine Zeitung*, 30 de octubre de 2022 [en línea] https://www.faz.net/aktuell/politik/inland/bundeswehr-lambrecht-muss-ruestungsprojekte-streichen-18425053.html. [Consulta: 02/11/2022].

Lambrecht, sustituida por el también socialdemócrata Boris Pistorius en enero del 2023. La implicación de Alemania en el conflicto ha ido de menos a más y según áreas: fundamentalmente ayuda humanitaria en los inicios hasta acrecentar las remesas de material militar. En noviembre de 2022, Alemania se convirtió en el principal donante a Ucrania en términos absolutos en Europa. Asimismo, fomentó el llamado "anillo de intercambio" (*Ringtausch*)[30], es decir, el envío de plataformas a terceros países centroeuropeos para reemplazar los sistemas soviéticos que estos habían enviado a su vez a ucrania.

Tabla 1. Ayuda provista por Alemania a Ucrania

Apoyo humanitario		Apoyo financiero		Apoyo militar	
Total[a]	Sobre PIB	Total	Sobre PIB	Total	Sobre PIB
2.496	0.068	1.300	0.035	2.355	0.064

Fuente: Elaboración propia a partir de datos hasta el 15 de enero de 2023 del *Kiel Institute for the World Economy*[31]
a. Expresado en miles de millones de euros.

La discusión acerca del envío de los carros de combate Leopard 2 a Ucrania es epítome de los múltiples puntos críticos que cruzan el debate alemán. El 25 de enero de 2023 Scholz dio luz verde a esta decisión, aunque no se sabe qué motivó dilatarla hasta después de la reunión "formato Ramstein" con los aliados de aquella misma semana. Hay diversas explicaciones: la oposición interna dentro de su propio partido y también con los partidos de coalición[32]; las dudas ante una opinión pública dividida respecto a esta cuestión; el miedo al riesgo de escalada con Rusia; el interés por proteger a su propia in-

30 MITZER, S. y OLIEMANS, J., "Fact Sheet on German Military Aid To Ukraine", *Oryx*, septiembre de 2022 [en línea] https://www.oryxspioenkop.com/2022/09/fact-sheet-on-german-military-aid-to.html [Consulta: 15/01/2023].

31 VARIOS, "The Ukraine Support Tracker", *Kiel Working Papers*, 2218, 2023 [en línea] https://www.ifw-kiel.de/topics/war-against-ukraine/ukraine-support-tracker/ [Consulta: 15/01/2023].

32 PAUSCH, R. y STARK, H., "Die Vertrauensfrage", *Die Zeit*, 8 de febrero de 2023; BURN-MURDOCH, J., "German public opinion on allowing its tanks to be sent to Ukraine [Tweet]", 4 de febrero de 2023 [en línea] https://twitter.com/jburnmurdoch/status/1621807289970704384 [Consulta: 04/02/2023.]

dustria dada la ventana de oportunidad que se abriría para los carros M1 Abrams estadounidenses[33]; o la determinación a contar en esta decisión con la implicación de los Estados Unidos[34].

Scholz se pregunta ahora cómo pueden los Estados europeos ser actores independientes en un mundo crecientemente multipolar[35]; respecto a Alemania, cómo puede influir en la política internacional y garantizar una seguridad europea manteniendo precarios equilibrios. La histórica relación con Rusia estalló con la guerra, pero Berlín sabe que habrá que recomponerla. En su interés nacional está igualmente el vínculo con sus vecinos centroeuropeos (que tienden a considerar a Rusia como una amenaza existencial); por razones culturales e históricas, políticas y económicas[36]. En esta reorientación estratégica una de las cuestiones vitales será qué papel deben desempeñar sus fuerzas armadas, cómo y con qué medios.

Finlandia y Suecia. De la neutralidad matizada a la integración plena

Los países escandinavos son entendidos como una subregión de seguridad[37], pero cuyas culturas estratégicas han asumido de forma distinta cómo enfrentar la amenaza soviética/rusa y cómo relacionarse con el bloque occidental, lo que explica las diferentes membresías

---

33 SELIGER, M., "Deutsche Panzerdebatte: Welche Rolle spielen amerikanische Rüstungsinteressen?" *Neue Zürcher Zeitung*, 22 de enero de 2023 [en línea] https://www.nzz.ch/international/kampfpanzer-leopard-2-us-ruestungsinteressen-lassen-scholz-zoegern-ld.1722377 [Consulta: 22/01/2023].

34 VARIOS, "Transatlantic 'growing pains': how Olaf Scholz made Joe Biden shift on tanks for Ukraine", *Financial Times*, 26 de enero de 2023 [en línea] https://www.ft.com/content/ea1cd074-c912-4dd7-9977-72ac41da0a52 [Consulta: 26/01/2023].

35 Gobierno Federal Alemán, *op. cit.*

36 La región es más importante para Alemania que cualquier otro país del mundo en términos comerciales: FOUBERT, D., "The business models of nations: winners and losers", *The Warsaw Express*, 17 de enero de 2023 [en línea] https://danielfoubert.substack.com/p/the-business-models-of-nations-winners [Consulta: 17/01/2023].

37 FRIIS, K., "Analyzing Security Subregions: Forces of Push, Pull, and Resistance in Nordic Defense Cooperation", *Journal of global security studies*, 6-4, 2021.

en la OTAN o la Unión Europea[38]. Finlandia y Suecia nunca se integraron en la Alianza Atlántica y lo hicieron en la segunda ya en los años noventa.

En el caso finés, la conflictividad con Rusia configura un pasado traumático y parte de su mito fundacional. En el siglo XIX, el imperio zarista invadió el país para desgajarlo de Suecia y convertirlo en un Estado "colchón", con el objetivo último de anexionarlo. Durante la Primera Guerra Mundial, y dada la debilidad interna de la Rusia revolucionaria, Finlandia alcanzaría su independencia, aunque la Rusia soviética se injirió en la guerra civil finesa (1918). Una vez más, la URSS invadió el país en los albores de la Segunda Guerra Mundial (1939-1940), en lo que se conoció como la "Guerra de Invierno"; sin un vencedor claro, Finlandia realizó importantes concesiones territoriales, pero consiguió mantener su soberanía.

Con el final del conflicto internacional, Finlandia comenzó a desarrollar una política conocida como "finlandización", que marcó sus relaciones con la Unión Soviética, primero, y con Rusia después, durante buena parte de la Postguerra Fría[39]. Esta política se entiende en un doble sentido: por un lado, como estrategia proactiva de Rusia para influir en la política del pequeño Estado vecino, socavando su margen de maniobra y soberanía (*Suomettaminen*). Por otro, como diplomacia preventiva practicada por Finlandia, preocupada por anticiparse a la reacción adversa por parte de la gran potencia vecina, tratando de salvaguardar su independencia[40].

De hecho, la propuesta de una "finlandización" de Ucrania ha sido sugerida en diversos foros como posible solución para la actual guerra. Sin embargo, expertos finlandeses han rechazado la posibilidad de "trasplantarla", pues arguyen que esa política estuvo muy determinada y delimitada por el contexto histórico-político de Finlan-

---

38 GEBHARD, C., "Scandinavian Defence and Alliance Policies: Different Together", en: ANDERS, W. y NEDERGAARD, P. (eds), *Routledge Handbook on Scandinavian Politics*, Londres, Routledge, 2017.

39 ARTER, D. "From Finlandisation and post-Finlandisation to the end of Finlandisation? Finland's road to a NATO application", *European Security*, 2022 [preprint] doi.org/10.1080/09662839.2022.2113062

40 KANSIKAS, 2014, en ARTER, *op. cit.*

dia[41]. Otros, como el exprimer ministro finlandés Alexander Stubb, se han opuesto por razones de índole democrática y de respeto a la soberanía nacional del país que, a su parecer y, en definitiva, no solucionarían los problemas de fondo[42].

Por su lado, en el caso sueco, buscó tras la Segunda Guerra Mundial el mantener una posición de no alineamiento con la OTAN con el fin de declararse neutral en caso de que estallase una guerra entre Occidente y la URSS. Un factor decisivo fue la intención de disuadir a la Unión Soviética de realizar nuevas intromisiones en la soberanía finlandesa, puesto que, si ello ocurría, Suecia se vería obligada a implicarse, política y militarmente[43]. Por tanto, su posición ha estado marcada por la "cuestión finlandesa" es decir, por no dejar sola a la aliada Finlandia, con su larga frontera con Rusia, como único Estado militar no alineado de la región[44]. Esta postura refleja en mayor profundidad la identidad securitaria que mantienen en la actualidad los países nórdicos como característica de sus culturas estratégicas.

Con el colapso soviético, la amenaza fronteriza se atenuó. Ambos países solicitaron de inmediato su adhesión a la Unión Europea —que se produjo en 1995—, como primer paso para romper su tradicional política de neutralidad. Así mismo, Finlandia y Suecia se convirtieron en miembros activos de la Asociación para la Paz desde su creación en 1994, aunque sin integrarse en la organización militar. Si bien, desde entonces intensificaron su colaboración, entrenando y trabajando con estándares OTAN, participando como aliados en

---

41 ARTER, *op. cit.*

42 *CNN*, "Fmr. Finnish PM: 'Finlandization' is not an answer for Ukraine", 15 de febrero de 2022 [en línea] https://edition.cnn.com/videos/tv/2022/02/15/amanpour-alexander-stubb-finland-russia-ukraine-putin-sauli-niinisto.cnn [Consulta: 24/02/2023].

43 CLAESSON, M. y CARLANDER, Z., "How Sweden and Finland can bolster NATO", *War on the Rocks*, 19 de julio de 2022 [en línea] https://warontherocks.com/2022/07/how-sweden-and-finland-can-bolster-nato [Consulta: 30/01/2023].

44 ADAMSON, E. y ÅLANDER, M., "What would happen if Sweden and Finland split up their NATO bids?", *Atlantic Council*, 7 de febrero de 2023 [En línea] https://www.atlanticcouncil.org/blogs/new-atlanticist/what-would-happen-if-sweden-and-finland-split-up-their-nato-bids/ [Consulta: 07/02/2023].

misiones internacionales y mejorando su interoperabilidad[45]. Por ello, ambos países han sido definidos como "no alineados solo de nombre"[46]. Junto con esta estrategia, tanto Finlandia como Suecia han mantenido sólidas capacidades de defensa nacional, estrategias de defensa civil, etc., que han sido renovadas en el último lustro. Además, Finlandia nunca suprimió su servicio militar obligatorio, mientras que Suecia decidió recuperarlo en 2017 tras su suspensión en 2010. En definitiva, asumían que la amenaza rusa seguía presente y que debían garantizar su propia defensa, añadiendo ahora su plena adhesión a la Alianza.

La solicitud de ingreso en la OTAN resulta un giro radical con respecto a esa tradición. La agresión rusa contra Ucrania provocó que el 18 de mayo de 2022, Finlandia y Suecia revirtieran sus políticas de no alineamiento dando dicho paso. Esta decisión vino acompañada de un vuelco total de la opinión pública a favor de la integración; por ejemplo, en el caso de Finlandia, los porcentajes de apoyo social subieron desde el entorno del 25%, estable durante décadas, hasta situarse por encima del 75% en 2022[47].

Ambos encarnan un aliado bienvenido: la percepción entre la comunidad estratégica occidental es que tanto Finlandia como Suecia son activos estratégicos para la Alianza Atlántica y la defensa europea[48]. Los dos países son denominados como "proveedores de seguridad", contribuyendo a las capacidades compartidas e incluso posibilitando la modernización del planeamiento y el desarrollo de capacidades, además de ayudar a la disuasión frente a Rusia en el

---

45 SKALUBA, C. y WIESLANDER, A., "Why Finland and Sweden can join NATO with unprecedented speed", *Atlantic Council*, 13 de mayo de 2022 [En línea], https://www.atlanticcouncil.org/blogs/new-atlanticist/why-finland-and-sweden-can-join-nato-with-unprecedented-speed/ [Consulta: 05/03/2023].

46 CRAMER, C. y FRANKE, U., "Ambiguous alliance: neutrality, optouts, and European Defence", *ECFR*, 28 de junio de 2021 [en línea] https://ecfr.eu/publication/ambiguous-alliance-neutrality-opt-outs-and-european-defence/ [Consulta: 08/02/2023].

47 FORSBERG, T., "Finland and Sweden's Move to NATO", *PRIO*, 9 de mayo de 2022 [En línea] https://blogs.prio.org/2022/05/finland-and-swedens-move-to-nato/ [Consulta: 11/03/2023].

48 VARIOS, "Finland and Sweden in NATO are strategic assets, not liabilities", *FDD*, 20 de julio de 2022 [En línea] https://www.fdd.org/analysis/2022/07/20/finland-sweden-in-nato-strategic-assets/ [Consulta: 14/02/2023].

Báltico o reforzar la introducción el Ártico en la agenda aliada, que converge con intereses estratégicos de Canadá, Estados Unidos o con la vecina Noruega[49]. Por último, se asume que la interoperabilidad irá a más con aliados regionales ya miembros, como Dinamarca o Noruega.

Finalmente, el 17 de marzo de 2023, Turquía fue el último país de la Alianza Atlántica en anunciar su voto afirmativo al ingreso finés, por lo que el 4 de abril se convirtió en el miembro número 31° de la organización. Su entrada en la OTAN supone el ocaso definitivo de la "finlandización" como política *sui generis*. Por su parte, la solicitud todavía pendiente de Suecia significa, en cualquier caso, el fin del no alineamiento sueco frente a la gran potencia[50]. Así, la transformación de la arquitectura de seguridad regional implica desde ya abrir otro tipo de relaciones diplomáticas o comerciales con Moscú. Igualmente, aboca a un escenario de seguridad nuevo en el mar Báltico[51], donde solo ondea la bandera rusa en las aguas que bañan el enclave de Kaliningrado y el *óblast* de Leningrado.

De culminarse completamente este proceso, el Flanco Este se vería reforzado y la UE sería en cierta medida sustituida por la OTAN en materia de defensa, pues la organización transatlántica integraría a la mayoría de los socios comunitarios, con la excepción de Austria, Chipre, Irlanda y Malta. Por el contrario, si el *impasse* del bloqueo de la adhesión de Suecia se alargase en el tiempo, tal vez Finlandia tenga que acabar enfrentándose a su propia "cuestión sueca", cavilando sobre las opciones ante dejarla sola o acompañarla en el proceso. El compromiso finés con su vecino es incontestable, pero la pregunta será cómo articularlo estratégicamente.

---

49 ALBERQUE, W. y SCHREER, B., "Finland, Sweden and NATO Membership", *Survival*, 64-3, 2022, 67-72.

50 Sin embargo, en el momento de escribir estas líneas, Hungría y, sobre todo, Turquía, siguen bloqueando la entrada de Suecia en la OTAN por cuestiones domésticas convertidas en razones diplomáticas, la cual demanda la unanimidad de los socios.

51 PAWLAK, J., "No, Don't Call the Baltic a 'NATO Lake'", *RUSI*, 5 de septiembre de 2022 [En línea] https://rusi.org/explore-our-research/publications/commentary/no-dont-call-baltic-nato-lake [Consulta: 04/03/2023].

En cuanto a la propia guerra en Ucrania, los dos países son importantes contribuyentes al esfuerzo occidental, como muestra la Tabla 2. Reflejo de la responsabilidad asumida, Finlandia y Suecia han anunciado el envío de carros de combate Leopard 2 a las fuerzas armadas ucranianas. Además, han reforzado las alianzas y cooperación con otros países nórdicos y bálticos, o ambos han firmado una iniciativa de defensa mutua con Reino Unido. Un compromiso fruto de posiciones políticas muy asertivas y sin ambages frente a lo que se considera como una vuelta al imperialismo autoritario ruso, donde la primera ministra finlandesa durante la guerra, Sanna Marin[52], junto con los líderes de Estonia y Lituania, o de otros países del centro de Europa, representaría una corriente política que algunos han querido denominar como "nuevo idealismo"[53].

Tabla 2. Ayuda provista por Finlandia y Suecia a Ucrania

	Apoyo humanitario		Apoyo financiero		Apoyo militar	
	Total[a]	Sobre PIB	Total	Sobre PIB	Total	Sobre PIB
Finlandia	0.051	0.020	0.082	0.032	0.207	0.081
Suecia	0.107	0.021	0.150	0.029	0.546	0.106

Fuente: Elaboración propia a partir de datos hasta el 15 de enero de 2023 del *Kiel Institute for the World Economy*[54].
a. Expresado en miles de millones de euros.

Dinamarca. El giro para estar "dentro"

Dinamarca representa otro curso estratégico nórdico distinto a los dos países anteriores. Fue miembro fundador de la Alianza Atlántica y se adhirió a las Comunidades Europeas en 1973. Su desenvolvimiento en ambas instituciones es buen reflejo de la postura estraté-

[52] El partido socialdemócrata de la política finlandesa perdió las elecciones legislativas del 2 de abril de 2023. En el momento de cerrar este capítulo, todavía no se había dilucidado la formación de gobierno en el país.

[53] TALLIS, B., *To Ukraine With Love: Essays on Russia's War and Europe's Future*, Publicación propia, 2022.

[54] VARIOS, *op. cit.*

gica danesa. Un Estado que ha buscado en ambas organizaciones un modo de reforzar su defensa, pero procurando mantener un perfil propio y autónomo. Desde una conciencia nacional que ha impregnado ciertas actitudes renuentes a una mayor integración europea y ha perseguido una relación singular con la esfera anglosajona, la guerra en Ucrania ha alterado posiciones de larga data.

La percepción de amenaza que constituía la Unión Soviética para el país se halla detrás de su decisión de unirse a la OTAN. Fracasados algunos intentos por forjar un pacto de defensa nórdico tras la Segunda Guerra Mundial, las élites danesas pensaron que sostener una posición neutral frente a ambos bloques debilitaría su defensa nacional, siendo los Estados Unidos la mejor garantía de seguridad; si bien, trató de actuar de manera cautelosa para no verse implicado de forma directa en determinadas decisiones que condujesen a un conflicto entre la URSS y el bloque occidental, o que no estuviesen en su interés nacional[55]. Esta fue la postura estratégica de Dinamarca durante la Guerra Fría.

En esos años, Dinamarca entró a formar parte del "club comunitario". Lo hizo de la mano de Reino Unido[56], con quien compartiría determinadas posturas euroescépticas e intereses comerciales[57]. Sin embargo, rechazó habitualmente vías de cooperación e integración comunitaria que afectasen al núcleo duro de soberanía; aquellas políticas que en el Tratado de Maastricht (1992) conformarían sus segundo y tercer pilar. Como sus colegas británicos, se guardó el ejercer la cláusula de exclusión (*opt-out*) en esas áreas para que dichas políticas no le fueran aplicables ni de ellas participase; fue la vía que encontró su clase dirigente para rubricar un tratado contestado socialmen-

---

55 JAKOBSEN, P. V., "From laggard to leader to loyal?", en TESTONI, M. (ed.), *NATO and Transatlantic Relations in the 21st Century. Foreign and Security Policy Perspective*, Routledge, Oxon-Nueva York, 2021, 85-103.

56 De hecho, había retrasado su entrada en las Comunidades ante el veto francés de Charles de Gaulle al ingreso de Reino Unido, para así hacerlo de manera conjunta.

57 SØRENSEN, C.: "Danish and British popular Euroscepticism compared: A sceptical assessment of the concept", *Danish Institute for International Studies*, Working Paper 25, 2004, 12-21.

te[58]. Por tanto, Dinamarca se autoexcluyó de la Política Exterior y de Seguridad Común, convertido posteriormente en la Política Común de Seguridad y Defensa de la Unión Europea.

No obstante, hay interrogantes sobre el porqué de esta opción al margen de los obstáculos de la opinión pública. Resulta contradictorio, pues el Estado danés siempre ha afirmado que la Unión era su organismo internacional de referencia... pero rehuía la cooperación en esos asuntos. Otra explicación puede hallarse en la voluntad por marcar un perfil más autónomo en defensa[59] y, al mismo tiempo, una posición en su política exterior de subrayado perfil atlantista[60]. El contraste con Finlandia y Suecia es evidente: Dinamarca no fue neutral como los anteriores, quienes sí son parte integrante de los acuerdos políticos sobre seguridad y defensa europea.

Si la amenaza rusa fue una de las principales fuerzas motrices que explican esas coordenadas estratégicas, el colapso del imperio soviético arrastró consigo el miedo a la gran potencia del este y a quedar aprisionado entre ambos bloques en una hipotética guerra. Por ello, al finalizar la Guerra Fría Dinamarca se convirtió en uno de los principales valedores de la independencia de los países bálticos y de la necesidad de su admisión en la OTAN; una determinación que no solo molestó a Rusia, sino también a Italia, Francia, Alemania o Estados Unidos, quienes querían avanzar más despacio para no soliviantar a la otrora potencia comunista[61].

La ausencia de amenaza, el cambio de escenario y las interpretaciones de sus élites provocaron, por un lado, que Dinamarca disfrutase de los "dividendos de la paz" y, por consiguiente, redujese su inversión en defensa de forma sostenida durante casi dos décadas; por otro, que se volcase con las operaciones fuera de área y fuera miembro activo de la "Guerra contra el Terror" estadounidense y de

---

58 NEERGAARD, U. y BUTLER, G., "Denmark's Defence Opt-out, the Forthcoming Referendum, and the Changing Face of EU Defence and Security Arrangements", *EU Law Live*, 95, 2022, 2-11.

59 RYE, G. y PILEGAARD, J., "The Costs of Non-Europe? Denmark and the Common Security and Defence Policy", *European Security*, 14-3, 2005, 339-360.

60 MOURITZEN, H. "Denmark's super Atlanticism", *Journal of Transatlantic Studies*, 5-2, 2007, 155-167.

61 JAKOBSEN, *op. cit.*

las operaciones en Afganistán e Irak[62]. Como en el caso alemán y tantas otras occidentales, las fuerzas armadas danesas transitaron de un modelo de defensa territorial a fuerza expedicionaria[63].

Por todo ello, la agresión de Rusia contra Ucrania cambió radicalmente esta orientación. Dinamarca volvió a situar el aumento del gasto en defensa en lo más alto de la agenda de la OTAN, para cumplir para 2025 con el 2% de inversión comprometido en Gales a través de la flexibilización fiscal del presupuesto público. Asimismo, el gobierno convocó un referéndum para eliminar la cláusula *opt-out* de la política de seguridad y defensa para el 1 de junio de 2022. Además, la ciudadanía votó abrumadoramente a favor, con un 67%, mientras que el 33% se opuso[64]. Mediante un compromiso nacional histórico, la mayoría de los partidos apostaron sin ambages por esta opción, lo que explica también el resultado pro-europeo a diferencia de referéndums anteriores[65]. Tras la supresión por votación popular del derecho a *opt-out*, Dinamarca podrá implicarse en los programas de la Agencia Europea de Defensa o en la Cooperación Estructurada Permanente.

No obstante, este paso estuvo precedido años atrás por el apoyo a instrumentos concretos, como el Fondo Europeo de Defensa, al entenderlo como una fórmula en materia de defensa positiva para el mercado y el refuerzo de la colaboración industrial y comercial desde el ámbito intergubernamental[66]. También había cierto caldo de cultivo, pues se tenía la sensación de que Dinamarca estaba perdiendo oportunidades en los últimos años con su autoexclusión, dado el

---

62 WIVEL, A. y CRANDALL, M., "Punching above their weight, but why? Explaining Denmark and Estonia in the transatlantic relationship", *Journal of Transatlantic Studies*, 17-3, 2019, 392-419.

63 RYNNING, S. y RAHBEK-CLEMMENSEN, J., "The Absentee: Denmark and the CSDP", en: FIOTT, D. (ed.), *The Common Security and Defence Policy: National perspectives*, Egmont-Royal Institute for International Relations, Bruselas, 2015, 98.

64 SCHAART, E., "Denmark votes to scrap EU defense opt-out", *Político*, 1 de junio de 2022 [en línea] www.politico.eu/article/denmark-votes-to-scrap-eu-defense-policy-opt-out/ [Consulta: 18/01/2023].

65 NEERGAARD y BUTLER, *op. cit.*

66 RYNNING, S., "National expectations regarding the European Defence Fund: the Danish perspective", *IRIS*, 2020 [en línea] dev.iris-france.org/wp-content/uploads/2020/05/ARES-49.pdf [Consulta: 25/02/2023].

refuerzo de la cooperación europea o los avances en determinadas áreas, como la ciberseguridad[67].

La otra consecuencia de febrero del año 2022 es la visión sobre Rusia como una amenaza directa y, por ende, cómo contribuir al esfuerzo de Ucrania. En Dinamarca se entiende que, en palabras de su ministro de Asuntos Exteriores, Lars Løkke Rasmussen, "los ucranianos luchan no solo por su propia libertad, sino también por la seguridad de toda Europa"[68]. La Tabla 3 enseña las cifras de ayuda al Estado ucraniano aportadas en total, situándose Dinamarca en una posición intermedia —entre el 10º y el 15º contribuyente— en términos comparativos[69].

Tabla 3. Ayuda provista por Dinamarca a Ucrania

Apoyo humanitario		Apoyo financiero		Apoyo militar	
Total[a]	Sobre PIB	Total	Sobre PIB	Total	Sobre PIB
0.099	0.029	0.058	0.017	0.563	0.166

Fuente: Elaboración propia a partir de datos hasta el 15 de enero de 2023 del *Kiel Institute for the World Economy*[70].
a. Expresado en miles de millones de euros.

De todo el envío, destaca la remesa de 80-90 carros de combate Leopard 1, en una primera tacada, junto con Alemania y Países Bajos para conformar un batallón[71]. Asimismo, con amplio consenso entre gobierno y parlamento se aprobó crear un fondo de 7.000M€ adicio-

---

67 VARIOS, *European defence cooperation and the Danish defence opt-out*, Danish Institute for International Studies, Copenhague, 2020.

68 *Revista Ejércitos*, "Guerra de Ucrania. Día 385", 15 de marzo de 2023 [en línea] www.revistaejercitos.com/2023/03/15/guerra-de-ucrania-dia-385/ [Consulta: 16/03/2023].

69 VARIOS, "The Ukraine Support Tracker", *op. cit.*

70 *Ibíd.*

71 *Der Spiegel*, "Deutschland liefert Leopard-1-Panzer gemeinsam mit Dänemark und den Niederlanden" [en línea], 8 de febrero de 2023, www.spiegel.de/politik/deutschland/ukrainekrieg-deutschland-liefert-leopard-1-panzer-gemeinsam-mit-daenemark-und-den-niederlanden-a-4d888a28-d1ca-4a94-b32e-05c1c18d50c3. [Consulta: 09/02/2023.]

nales dirigido a proveer apoyo militar, humanitario, civil, financiero y empresarial de manera duradera y sostenida[72].

Conclusiones

La guerra de Ucrania fue una conmoción estratégica para las cancillerías europeas. Sin obviar los precedentes desde 2014, configuró una coyuntura crítica que está abriendo nuevas trayectorias en diversas áreas de políticas públicas, en especial las militares y de defensa. Los cursos de acción seguidos en los casos de estudio examinados —Alemania, Finlandia, Suecia y Dinamarca— son interpretables de manera plausible a partir de dicho concepto.

Este momento de transformación se ha producido debido a la alteración de los supuestos estratégicos de los decisores políticos; en particular, sobre la amenaza real que representa Rusia para su seguridad nacional. Esta conclusión refuerza la idea de Walt[73] de que los Estados atienden antes y más al empleo del poder que a su distribución; es decir, a la amenaza del potencial uso de la fuerza. Como consecuencia, el foco en el "equilibrio de poder" perdería capacidad explicativa. Esta idea enriquece el debate sobre las causas del conflicto, incluyendo las aportaciones del realismo ofensivo, pero alejadas de tesis como la de John Mearsheimer, y probablemente matizando las del propio Walt; constituye una discusión abierta[74].

El escenario post-24 de febrero es, sobre todo, el de un cambio en la percepción de los desafíos y, en consecuencia, el realineamiento de las posiciones estratégicas de los diferentes países estudiados.

---

72 Revista Ejércitos, *op. cit.*

73 WALT, *op. cit.*

74 BAHENSKÝ, V., "Can 'Realists' and 'Hawks' Agree? Half-measures and Compromises on the Road to Invasion of Ukraine", *CEJISS*, 16-3, 2022, págs. 56-74; RENDALL, M., "Realism, reckless states, and natural selection", *International Relations*, 2022; SMITH, N. y DASWON, G., "Mearsheimer, realism, and the Ukraine war", *Analyse & Kritik*, 44-2, 2022, 175-200; EDINGER, H., "Offensive ideas: structural realism, classical realism and Putin's war on Ukraine", *International Affairs*, 2022, 98-6, 1873-1893; SPECTER, M., "Realism after Ukraine: A Critique of Geopolitical Reason from Monroe to Mearsheimer", *Analyse & Kritik*, 44-2, 2022, 243-267.

El cambio de época que enfrenta toda Europa[75] es, ante todo, una metamorfosis ideacional. Alemania, Finlandia, Suecia y Dinamarca avanzan sus pasadas estrategias de no colusión con Rusia desde posiciones idealistas, como Alemania, o pragmáticas, como los nórdicos. La traducción material del *Zeitenwende* europeo tardará, pero Alemania enfrenta la instrumentalización de la dependencia energética rusa mediante la diversificación de su suministro, a la par que apuesta por el rearme de sus fuerzas armadas; Dinamarca se ha integrado en la política de defensa de la Unión Europea; Finlandia cuenta ya con el plácet de los socios para su integración en la OTAN, mientras que Suecia aguarda su integración formal. El discurso de sus élites se ha transformado, desde el desengaño alemán, hasta la asertividad y confrontación finesa para desterrar la "finlandización". En todos los casos, han contribuido al esfuerzo bélico existencial ucraniano con ayuda económica, humanitaria y militar. En términos relativos, han sido clasificados en una posición intermedia como contribuyentes, tras Polonia, Estonia, Letonia y Lituania, o Estados Unidos y Reino Unido.

Este es un análisis de acciones en curso, por lo que necesariamente contingente. No obstante, sí permite observar tendencias estratégicas: la primera, cómo Europa puede girar hacia un mayor peso estadounidense y del atlantismo, debido al anuncio de Alemania de adquirir plataformas y sistemas estadounidenses, o el vínculo expreso de Finlandia y Suecia con la OTAN, que se unen a un atlantista convencido como Dinamarca. La segunda, cómo la política de defensa de la Unión Europea gana para su bando a un socio, hasta ahora, reticente, pero que ve al mismo tiempo cómo la mayoría de sus miembros lo son también de la Alianza Atlántica. Y la tercera, cómo la ruptura de la neutralidad (matizada) de Finlandia y Suecia puede reforzar sus lazos de cooperación bilateral, trilateral y regional, lo que implica que el mar Báltico sea un espacio marítimo aliado. Cuatro casos que iluminan los fracasos estratégicos tras la decisión de Vladimir Putin de lanzar la invasión contra Ucrania.

---

75 VARIOS, "The Zeitenwende Beyond Germany", *Internationale Politik Quarterly*, 9 de marzo de 2023 [en línea] https://ip-quarterly.com/en/zeitenwende-beyond-germany [Consulta: 09/03/2023].

La guerra de Ucrania y su impacto en las políticas de defensa de las Repúblicas Bálticas, Polonia y Francia

Laura García Moreno

Introducción

La invasión rusa de Ucrania ha impactado a nivel mundial y ha generado una enorme preocupación en los vecinos europeos de Rusia, que habían confiado en la estabilidad estratégica establecida después de la Guerra Fría. Sin embargo, la respuesta de los países europeos no ha sido unánime y ha sido tan diversa como es común en el continente. Desde febrero de 2022, se han producido diversas reacciones y respuestas políticas en todo el mundo, que van desde la condena más enérgica hasta la cautela y la moderación. En general, los países europeos han demostrado gran preocupación por el conflicto y han expresado su solidaridad con Ucrania, al mismo tiempo que han reavivado el debate sobre la defensa en el continente.

El revisionismo agresivo ruso ha forzado a los países europeos a replantear sus políticas de defensa, reforzando la validez de los argumentos de aquellos países que desconfían de Rusia y que han carecido de autonomía estratégica en su defensa. En este capítulo, se analizarán los casos de aquellos países que han optado por mantener un enfoque continuista en su política de defensa, profundizando en la trayectoria iniciada hace años. Estos casos incluyen a Polonia, las repúblicas bálticas y Francia.

Polonia

Polonia, es junto con los países bálticos, uno de los Estados más afectados directamente por la invasión de Ucrania. Como país vecino, exmiembro del Pacto de Varsovia, y miembro de la OTAN, Polonia se encuentra en una posición muy expuesta dentro de la guerra de Ucrania. La muerte de dos personas el pasado 15 de noviembre de 2022 en el pueblo polaco de Przewodów por un misil ilustra los riesgos potenciales a los que se el país se enfrenta[1].

La invasión ha puesto de relieve el desplazamiento del eje estratégico de la UE hacia el este a la vez que ha resaltado la creciente influencia polaca en los asuntos regionales. Por poner varios ejemplos, Polonia fue uno de los primeros países en responder ante la invasión, apoyando todas las acciones ucranianas desde febrero de 2022. También se ha convertido en el principal centro logístico de ayuda militar y humanitaria a Ucrania, ha acogido al mayor número de refugiados y ha encabezado fuertes sanciones contra Rusia. De hecho, de acuerdo con el *Ukraine Support Tracker*, Polonia es el segundo donante europeo y el sexto de la lista global de ayuda bilateral a Ucrania, tanto en mayor porcentaje de PIB dedicado a la causa, como mayor número de compromisos gubernamentales para fines militares, financieros y humanitarios adquiridos[2]. Además, Polonia ha acogido a más de 1,56 millones de refugiados ucranianos y, sumando esos costes, se sitúa en tercer lugar en términos absolutos a nivel mundial, con casi 12.000M€ de ayuda.

Tabla 1. Ayuda provista por Polonia a Ucrania

	Apoyo humanitario		Apoyo financiero		Apoyo militar	
	Total[a]	Sobre PIB	Total	Sobre PIB	Total	Sobre PIB
Polonia	0.172	0.030	0.959	0.169	2.428	0.427

Fuente: Elaboración propia a partir de datos hasta el 15 de enero de 2023 del *Kiel Institute for the World Economy*[3].
a. Expresado en miles de millones de euros.

---

1 *Organización del Tratado del Atlántico Norte*, "Press conference by NATO Secretary General Jens Stoltenberg after the meeting of the North Atlantic Council on Poland", 16 de noviembre de 2022 [en línea] https://www.nato.int/cps/en/natohq/opinions_209063.htm [Consulta: 12/03/2023]

2 VARIOS, "The Ukraine Support Tracker", *Kiel Working Papers*, 2218, 2023 https://www.ifw-kiel.de/topics/war-against-ukraine/ukraine-support-tracker/. [Consulta: 15/03/2023]

3 VARIOS, *op. cit.*

Considerada un éxito en la transición poscomunista y la transformación política y económica, Polonia se reintrodujo en el sistema democrático y la economía de libre mercado a principios de los años 90, tras 45 años de régimen comunista. Actualmente es miembro de la OTAN (desde 1999), de la Unión Europea (desde 2004) y de la OCDE, entre muchas otras instituciones internacionales clave. Ubicada en una intermedia entre el Este y el Oeste, y más específicamente en las llanuras abiertas del norte de Europa carecientes de fronteras naturales que la separen de Alemania y Rusia, Polonia ha estado históricamente marcada por una vulnerabilidad permanente. Esta posición ha sido la causa fundamental de la tragedia de Polonia durante siglos, pues la ha convertido en campo de batalla de gran parte de los conflictos europeos, configurando de esta forma la óptica de seguridad del país. La historia está siempre detrás del pensamiento polaco en materia de seguridad y defensa.

En el marco específico del conflicto entre Rusia y Ucrania, Polonia goza de una extrema relevancia geopolítica por varias razones. En primer lugar, comparte frontera con Ucrania al este y con el enclave ruso de Kaliningrado al norte. Como tal, cualquier acción militar de Rusia contra Ucrania o cualquier escalada significativa del conflicto podría tener un impacto directo en la seguridad de Polonia. Además, ambos países mantienen lazos históricos que se remontan a siglos atrás, compartiendo similitudes culturales y lingüísticas. Cabe mencionar la pertenencia a la OTAN y su interés en garantizar la presencia de la alianza en la región, en particular desde la anexión rusa de Crimea en 2014. Por último, destaca su influencia política: Polonia es uno de los países más grandes y poblados de la región, y ha sido un actor importante en la configuración de la respuesta de la UE al conflicto entre Rusia y Ucrania.

Polonia tiene una larga y compleja historia de retos en materia de seguridad y defensa. A lo largo del siglo XX el país se enfrentó a múltiples invasiones y ocupaciones que han influido profundamente en la perspectiva estratégica polaca y en su enfoque de la seguridad nacional. Al igual que ocurre con los Bálticos, la transformación poscomunista de Polonia se centró desde el principio en su integración en la arquitectura institucional occidental. Desde entonces, su política de defensa se ha basado en dos pilares fundamentales: la UE y la OTAN. Con la búsqueda de su seguridad en los acuerdos multilaterales, Polonia pretendía garantizar que, ante una Rusia revisionista, el país se mantuviera salvaguardado por la colectividad occidental, capaz de disuadir a Rusia y defender en caso de que fuese necesario. El ingreso de Polonia en la OTAN en 1999 marcó un importante punto de inflexión en su política de seguridad y defensa; desde entonces, Polonia ha tratado de reforzar sus capacidades de defensa.

El momento en que se produce el cambio de paradigma total en la configuración de la estrategia de seguridad nacional es el estallido de la crisis en Ucrania y la violación de la soberanía y la integridad territorial del Estado ucraniano a finales de 2013. En 2014 el país adoptó una nueva Estrategia de Seguridad Nacional[4] y acordó un aumento significativo del gasto en defensa, comprometiéndose a gastar el 2% de su PIB en defensa para 2020. En 2016, Polonia y Estados Unidos anunciaron el despliegue de un nuevo sistema de defensa antimisiles de la OTAN en Polonia[5], con el que se pretendía mejorar las capacidades de defensa del país frente a posibles agresiones rusas.

De esta manera, la invasión rusa de Ucrania en 2014 representó un importante punto de inflexión para Polonia, dando comienzo a su proceso de transformación de capacidades de defensa que ha continuado a lo largo de estos años. Ya antes de la invasión de febrero de 2022, Polonia se encontraba inmersa en un programa de modernización militar plurianual (2020-2035) de 133.000 millones de dólares[6], siendo uno de los pocos Aliados que cumplían las directrices de la OTAN de destinar el 2% del PIB a defensa y el 20% del gasto en defensa a la modernización de equipos e infraestructuras. En marzo de 2022, con la aprobación de la Ley de Defensa Nacional[7]

4 Presidencia de la República de Polonia, *National Security Strategy of the Republic of Poland*, Consejo de Seguridad Nacional, Varsovia, 2014.

5 FERDINANDO, L., "Work Joins Groundbreaking for Ballistic Missile Defense Site in Poland", [en línea], *U.S. Department of Defense*, 13 de mayo de 2016 [en línea] https://www.defense.gov/News/News-Stories/Article/Article/759662/work-joins-groundbreaking-for-ballistic-missile-defense-site-in-poland [Consulta: 20/02/2023].

6 Ministerio de Defensa Nacional, *Polish Defence in the Perspective of 2032*, Gobierno de Polonia, Varsovia, 2023.

7 Primer Ministro de Polonia, "More troops and more money for defence - the Council of Ministers adopted a draft Homeland Defence Act", *Gobierno de Polonia*, 22 de febrero de 2022 [en línea], www.gov.pl/web/primeminister/more-

como respuesta a la creciente dificultad de la situación geopolítica en la región, Polonia se comprometía a incrementar el presupuesto de defensa hasta el 3% del PIB para 2023, lo que situaría a Polonia sólo por detrás de Grecia (3,82%) y Estados Unidos (3,52%) en la OTAN en términos relativos. En 2023 Polonia ocupa el puesto 18 de 142 del índice de Global Firepower en cuanto a gasto en defensa[8]. El presupuesto estatal para 2023, aprobado por la Cámara Baja del Parlamento polaco, prevé un gasto en defensa de 97.400 millones de zlotys, casi el 4% del PIB[9].

Otro cambio clave ha sido el énfasis en la modernización de las capacidades militares de Polonia. En los últimos años, Polonia ha invertido mucho en sistemas avanzados de armamento, como sistemas de defensa antimisiles, drones y capacidades de ciberdefensa. Según Global Firepower, Polonia ocupa el puesto 20 entre los 145 en el ranking de los mejores ejércitos del mundo[10]. Sus fuerzas armadas se encuentran entre las mayores de Europa, pues cuenta con aproximadamente 120.000 efectivos en servicio activo. En virtud de la Ley de Defensa Nacional, Polonia se comprometía a duplicar con creces el tamaño de sus fuerzas armadas hasta alcanzar los 300.000 efectivos. El mes de mayo lanzó una nueva forma remunerada de servicio militar voluntario en un esfuerzo por atraer reclutas. El objetivo es claro: convertir fuerza terrestre polaca en "la más poderosa de Europa"[11]. La Ley de Defensa Nacional de 2022 establece un proceso de reclutamiento simplificado, normas de promoción más flexibles y un sistema de incentivos para fomentar el servicio militar,

---

troops-and-more-money-for-defence–the-council-of-ministers-adopted-a-draft-homeland-defence-act [Consulta: 20/02/2023].

8 *Global Fire Power*, "2023 Military Strength Ranking", 2023 [en línea] https://www.globalfirepower.com/country-military-strength-detail.php?country_id=poland [Consulta: 23/02/2023]

9 PTAK, A., "Poland to spend 4% of GDP on defence this year, highest current level in NATO", *Notes From Poland*, 31 de enero de 2023 [en línea] https://notesfrompoland.com/2023/01/31/poland-to-spend-4-of-gdp-on-defence-this-year-highest-current-level-in-nato [Consulta: 18/02/2023].

10 Global Fire Power, *op. cit.*

11 TILLES, D., "Poland's land forces will be most powerful in Europe, says defence minister", *Notes from Poland*, 29 de julio de 2022 [en línea] https://notesfrompoland.com/2022/07/29/polands-land-forces-will-be-most-powerful-in-europe-says-defence-minister/ [Consulta: 23/02/2023]

además de restaurar el sistema de reserva militar y modernizar su equipamiento. Asimismo, se introduce el servicio militar básico voluntario, que supondrá un año de formación[12].

La tercera pata de la nueva ley, junto con el aumento del gasto en defensa y la proliferación de los efectivos de las fuerzas armadas, es la modernización de estas, sustituyendo los viejos equipos postsoviéticos. Ucrania ha demostrado que los números importan, y que los blindados pesados y las armas clásicas como la artillería importan. Esto ha llevado a Polonia a tomar una serie de decisiones y a embarcarse en una oleada de adquisiciones, principalmente centrada en las fuerzas terrestres. Polonia ha destinado gran parte de su presupuesto militar a armamento fabricado en Corea del Sur, para lo que ha firmado una serie de contratos de compra de tanques, aviones y otro armamento. Hasta la fecha, Polonia ha hecho pedidos a Corea por valor de entre 10.000 y 12.000 millones de dólares en material militar. Estos contratos incluyen la compra de 288 lanzacohetes K239 Chunmoo, 48 aviones de ataque ligero FA-50, 219 obuses autorpopulsados K9 Thunder y 189 carros K2 Black Panther[13]. Quizá lo más espectacular de todo sea el enorme número de carros de combate que Polonia tiene previsto adquirir, que incluye más de 1.000 carros K2 y 700 obuses K9, complementando los suministros actuales.

Por otro lado, en la primavera de 2022, Polonia negoció un contrato con Estados Unidos por 4.900M€ para la compra de 250 carros Abrams nuevos y 116 usados[14], que sustituirán a 240 carros de la era soviética. En comparación, Alemania tiene 266 carros de combate en servicio y Francia 406, según *Global Firepower*. En 2022 Polonia donó a Ucrania más de 240 de sus tanques T-72 de diseño soviético. Polonia se erigió, así, como el segundo mayor donante de material militar a Ucrania sólo por detrás de Estados Unidos.

---

12 Primer Ministro de Polonia, *op. cit.*

13 TILLES, D., "First Korean tanks and howitzers arrive in Poland", *Notes from Poland*, 6 de diciembre de 2022 [en línea] https://notesfrompoland.com/2022/12/06/first-korean-tanks-and-howitzers-arrive-in-poland/ [Consulta: 23/02/2023].

14 PTAK, A., "Poland approves $1.4 billion deal to buy 116 Abrams tanks from US", *Notes from Poland*, 4 de enero de 2023 [en línea], https://notesfrompoland.com/2023/01/04/poland-approves-1-4-billion-deal-to-buy-116-abrams-tanks-from-us/ [Consulta: 23/02/2023]

El punto débil del ejército polaco, que el gobierno trata de revertir, sigue siendo la defensa antiaérea y antimisiles, que está totalmente obsoleta. El gobierno decidió ya en 2015 comprar sistemas de misiles Patriot a Estados Unidos y ahora mismo se están integrando las dos primeras baterías con el objetivo de que estén operativas a mediados de 2023. En una segunda fase de este programa, Polonia quiere comprar más baterías del sistema Patriot[15]. Por último, Polonia firmó un contrato de 4.600 millones de dólares para la adquisición de 32 cazabombarderos F-35, que se sumarían a los F-16 que ya están en servicio en sus fuerzas aéreas. Aunque en un primer momento Polonia mostró su intención de adquirir 500 cohetes HIMARS de Estados Unidos, al final se optó por comprar unos 200 HIMARS y 300 del sistema de cohetes coreano M239[16].

Polonia también ha conseguido al fin lo que llevaba años pidiendo a Estados Unidos: la promesa de una base militar estadounidense permanente en su territorio. Las enormes inversiones de Polonia en armamento pesado y personal la están convirtiendo en la principal cabeza de puente oriental de la OTAN, una posición confirmada por la visita de alto nivel del presidente estadounidense Joe Biden a Varsovia con motivo del primer aniversario de la invasión rusa de Ucrania. El Mando Avanzado del V Cuerpo de los Estados Unidos, inaugurado en marzo de 2023[17], es el primer contingente permanente estadounidense en la región, y su tarea principal es coordinar las actividades y supervisar las fuerzas terrestres estadounidenses desplegadas en Europa, la planificación operativa y la cooperación y sincronización de las fuerzas estadounidenses con las tropas de otros países de la OTAN. El país cuenta además con la mayor presencia de sol-

---

15 ADAMOWSKI, J., "Europe goes on shopping spree to fill capability gaps", *Defense News*, 6 de septiembre de 2022 [en línea] www.defensenews.com/global/europe/2022/09/06/europe-goes-on-shopping-spree-to-fill-capability-gaps/ [Consulta: 03/04/2023].

16 PTAK, A., "Poland to buy $10 billion in HIMARS rocket launchers and ammunition", *Notes from Poland*, 8 de febrero de 2023 [en línea] https://notesfrompoland.com/2023/02/08/poland-to-buy-10-billion-in-himars-rocket-launchers-and-ammunition/ [Consulta: 23/02/2023].

17 *Gobierno de Polonia*, "Permanent Garrison of the US Forces in Poland", 21 de marzo de 2023 [en línea] https://www.gov.pl/web/national-defence/permanent-garrison-of-the-us-forces-in-poland [Consulta: 21/03/2023].

dados estadounidenses de toda Europa del Este. Estados Unidos ha estacionado miles de nuevos soldados en Polonia, con lo que el total de sus fuerzas en el país asciende a unos 10.000, junto con material militar desplegado (baterías de misiles Patriot y varios cazas F-16).

Junto con el V Mando, Polonia alberga el Cuartel General del Cuerpo Multinacional del Noreste, desde el que se coordinan los cuatro grupos de combate del noreste de la OTAN en Estonia, Letonia, Lituania y Polonia. Con estos últimos acontecimientos, Polonia se ha convertido en el centro de gravedad de cualquier defensa aliada contra Rusia. Mientras que otros Estados occidentales, como Estados Unidos o Alemania, se mostraron inicialmente reticentes a la hora de tomar incluso contramedidas militares defensivas, los líderes polacos reaccionaron constantemente y presionaron a favor del despliegue permanente de tropas de la OTAN en su territorio como parte de unas medidas de seguridad creíbles contra el potencial agresivo ruso. Polonia ha intentado mejorar la capacidad de la OTAN para responder a la creciente amenaza rusa, de ahí el empeño en colmar con relativa rapidez las principales lagunas de capacidades y conseguir el máximo nivel de interoperatividad con las fuerzas norteamericanas, consideradas con razón como la columna vertebral de la postura defensiva de la OTAN en el Flanco Este. La presencia militar de la OTAN en la parte oriental de la Alianza es una parte clave de su postura reforzada de disuasión y defensa, que se ha mejorado en los últimos años para reflejar la nueva realidad de seguridad en la zona euroatlántica.

Repúblicas bálticas

El análisis del proceso de evolución de las políticas de seguridad y defensa de las repúblicas bálticas a raíz de la invasión rusa de Ucrania es quizá uno de los más complejos a la par que pertinentes. Estonia, Letonia y Lituania, los componentes más orientales y vulnerables de la OTAN, han sido siempre uno de los potenciales objetivos de la amenaza rusa[18]. Considerados según la mayoría de los análisis una

---

[18] SHALPAK, D. y JOHNSON, M., *Reinforcing Deterrence on NATO's Eastern Flank: Wargaming the Defense of the Baltics*, RAND Corporation, Santa Monica, 2016.

única entidad, una subregión de seguridad[19], los Estados bálticos gozan de una situación geopolítica que sigue teniendo una importancia fundamental para sus perspectivas de seguridad. Como han demostrado ampliamente los últimos acontecimientos, los desafíos derivados de su ubicación, aunque mitigados por la pertenencia a la OTAN y a la UE, no han desaparecido. Esta situación no es nueva en absoluto. Conscientes de su vulnerabilidad territorial derivada de su posición geoestratégica y, ante la falta total de capacidades de defensa nacionales tras la disolución de la URSS, los países bálticos llevan décadas embarcados en un profundo proceso de transformación y reconstrucción de su defensa nacional y regional. Desde el final de la Guerra Fría, Estonia, Letonia y Lituania se han visto abocados a transformar radicalmente sus políticas nacionales de seguridad y defensa para hacer frente a varios acontecimientos fundamentales, como son la caída de la Unión Soviética, el ingreso en la OTAN y la adhesión a la UE, y el resurgir del imperialismo ruso bajo el mandato de Putin.

Con la ruptura del equilibrio pacifico de Europa por la invasión rusa de Ucrania en 2022, los Bálticos se han visto obligados una vez más a lidiar con preocupaciones básicas y "duras" en materia de seguridad. La reaparición de la amenaza rusa ha vuelto a hacer saltar las alarmas sobre la vulnerabilidad de las fronteras, al tiempo que ha puesto de relieve que los Estados bálticos siguen estando mal preparados militarmente para responder en caso de agresión. Es por ello por lo que, siguiendo esa senda ya iniciada hace años, estos países recientemente han impulsado y acelerado los cambios en sus estrategias nacionales de defensa para dar respuesta a una amenaza inminente. Hasta la fecha, la introducción de diferentes medidas de disuasión en la región del Báltico desde 2014 había permitido reducir las amenazas a la seguridad en la región. Sin embargo, la invasión de Ucrania supuso un punto de inflexión y las tres exrepúblicas soviéticas han puesto en marcha nuevas medidas de seguridad.

Hay ciertos elementos que resulta imprescindible tener en cuenta al intentar entender la constante amenaza rusa que sienten los países

---

19 ANDŽĀNS, M., "Transition of the Baltic States Sub-region: from the 'post-Soviet' to the 'EU-Europe' Regional Security Complex?", *Proceedings of the 55th International Scientific Conference of Daugavpils University*, Daugavpils Universitāte, Daugavpils, 2014, 454-464.

bálticos. En primer lugar, la amenaza responde a su posición geopolítica, la cual cobra gran relevancia para sus políticas de seguridad por la idea que supone en el imaginario ruso. La histórica volatibilidad de su vecindad se debe principalmente a su ubicación entre Rusia, Bielorrusia y el Mar Báltico, donde además del óblast de Kaliningrado, se encuentra la única entrada rusa hacia aguas libres de hielo. Además, los bálticos en conjunto y Lituania en particular se encuentran separados del resto de países miembros de la OTAN únicamente por el corredor de Suwalki[20], una estrecha franja de tierra de apenas cien kilómetros que abarca la frontera entre Polonia y Lituania y separa el exclave ruso de Kaliningrado, en el mar Báltico, de Bielorrusia. Se trata, por tanto, de la única región de la OTAN tan cercana a Rusia, pues los tres países bálticos tienen la totalidad de su territorio a menos de 300 kilómetros de las fronteras rusas y su segunda ciudad más grande, San Petersburgo, está a sólo 160 kilómetros de la base de la OTAN en Estonia. También hay que tener en cuenta las minorías rusas y ruso parlantes que viven en estos países, que ascienden a un 10% en Lituania, 25% en Estonia y 36% en Letonia[21].

Con este trasfondo los bálticos han entendido que la amenaza es real y han aumentado sus esfuerzos de modernización en defensa desde 2014, cuando Rusia invadió Ucrania por primera vez. El gasto militar combinado de Estonia, Letonia y Lituania aumentó de 929 millones de euros en 2014 a 3.076 millones de euros en 2022, lo que implica un aumento de más del 200%. Hasta este año eran de los pocos países miembros de la OTAN que cumplían con la directriz no obligatoria de destinar el 2% del presupuesto nacional a gasto militar. Según datos de la OTAN, en junio de 2022 Lituania, Estonia y Letonia estaban entre los diez países miembro que más porcentaje de PIB destinan a defensa, ocupando el cuarto, quinto y séptimo puesto respectivamente. Con la invasión rusa de Ucrania de trasfondo, en

---

20 DENL, J., "NATO Must Prepare to Defend Its Weakest Point - he Suwalki Corridor", *Foreign Policy*, 3 de marzo de 2022 [en línea] https://foreignpolicy.com/2022/03/03/nato-must-prepare-to-defend-its-weakest-point-the-suwalki-corridor/ [Consulta: 20/01/2023].

21 Cabe recordar que en 2015 Putin ya justificó la invasión de Crimea apelando a que la mayor parte de la población era rusa. El principal argumento de esa "madre patria rusa" troceada se sostiene en la lengua: si hablan ruso, son rusos.

una reunión mantenida por los líderes de los tres países bálticos en diciembre de 2022 se acordó el aumento del gasto en defensa hasta el 3% del PIB. Con todo, cada Estado tiene su propia situación y vulnerabilidades, lo que afecta a sus prioridades y objetivos de defensa nacional.

En primer lugar, Estonia, país más oriental, lo que se traduce en una mayor dificultad para recibir el refuerzo de la OTAN, tuvo en 2022 un presupuesto de defensa de 771M€ (2,34% del PIB)[22]. Si bien el desarrollo de sus capacidades de defensa se basa en el Plan Nacional de Desarrollo de la Defensa 2031, aprobado en 2021, en los últimos meses el Gobierno ha tomado decisiones ad hoc para aumentar el gasto en defensa con el fin de financiar programas y actividades específicas. A mediados de 2022, el Gobierno asignó más de 800 millones de euros adicionales a la defensa nacional que se destinará al desarrollo de capacidades militares, la protección civil, la ciberdefensa y la seguridad, así como a la seguridad interior, incluyendo 340 millones de euros para mejorar la alerta temprana y adquirir munición[23]. El Gobierno también decidió a finales de 2022 que Estonia gastará el 2,85% del PIB en defensa en 2023 (1.098M€), aumentando al 3,26% del PIB (1.317M€) en 2024[24].

Por su parte, Letonia —con un presupuesto de defensa de 806 millones de euros (2,10% del PIB) este año— está localizada entre Lituania y Estonia y tiene la frontera más corta con Rusia, pero también comparte frontera con Bielorrusia, el principal gobierno títere de Putin. La invasión de 2022 añadió un nuevo estímulo a la adaptación de la defensa que se inició en 2014. En primer lugar, el Gobierno ha mostrado el compromiso político de aumentar el gasto en defensa al menos hasta el 3% del PIB hasta 2027. Letonia también ha decidido volver al servicio militar obligatorio, se han adoptado soluciones

---

22 Organización del Tratado del Atlántico Norte, *Defence Expenditure of NATO Countries (2014-2022)*, División de Diplomacia Pública, Bruselas, 2022.

23 *Gobierno de Estonia*, The government approved the supplementary budget for this year, 26 de abril de 2022 [en línea] https://valitsus.ee/en/news/government-approved-supplementary-budget-year [Consulta: 20/01/2023].

24 *Gobierno de Estonia*, Government approves the state budget, focusing on security and people, 29 de septiembre de 2022 [en línea] https://valitsus.ee/en/news/government-approves-state-budget-focusing-security-and-people [Consulta: 20/01/2023].

regionales e internacionales para reforzar la defensa aérea, y se han tomado decisiones importantes en relación con los elementos que faltan en las fuerzas terrestres, entre ellas dotarlas del equipamiento necesario, como vehículos blindados 6x6.

En cuanto a Lituania, uno de sus principales problemas de defensa es que se encuentra entre el *oblast* de Kaliningrado —enclave ruso militarizado— y Bielorrusia. Además, en caso de conflicto, Lituania sería un objetivo primordial, ya que conecta los Estados bálticos con otros miembros de la OTAN corredor de Suwalki. Su presupuesto de defensa para el año 2022 ascendió a 1.647M€ (2,36% del PIB) y si bien se ha acordado mantener alrededor de un 2,5% para los próximos años, existe una presión considerable para avanzar hacia un objetivo del 3%. Su estrategia vigente es la Estrategia de Seguridad Nacional, aprobada en diciembre de 2021, poco antes del ataque de Rusia a Ucrania. La Estrategia estipula que Lituania debe implantar un sistema de defensa total que dependa tanto de fuerzas armadas, como de las instituciones estatales, del sector privado y de los ciudadanos individuales.

En cuanto a las fuerzas armadas de estos Estados, son relativamente nuevas, pues a diferencia de los miembros del Pacto de Varsovia que conservaron sus instituciones militares durante la guerra fría, los bálticos no habían mantenido sus fuerzas militares independientes de las de la URSS. Motivadas por la defensa de sus fronteras y territorios nacionales, y aspirando en el largo plazo a que pudieran convertirse en un elemento disuasorio frente a una agresión militar procedente del Este, en 1991 se restablecieron las Fuerzas de Defensa de Estonia, Lituania fundó el Servicio Voluntario de Defensa Nacional y Letonia fundó su Ministerio de Defensa. Partiendo de cero y con partidas presupuestarias muy ajustadas, los Estados bálticos lograron desarrollar notables avances en la construcción de sus instituciones de defensa.

Gran parte del aumento de inversión en defensa irá destinado a la modernización de las fuerzas armadas. En Estonia, las decisiones ad hoc permitieron la adquisición de 12 obuses autopropulsados K9 adicionales. El plan de desarrollo de la defensa nacional de defensa nacional previamente acordado para adquirir aproximadamente 220 vehículos protegidos. En Letonia se ha hecho hincapié en garantizar que las fuerzas terrestres cuenten con el equipamiento, los vehículos y el apoyo necesarios para reaccionar rápidamente ante un ataque con poca antelación, aplicando las lecciones aprendidas en 2014. Entre los principales programas de desarrollo de capacidades cabe destacar los sistemas de defensa aérea de medio alcance[25]; sistemas de defensa costera; artillería de cohetes de largo alcance; vehículos de transporte; y vehículos de combate de infantería. En cuanto a Lituania, la guerra de Ucrania ha confirmado la importancia de una defensa aérea eficaz, cuyas carencias han sido un problema para el país desde hace tiempo. Dos baterías de defensa aérea de medio alcance NASAMS-3 adquiridas en 2017 están en camino de alcanzar su plena disponibilidad operativa y Lituania ha encargado cuatro helicópteros estadounidenses UH-60 Black Hawk, que se entregarán en 2024[26]. Las Fuerzas Terrestres y la Armada también están modernizando y ampliando sus capacidades básicas. La adquisición de 200 JLTV blindados a la empresa estadounidense Oshkosh Defence[27] también mejorará la movilidad y la protección de las fuerzas terrestres. Lituania también comprará ocho sistemas HIMARS[28], los cuales han demostrado ser extremadamente valiosos para degradar a las fuerzas rusas en Ucrania. En septiembre de 2022 inició la adquisición de 35 vehículos aéreos no tripulados pequeños y medianos de inteligencia, vigilancia y reconocimiento.

Todos los programas y estrategias de defensa de los países bálticos dan prioridad absoluta a la ampliación del número de soldados profesionales y otros miembros de sus fuerzas armadas. Las cifras del ejército estonio resultan poco impresionantes. Estonia ocupa el

---

25 Letonia y Estonia han firmado una carta de intenciones para la adquisición conjunta de sistemas de defensa aérea.

26 *Gobierno de Lituania*, "Lithuania and the U.S. signed a contract on procurement of a new UH-60 Black Hawk helicopter platform from the U.S. Government", 13 de noviembre de 2020 [en línea] https://kam.lt/en/lithuania-and-the-u-s-signed-a-contract-on-procurement-of-a-new-uh-60-black-hawk-helicopter-platform-from-the-u-s-government [Consulta: 25/01/2023].

27 *Gobierno de Lituania*, "Second shipment of JLTVs arrives in Lithuania", 12 de enero de 2022 [en línea] https://kam.lt/en/second-shipment-of-jltvs-arrives-in-lithuania [Consulta: 25/01/2023].

28 ŠEMELIS, A., "Lithuania signs $495m contract with US for HIMARS systems", *Lietuvos nacionalinis radijas ir televizija*, 16 de diciembre de 2022 [en línea] https://www.lrt.lt/en/news-in-english/19/1846566/lithuania-signs-495m-contract-with-us-for-himars-systems.htm [Consulta: 23/01/2023].

puesto 104 de 142 en el Global Firepower Index 2023: más de 4.000 personas están en reserva permanente, otras 4.000 están en reserva suplementaria y hay más de 40.000 reservistas que han recibido formación en las Fuerzas de Defensa[29]. En septiembre de 2022 el ministro de Defensa de Estonia presentó un borrador para su aprobación, que prevé un aumento en el personal de guerra de las Fuerzas de Defensa de 26.700 a 43.700 combatientes como parte de la estructura de defensa de Estonia en los próximos años[30].

Las Fuerzas Armadas Nacionales de Letonia están compuestas actualmente por 6.600 soldados en servicio profesional, 9.900 guardias nacionales y 6.000 efectivos en la reserva, y su ejército ocupa el puesto 95 en el índice de Global Firepower 2023. En 2007 Letonia suprimió el servicio militar obligatorio, pasando a un modelo de servicio basado en el voluntariado. Sin embargo, tras el inicio de la guerra ruso-ucraniana en 2014, reaparecieron los llamamientos para reintroducir el servicio militar obligatorio, siendo la invasión total de Ucrania por parte de Rusia en 2022 un impulso decisivo. En julio de 2022 el ministro de Defensa anunció un plan para reintroducir el servicio militar[31], primero de forma voluntaria y más adelante de forma obligatoria para los varones de entre 18 y 27 años, a partir de enero de 2023[32].

Lituania por su lado, en el puesto 85 del Índice Global Firepower 2022, cuenta con el ejército más grande de los bálticos, conformado por 16.500 soldados. En mayo de 2015, tras la crisis de Crimea, el parlamento lituano votó a favor de volver al servicio militar obliga-

---

29 Gobierno de Estonia, *Estonian Defence Forces*, 2023 [en línea] https://mil.ee/en/defence-forces/ [Consulta: 22/01/2023]

30 *Gobierno de Estonia*, El ministro de Defensa quiere aumentar en casi 20.000 el personal de guerra de las Fuerzas Armadas", 1 de marzo de 2023 [en línea], https://kaitseministeerium.ee/et/uudised/kaitseminister-soovib-suurendada-kaitsevae-sojaaja-isikkoosseisu-pea-20-000-vorra [Consulta: 22/01/2023].

31 Gobierno de Letonia, *El Ministerio de Defensa inicia los trabajos para la implantación paulatina del Servicio de Defensa Nacional*, 5 de julio de 2022 [en línea] www.mod.gov.lv/lv/zinas/aizsardzibas-ministrija-sak-darbu-pie-valsts-aizsardzibas-dienesta-pakapeniskas-ieviesanas [Consulta: 22/01/2023].

32 El servicio de defensa del Estado debe ser aprobado por el Parlamento letón. Ya se ha visto en la primera lectura del Parlamento, pero luego se pospuso para el nuevo Parlamento. Si el Saeima lo aprueba a finales de este año, el primer alistamiento está previsto para julio de 2023.

torio[33], convirtiéndose en el primer país de la OTAN y de la UE en reinstaurarlo. Fue entonces cuando se produjo el cambio más significativo en la composición de sus fuerzas armadas.

Los Estados bálticos, que comparten similitudes geopolíticas con Ucrania al compartir frontera, culturas y tradiciones mediante arraigada historia de la Unión Soviética, han adoptado una línea dura contra la invasión de Ucrania, y han donado grandes cantidades de material militar para ayudar al país a defenderse. Los bálticos han donado más equipamiento per cápita que nadie (Estonia superó el 1% del PIB) debido a su creencia de que una victoria rusa constituye una amenaza existencial para su condición de Estado. Así, cualquier aumento significativo del gasto en defensa, ya sea en adquisiciones o en otros esfuerzos de modernización, es bien recibido.

Tabla 2. Ayuda provista por Estonia, Letonia y Lituania a Ucrania

	Apoyo humanitario		Apoyo financiero		Apoyo militar	
	Total[a]	Sobre PIB	Total	Sobre PIB	Total	Sobre PIB
Estonia	0.005	0.017	n/a	n/a	0.308	1.054
Letonia	0.003	0.010	0.015	0.047	0.295	0.919
Lituania	0.061	0.113	0.010	0.019	0.280	0.520

Fuente: Elaboración propia a partir de datos hasta el 15 de enero de 2023 del *Kiel Institute for the World Economy*[34].
a. Expresado en miles de millones de euros

Francia

Desde su elección en 2017, Emmanuel Macron adoptó una agenda de política exterior y seguridad ambiciosa a nivel global y europeo, reconociéndose a sí mismo como un diplomático activo para revitalizar el papel de Francia en los asuntos mundiales. Durante su mandato, Macron ha perseguido un enfoque asertivo y proactivo de

---

33 Lituania restableció el servicio militar obligatorio para todos los ciudadanos varones de 19 a 26 años (las mujeres pueden mujeres pueden alistarse voluntariamente) para un período de servicio de 9 meses.

34 VARIOS, *op. cit.*

la defensa y la seguridad francesas, tratando de abordar los desafíos planteados por un entorno de seguridad global cambiante y haciendo frente a un entorno internacional cada vez más adverso, no solo con actores internacionales perturbadores como Rusia y China, sino también con una relación deteriorada con antiguos aliados como Estados Unidos y el Reino Unido.

En el ámbito de la política de defensa, ya en los años previos a la invasión rusa de Ucrania, Macron había declarado dos objetivos primordiales: garantizar la soberanía y autonomía estratégica de Francia y promover una defensa europea común[35], reforzando la arquitectura internacional de la UE mediante la construcción de una política y una industria de defensa comunes. En el plano europeo, básicamente se trata de elevar el objetivo del general Charles de Gaulle de una independencia estratégica de Francia a nivel comunitario, logrando unas ciertas separación y autonomía de Estados Unidos y de la OTAN. Esta postura, que encuentra sus raíces en la falta de interés de la administración Trump por los asuntos de seguridad europeos y el pivote estadounidense hacia Asia, ha recibido no pocas críticas de otros Estados miembros de la UE, como Polonia y los Estados bálticos.

A pesar de este interés en la seguridad colectiva y de ciertos logros notables, como el aumento de los esfuerzos de defensa o la puesta en marcha de algunas iniciativas militares modestas, como la Iniciativa Europea de Intervención, la Fuerza Especial Takuba o el Fondo Europeo de Defensa, la respuesta de Francia al tema que aquí preocupa, la guerra de Ucrania, no ha sido la que se habría esperado por parte de sus aliados. Francia fue uno de los países europeos que más tardó en reaccionar ante la invasión rusa de Ucrania, y su respuesta fue tan esperada en un inicio como posteriormente criticada por lenta y titubeante, generando un daño reputacional al país y su gobierno del cual siguen recomponiéndose. A diferencia de lo esperado, que Francia ocupase el puesto de actor protagonista del lado europeo en

35 BAVEREZ, N. & DE FOUGIÈRES, M., "Zooming in On French Defense", *Institut Montaigne*, 7 de enero de 2022 [en línea] www.institutmontaigne.org/en/blog/5-years-macron-zooming-french-defense [Consulta: 09/03/2023].

la gestión del conflicto, el país no tomó, al menos al principio, iniciativa relevante alguna en términos defensivos.

Francia, poseedora de capacidad nuclear, con el ejército más poderoso de la UE, una próspera industria de defensa, una asociación de seguridad con el Reino Unido y un asiento en el Consejo de Seguridad de la ONU tenía sin duda las mejores credenciales para liderar un proyecto de este tipo. Pero Macron, que sin duda trabaja arduamente para que Francia recupere su influencia diplomática, cuando de Rusia se trata parece estar dividido entre la tradición gaullista de mantener lazos especiales con Moscú y sus propios instintos occidentales.

Por contextualizar brevemente, en cuanto a las relaciones franco-rusas, durante las últimas décadas todos los presidentes franceses han seguido políticas que oscilan entre la idea de que Europa no puede garantizar su estabilidad sin Rusia y "Wandel durch Handel"[36] (cambio a través del comercio). Esta postura se debe en parte a los lazos culturales entre ambos países, a la necesidad de acceso a recursos energéticos y a la influencia de la política de izquierdas. Como resultado, la política francesa hacia Rusia ha sido predominantemente optimista y ha estado marcada por una atmósfera positiva. Hasta la invasión de 2022, gran parte de los representantes políticos franceses se mostraban complacientes con el presidente ruso Vladimir Putin. La postura de Francia con respecto a Rusia comenzó a cambiar con Macron, quien, aunque si bien nunca fue prorruso y apoyó las sanciones a Rusia durante su campaña electoral, sí que intentó mantener una relación de cercanía con Rusia.

Macron, siguiendo los conceptos tradicionales del general del Gaulle, pretende hacer de Francia una "potencia de equilibrio". Su visión del mundo parece seguir basándose en gran medida en los marcos más clásicos de las relaciones internacionales que encuentran su sostén en la política de las grandes potencias. Sin embargo, su opinión de que, de algún modo, habrá que reincorporar a Rusia al

---

36 Principio central en la política alemana y de la Unión Europea desde la década de 1970, que hace referencia a una noción política y económica de aumentar el comercio con regímenes autoritarios en un esfuerzo por inducir el cambio político. La política ha sido objeto de un intenso escrutinio tras la invasión rusa de Ucrania en 2022.

orden de seguridad europeo[37], ofreciendo a Moscú "garantías de seguridad" de algún tipo, no encaja con ningún compromiso para con la seguridad de Ucrania en el presente y en el futuro, según apuntan los Estados miembros de Europa Central y Oriental de la UE y la OTAN, que piensan en términos de máxima contención de Rusia.

Estas palabras responden a unas declaraciones realizadas por Macron durante una entrevista con el canal de televisión francés TF1 que desataron una gran polémica en diciembre de 2022. Macron afirmó que Europa necesita preparar la futura arquitectura de seguridad del continente y debe considerar "cómo dar garantías a Rusia". Infinidad de voces tacharon los comentarios del líder francés de equivocados e irresponsables, acusándolo de legitimar las falsas narrativas utilizadas por el Kremlin para justificar la invasión de Ucrania[38].

Sin embargo, aunque en ocasiones parezca que Macron manda a sus aliados el mensaje equivocado, Francia está actuando de manera firme. Resulta imposible pasar por alto numerosos cambios significativos en el enfoque del país, no sólo con respecto a Rusia, sino también a la OTAN y a la defensa nacional y europea. En junio del pasado 2022 el presidente francés anunciaba el lanzamiento de una nueva "economía de guerra" y siete meses después, en enero de 2023, Macron revelaba planes para gastar cientos de miles de millones de euros en inversiones de defensa que buscarán transformar el ejército durante la próxima década con el fin de preparar al país para las nuevas amenazas planteadas por la guerra en Ucrania y otros desafíos globales[39]. La próxima Ley de Programación Militar (LPM)

---

37 El 7 de febrero de 2020, días antes de la invasión rusa de Ucrania, Macron pronunció el Discurso del presidente de la República sobre la Estrategia de Defensa y Disuasión, en el que afirmó que "no puede haber un proyecto de defensa y seguridad de los ciudadanos europeos sin una visión política que trate de avanzar en la recuperación gradual de la confianza con Rusia".

38 En el período previo a la invasión de febrero de 2022, Moscú trató de enmarcar la ofensiva que se avecinaba como una respuesta racional a décadas de expansión de la OTAN en regiones de Europa Central y Oriental anteriormente dominadas por Rusia. Funcionarios del Kremlin declararon que Rusia se sentía amenazada por la OTAN y exigieron a Occidente garantías de seguridad de gran alcance.

39 VINCENT, E., "Macron promises leap in military spending, but with drastic choices", *Le Monde*, 21 de enero de 2023, www.lemonde.fr/en/international/ar-

dará forma al gasto de defensa de la nación entre 2024-2030. Basándose en las circunstancias geopolíticas actuales y en los avances tecnológicos, Macron solicitará una inversión de 400.000M€ para el ciclo 2024-2030. De aprobarse, esa suma supondría un aumento del 35% respecto al actual ciclo financiero 2019-2025 de 295.000M€[40].

En línea con las prioridades estratégicas en defensa marcadas por Macron, Francia ya había aumentado su presupuesto militar en los últimos años. La LPM 2019-2025 se había comprometido inicialmente a aumentar el presupuesto de defensa hasta el 2% del PIB en 2025, de acuerdo con el compromiso de la OTAN. La crisis de COVID-19 y el consiguiente descenso de la producción hicieron que ese umbral fuera alcanzable ya en 2020, lo que permitió a Francia entrar en el "club del 2%". Sin embargo, la agresión de Rusia contra Ucrania ha planteado dudas sobre sus capacidades de defensa, en particular sobre su preparación para conflictos de alta intensidad y su adaptabilidad a nuevos tipos de guerra, como la tecnología de drones y los ciberataques, áreas en las que la defensa francesa encuentra lagunas. Es por ello por lo que una masiva parte de la inversión se destinará a estas tecnologías junto con la inteligencia militar, área que recibirá un 60% del aumento.

Junto con inteligencia, el dinero se destinará sobre todo a modernizar el arsenal nuclear francés, duplicar el número de reservistas militares y reforzar la ciberdefensa. El objetivo de la modernización de las fuerzas armadas francesas prevé, entre otras cosas, la digitalización del campo de batalla, el aumento de la potencia de las fragatas, el desarrollo de portaaviones de nueva generación, municiones teledirigidas y la expansión del uso de drones mediante la duplicación del presupuesto dedicado[41].

---

ticle/2023/01/21/macron-promises-leap-in-military-spending-but-with-drastic-choices_6012455_4.html [Consulta: 21/02/2023].

40 CABIROL, M., "Loi de programmation militaire: un gros effort réalisé en partie après le départ de Macron", *La Tribune*, 3 de abril de 2023 [en línea] www.latribune.fr/entreprises-finance/industrie/aeronautique-defense/loi-de-programmation-militaire-un-gros-effort-realise-en-partie-apres-le-depart-de-macron-1-2-957645.html [Consulta: 03/04/2023].

41 VERNET, H., "Vœux aux armées: en pleine guerre en Ukraine, Macron chouchoute les militaires", *Le Parisien*, 20 de enero de 2023 [en línea] www.leparisien.fr/politique/voeux-aux-armees-en-pleine-guerre-en-ukraine-macron-

En cuanto a ayuda militar, el gobierno de Francia ha seguido una estrategia de transferencias considerable a fin de aumentar la capacidad operativa de las fuerzas armadas ucranianas en ámbitos estratégicos, como la artillería, la movilidad blindada y la defensa tierra-aire. A fecha de febrero de 2023, ya se ha entregado una gran cantidad de equipos que cubren una amplia gama de necesidades expresadas por los ucranianos. Francia ya ha proporcionado equipo de combate; sistemas de defensa antiaérea (2 lanzacohetes MLRS unitarios, 2 sistemas de defensa antiaérea Crotal y 1 radar Ground Master 200, pendiente de entrega); 18 obuses Caesar y 6 obuses TRF1; vehículos de combate AMX10-RC[42]; y munición de todos los calibres. Francia también tiene como objetivo impartir formación con el material y el armamento suministrados a fin de consolidar las capacidades globales aportadas para hacerlas sostenibles a largo plazo. Francia formará inicialmente a 2.000 soldados ucranianos como parte de la operación PCSD de la Misión de Asistencia Militar de la UE (EUMAM)[43].

En el plano económico, el Gobierno aprobó la creación de un fondo especial de apoyo a Ucrania; ha aportado 630M€ al Fondo Europeo para la Paz (de un total de 3.500 millones, es decir, el 20% del total de las contribuciones); y para fines de ayuda humanitaria, ha donado 200M€ para Ucrania y sus países vecinos afectados por la guerra. Además, mediante la Operación "Un barco para Ucrania" Francia intensificó su acción mediante la entrega de la mayor cantidad de ayuda humanitaria desde el comienzo de la guerra de Rusia[44]. Más de 100.000 ucranianos han sido acogidos al sistema de protección temporal.

---

chouchoute-les-militaires-20-01-2023-JXY5KDLQSJAH3HD6XX3ZZ52IMU.php [Consulta: 21/02/2023].

42 El anuncio de su entrega por el presidente Macron dio un nuevo impulso al apoyo de vehículos blindados a Ucrania.

43 Una parte de la formación se impartirá en Francia y otra en Polonia mediante el despliegue de 150 militares franceses, con el objetivo de formar a 600 soldados ucranianos al mes.

44 Gobierno de Francia, *"A Ship for Ukraine" Operation* 2022, s.f., [en línea] www.diplomatie.gouv.fr/en/country-files/ukraine/situation-in-ukraine-what-is/addressing-the-humanitarian-and-economic-emergency-in-ukraine/article/a-ship-for-ukraine-operation [Consulta: 21/01/2023].

La Tabla 3 enseña a modo de resumen las cifras de ayuda al Estado ucraniano aportadas en total, situándose Francia en una posición media —baja del ranking— el 22° de 31 contribuyentes en perspectiva comparada[45].

Tabla 3. Ayuda provista por Francia a Ucrania

	Apoyo humanitario		Apoyo financiero		Apoyo militar	
	Total[a]	Sobre PIB	Total	Sobre PIB	Total	Sobre PIB
Francia	0.316	0.013	0.699	0.028	0.660	0.026

Fuente: Elaboración propia a partir de datos hasta el 30 de marzo de 2023 del *Kiel Institute for the World Economy*[46].
a. Expresado en miles de millones de euros

Conclusiones

El 24 de febrero de 2022 un mundo que apenas comenzaba a recuperarse de la pandemia de la COVID-19 quedó conmovido por la invasión no provocada de Ucrania impulsada por Putin. Atrás quedaban treinta años de equilibrio pacífico en el escenario europeo, así como toda la cooperación internacional que lo había hecho posible. El ataque ruso a gran escala no dejó indiferente a ningún país de la UE: a pesar de cierta fragmentación, el bloque se ha mantenido mayoritariamente unido contra toda expectativa rusa, y desde el principio los Estados de la UE no tardaron en responder con importantes sanciones y medidas contra Rusia. Sin embargo, este nuevo escenario ha influido en las políticas de seguridad y defensa de los Estados europeos de diferente manera.

En el presente capítulo se han estudiado los casos de algunos países que han optado por políticas continuistas que profundizaban en la senda iniciada hace ya unos años: Polonia, las repúblicas bálticas y Francia. Si bien la evolución de sus políticas se ha guiado por diferentes motivaciones y ha derivado en diferentes medidas, ninguna ha

45 VARIOS, *op. cit.*
46 VARIOS, *op. cit.*

supuesto una reevaluación drástica de la postura nacional en materia de seguridad pre-febrero 2022.

Polonia, Estonia, Letonia y Lituania adquieren gran relevancia en este contexto. Como exrepúblicas soviéticas, vecinas del Este y actuales miembros de la arquitectura institucional euroatlántica, son buenas conocedoras de su situación de vulnerabilidad ante las ambiciones regionales de una Rusia revisionista. Si bien antes de la invasión no todo el mundo estaba de acuerdo en que la Federación Rusa constituyera una amenaza estratégica, estos países, conscientes de la realidad geopolítica de la región, ya llevaban años advirtiendo de los peligros inminentes que Rusia seguía planteando a sus vecinos. Su respuesta ha sido contundente: han aumentado su gasto en defensa hasta alcanzar porcentajes sin precedentes; han invertido grandes cantidades para aumentar y modernizar sus fuerzas armadas; han abogado por que la OTAN refuerce el flanco oriental; y han encabezado duras sanciones de la UE contra Rusia.

En cuanto a Francia, si bien la respuesta de la tradicionalmente considerada como motor de la política y la diplomacia europea no fue tan inmediata como se esperaba, finalmente ha resultado ser decisiva. Lejos de liderar la autonomía estratégica en los ámbitos de seguridad y defensa tan propugnada desde su elección como presidente, y no exento de críticas por sus juegos de equilibrio y sus controvertidas declaraciones sobre garantías para Rusia, Macron ha impulsado las sanciones más severas contra Rusia y ha dado ayuda militar y humanitaria a Ucrania. Además, siguiendo su estrategia para reforzar el papel de Francia como potencia mundial independiente, Macron anunció a principios de 2023 un aumento del gasto en defensa en más de un tercio hasta 2030 así como una modernización del arsenal nuclear de Francia, mediante la Ley de programación militar (LPM) para el periodo 2024-2030.

La guerra de Ucrania y su impacto en la defensa española

Guillem Colom Piella

Introducción

La guerra de Ucrania ha sacudido el sistema internacional. Por un lado, ha puesto de manifiesto que el orden liberal internacional era más aspiracional que real, y que el "fin de la Historia" vaticinado por Francis Fukuyama tras la caída del Telón de Acero fue un espejismo provocado por la excepcionalidad de este momento. Una coyuntura sin precedentes que convirtió a Estados Unidos en "hiperpotencia" de un mundo unipolar.

Precisamente, fue su hegemonía política, económica, militar, diplomática o cultural la que permitió promover y difundir este orden liberal. Un mundo cuyo cénit se alcanzó con su intervencionismo hegemónico en Iraq y que empezó a erosionarse cuando Washington inició su declive estratégico tras la guerra contra el terror, abandonó la presencia avanzada en varias regiones del globo y China se consolidó como su competidor sistémico. Precisamente, la disminución del poder estadounidense ha facilitado el revisionismo de aquellos países que no se sienten cómodos con este *statu quo* y, con ello, el auge de la competición entre grandes potencias. Una nueva época cuya primera gran manifestación tuvo lugar el 24 de febrero de 2022, cuando Rusia decidió forzar un cambio de régimen en Ucrania.

Además de poner de manifiesto la crisis de un orden liberal que se resiste a desaparecer ante una nueva política del poder (*power politics*), este fallido golpe de mano desembocó en una guerra que ha sacudido los cimientos de la defensa europea. Esta guerra en el limes de la Unión Europea (UE) ha terminado con las vacaciones estratégicas que arrancaron tras finalizar la Guerra Fría. Promovidas por unas sociedades europeas posmodernas, posibilitadas por la hegemonía estadounidense y concretadas en el cobro del "dividendo de la paz", la ampliación del concepto de seguridad o la utilización de los ejércitos en labores cada vez más alejadas de sus funciones básicas de disuasión y combate, estas vacaciones atrofiaron el músculo militar europeo y ampliaron la brecha militar con Washington.

Sin embargo, la guerra puede suponer el despertar geopolítico de una UE que no puede continuar siendo "…un herbívoro en un mundo de carnívoros"[1]. De hecho, en un año ha logrado más avances en estas materias que en décadas de construcción de una arquitectura de seguridad común[2]. También está sirviendo para revitalizar una Organización del Tratado del Atlántico Norte (OTAN) que corría el riesgo de sufrir una muerte cerebral[3] por su conversión en un actor dedicado a la gestión de crisis, la falta de una visión común sobre sus funciones o el desigual reparto de cargas entre los aliados.

Además de desplazar el centro de gravedad europeo hacia el Este del continente y alterar los frágiles equilibrios políticos en la UE y la OTAN, este conflicto también está obligando a replantear las arquitecturas de defensa de los países europeos. Casi todos ellos han expresado su intención de aumentar el gasto militar hasta el 2% del Producto Interior Bruto (PIB) en línea con los compromisos adquiridos en la Cumbre de Gales (2014). Sin embargo, mientras Eslovaquia, Eslovenia, Letonia o Rumanía lograrán este objetivo en 2023, otros como Alemania, Italia o España pretenden alcanzarlo en 2027, 2028 y 2029 respectivamente. Todos ellos han trazado planes de choque para aumentar sus stocks de munición, equipos básicos, reservas

---

1 RODRÍGUEZ-PINA, G., "Borrell, en una autocrítica a la UE: "Nuestra prosperidad estaba basada en la energía barata de Rusia y las oportunidades de negocio con China", *El País*, 11 de octubre de 2022 [en línea] https://elpais.com/internacional/2022-10-11/borrell-en-una-autocritica-a-la-ue-nuestra-prosperidad-estaba-basada-en-la-energia-barata-de-rusia-y-las-oportunidades-de-negocio-con-china.html [Consulta: 23/01/2023].

2 CÓZAR, B., "La respuesta europea: hablando el lenguaje del poder", en: COLOM, G., "La defensa española tras Ucrania", en: *La Guerra de Ucrania. Los 100 días que cambiaron Europa*, Catarata-Ejércitos, Madrid, 2022, págs. 95-127.

3 *The Economist*, "Emmanuel Macron warns Europe: NATO is becoming brain-dead", 7 de noviembre de 2019 [en línea] https://www.economist.com/europe/2019/11/07/emmanuel-macron-warns-europe-nato-is-becoming-brain-dead [Consulta: 23/01/2023]. En esta entrevista el presidente francés también alertó de que la UE podía perder el control de su propio destino si no pensaba estratégicamente.

estratégicas o la operatividad y alistamiento de unos ejércitos que continuaban arrastrando los efectos de la pasada crisis económica. Otros también adquirirán grandes sistemas de armas para sustituir los modelos ya obsoletos y dotarse de capacidades más modernas e interoperables. Unas compras que también contribuirán a mantener las industrias nacionales y capacitarlas tecnológicamente para competir en el nuevo mercado común militar europeo. Y, por encima de todo, los países del viejo continente están volviendo a orientar su arquitectura militar hacia la disuasión y la defensa después de años centrados en las operaciones de mantenimiento de la paz, estabilización o contrainsurgencia.

En los capítulos anteriores, Laura García y Alberto Bueno han expuesto el impacto que está teniendo la guerra sobre los principales países europeos, y como estos han empezado a adaptar sus arquitecturas de defensa a la nueva situación. Este capítulo hará lo mismo sobre España. Al igual que nuestros vecinos, los signos de cambio también se perciben en nuestro país: en menos de un año ha repuntado el presupuesto de defensa y está culminando el mayor ciclo modernizador de la historia. Además, han aumentado los despliegues en el exterior, se está proporcionando ayuda militar a Ucrania o el interés político y social hacia los asuntos de defensa parece haber aumentado notablemente. Sin embargo, tal y como intentará exponer el capítulo, todavía es pronto para concluir que nuestro país haya despertado, definitivamente, de su letargo estratégico.

La defensa española

Con un gasto de 12.208M€ (1,03% del PIB) en 2021, España es de los países aliados que menos invierte, en términos relativos, en su defensa[4]. Aunque desde el fin de la Guerra Fría esta inversión se ha mantenido estable por debajo del 1% del PIB, en 2017 se produjo un repunte del 30%. Sin embargo, a diferencia de otros países europeos, que empezaron a aumentar su gasto para satisfacer los compromisos adquiridos en Gales, recuperar capacidades perdidas durante

---

4 Organización del Tratado del Atlántico Norte, *Defence Expenditure of NATO Countries (2014-2021),* División de Diplomacia Pública de OTAN, Bruselas, 2022.

la crisis económica o por una mayor percepción de amenaza ante los indicios de revisionismo ruso[5], en España este repunte se debió a la incorporación de la deuda pendiente de los *Programas Especiales de Armamento* (PEA) tras las sentencias del Tribunal Constitucional que anularon su tramitación por Real Decreto-Ley[6]. Se trata de los sistemas adquiridos entre 1997 y 2008 para modernizar las fuerzas armadas y capacitar tecnológicamente a la industria de defensa nacional. Valorados inicialmente en 24.000M€, estos programas terminarán de pagarse a finales de esta década. Aunque su inclusión en los Presupuestos Generales del Estado permitió superar el 1% del PIB, esta cifra todavía quedaba muy lejos del 2% acordado en la Cumbre de Gales, confirmado en la Agenda OTAN 2030 (2021) y ratificado en la Cumbre de Madrid (2022). Sin embargo, al igual que otros países europeos y aliados, el estallido de la guerra medió para que España se mostrara predispuesta a alcanzar este objetivo a medio plazo. Aunque esta voluntad no era unánime entre los socios de gobierno[7], los presupuestos de 2023 constituyen una declaración de intenciones al representar el 1,2% del PIB (12.825M€).

Empezar el capítulo sobre las consecuencias del conflicto de Ucrania sobre la defensa española hablando de su presupuesto puede parecer raro. Lo lógico sería comenzar catalogando los riesgos que se ciernen sobre el país (especialmente cuando España posee una amenaza no-compartida con el resto de nuestros aliados), seguir con los objetivos de defensa nacional y terminar presentando la estructura de fuerzas y el catálogo de capacidades propuesto para resolver estas incógnitas en base a una asignación presupuestaria y

---

5 BÉRARD-SUDREAU, L. y GIEGERICH, B., "NATO Defence Spending and European Threat Perceptions", *Survival*, 60-4, 2018, 53-74.

6 Entre 2012 y 2015 se aprobaron créditos extraordinarios por valor de 4.400M€ para pagar las anualidades de los PEA. El Tribunal Constitucional los declaró nulos por considerar que estos pagos podían haberse programado y debían haberse dotado a través de los presupuestos. Esta decisión fue avalada por el Tribunal de Cuentas, que también instó al ejecutivo a elaborar un marco de financiación estable, aclarar las modificaciones presupuestarias y emitir previsiones de gasto más realistas.

7 VIAÑA, D. et al., "El Gobierno aumenta un 25% el gasto en Defensa y Podemos estalla: 'Nos lo han ocultado, es una vergüenza, pero no vamos a romper'", *El Mundo*, 4 de octubre de 2022 [en línea] https://www.elmundo.es/espana/2022/10/04/633c2c74e4d4d8d24e8b4598.html [Consulta: 18/01/2023].

unos condicionantes humanos y materiales. Y de aquí derivar la brecha que puede producirse entre lo que se viene planeando y cómo puede influir esta guerra en materia de compromisos, capacidades o presupuestos. De hecho, así se realiza el planeamiento de la defensa, el proceso que traduce los objetivos generales de defensa en un conjunto de capacidades militares específicas.

Sin embargo, tal y como sucede con otros países de nuestro entorno, en España este proceso se invierte porque el presupuesto disponible ha sido el gran condicionante del planeamiento. Por lo tanto, si tenemos en cuenta que el presupuesto de un país constituye la expresión, en términos monetarios, de las prioridades del gobierno, uno puede concluir que la defensa ha sido algo muy secundario en España. De hecho, desde el franquismo, la inversión en defensa ha crecido menos que la riqueza nacional; desde el fin de la Guerra Fría se ha mantenido estable por debajo del 1% del PIB; ha sido la principal damnificada de las crisis económicas de 1993 o 2008 y ha sufrido los efectos del control del déficit público para cumplir con los criterios de Convergencia de Maastricht para la Unión Económica y Monetaria. Sin embargo, el repunte presupuestario de 2023 y la voluntad por alcanzar el 2% del PIB en 2029 podrían indicar que la defensa está escalando puestos en el orden de prioridades políticas.

En cualquier caso, esta infrafinanciación crónica de las fuerzas armadas ha motivado que el presupuesto ordinario impida mantener la estructura de fuerzas y el catálogo de capacidades necesario para satisfacer sus cometidos asignados. Además, las fórmulas extrapresupuestarias planteadas para minimizar esta situación —como la aplicación del fondo de contingencia para las operaciones de mantenimiento de la paz, la venta de infraestructuras de defensa o el modelo de prefinanciación industrial de los grandes programas— comprometen la estabilidad de las inversiones. Todo ello ha contribuido a generar una deuda sobre la programación militar que ha hipotecado la capacidad de adaptación futura de las fuerzas armadas. Precisamente, varios programas del ciclo modernizador 1997-2008 no terminarán de pagarse hasta 2030 y algunos de los proyectos aprobados para este nuevo ciclo no empezarán a sufragarse hasta 2028.

Comentarios como "...mañana tengo el coñazo del desfile [del 12 de octubre]" de Mariano Rajoy[8], "...sobra el Ministerio de Defensa" de Pedro Sánchez[9], "...soy una mujer pacifista y las fuerzas armadas también son pacifistas" de Carme Chacón[10] o la disposición a reducir la inversión en defensa a favor de sanidad y educación de Margarita Robles[11], son muestras representativas de este sentir mayoritario entre las élites políticas y la sociedad civil españolas. Un estado de opinión que, de manera similar a otros países de nuestro entorno, se ha relacionado con estas vacaciones estratégicas y la consolidación de los valores posmodernos y posheroicos en la sociedad española[12]. Entre otros asuntos, esto podría explicar el enfoque predominantemente securitario de la defensa, el empleo de los ejércitos en actividades cada vez más alejadas de sus funciones básicas de disuasión y combate o un persistente "dividendo de la paz" que provoca una infradotación crónica de las fuerzas armadas y se traduce en una creciente brecha entre los objetivos de defensa, el creciente catálogo de labores a realizar y los recursos para satisfacerlos.

Sin embargo, esta situación también se explica por otros factores más estructurales y característicos de nuestro país, vinculados todos ellos con nuestra cultura estratégica. Entendida como los factores objetivos (geográficos, sociodemográficos, económicos, históricos o tecnológicos) y subjetivos (creencias, actitudes, valores, ideas o tradiciones militares derivadas tanto de la cultura como de experiencias pasadas) que explican las percepciones nacionales acerca del empleo

---

8 *EL PAÍS*, "Mariano Rajoy: 'Mañana tengo el coñazo del desfile'", 11 de octubre de 2008 [en línea] https://elpais.com/elpais/2008/10/11/actualidad/1223713020_850215.html [Consulta: 19/02/2023].

9 ÁLVAREZ, R., "Sobra el Ministerio de Defensa", *El Mundo*, 4 de octubre de 2014 [en línea] www.elmundo.es/espana/2014/10/04/542efeade2704ece2c8b4570.html [Consulta: 19/02/2023].

10 DELAFON, G., "Future mère et chef des militaires", *Le Journal du Dimanche*, 20 de mayo de 2008 [en línea] https://www.lejdd.fr/International/Future-mere-et-chef-des-militaires-92993-3278165 [Consulta: 16/02/2023].

11 *LA VANGUARDIA*, "Robles aceptaría reducir el gasto en Defensa a favor de sanidad y educación", 27 de enero de 2019 [en línea] https://www.lavanguardia.com/politica/20190127/4640380698/robles-aceptaria-reducir-el-gasto-en-defensa-en-favor-de-sanidad-y-educacion.html [Consulta: 19/02/2023].

12 COLOM, G., "La revolución militar posindustrial", *Revista de Estudios Sociales*, 50, 2014, 113-126.

de la fuerza, la cultura estratégica condiciona la configuración de las políticas de defensa nacionales[13]. En España, nuestras élites políticas, culturales, sociales o económicas carecen de ella[14]. Esto ha motivado un tradicional desinterés político —cuando no rechazo por la historia reciente de nuestro país— hacia los asuntos de defensa, un desconocimiento popular sobre las cuestiones militares, una escasa atención del mundo académico hacia los temas de seguridad internacional, la falta de expertos civiles en estas materias o una limitada percepción social sobre los riesgos y amenazas a la paz y seguridad globales[15].

Estos elementos permiten comprender el alcance de nuestras vacaciones estratégicas. Entre otros, contribuyen a explicar por qué el país carece de una estrategia que responda a su realidad geopolítica, el de una península situada en el extremo occidental del continente europeo, con dos archipiélagos —uno mediterráneo y otro atlántico— y plazas de soberanía en el norte de África, con acceso a uno de los principales cuellos de botella del globo y una amenaza no-compartida (en referencia a la ambición marroquí sobre Ceuta y Melilla) con nuestros aliados. También permiten comprender como la política de defensa adopta un perfil securitario[16], parece funcionar por inercia —el primer y único intento para realizar una evaluación integrada de la política de defensa y organización militar fue la *Revisión Estratégica de la Defensa* de 2003— y donde sus discontinuidades parecen derivar de inputs externos. También explican por qué nuestros ejércitos han visto como su razón de ser, la disuasión

---

13 GRAY, C., "Strategic Culture as Context: The First Generation of Theory Strikes Back", *Review of International Studies*, 25-1, 1999, 49-69.

14 BAQUÉS, J. y FOJÓN, E. (Coords.), *La realidad geopolítica de España. Hacia el estatus de actor estratégico*, IUGM, Madrid, 2023.

15 BUENO, A., *La evolución de los estudios estratégicos en España. Debates, institucionalización, cultura de defensa y comunidad estratégica* (tesis doctoral). Universidad de Granada, Granada, 2021.

16 Un ejemplo palmario es la *Directiva de Defensa Nacional* de 2020. Este documento que traza las líneas maestras de la política de defensa subraya riesgos como las zonas grises, la desinformación, los ciberataques, el terrorismo o la inestabilidad política en la vecindad española. Además, fija unas líneas de acción que, en muchos casos, escapan a las funciones básicas de las fuerzas armadas como el apoyo a los objetivos de la Agenda 2030, la seguridad humana, la Agenda Mujer, Paz y Seguridad o la iniciativa de escuelas seguras de la ONU.

y el combate, era reemplazada por las labores de gestión de crisis, operaciones de paz o apoyo a las autoridades civiles, siendo su cénit la Unidad Militar de Emergencias (2005) o su protagonismo en la gestión de la COVID-19 (2020). Y como ello ha motivado la pérdida de capacidades aptas para el combate de alta intensidad, dejando languidecer medios como la artillería tubo o cohete y descartando la obtención de sistemas esenciales para la guerra moderna, como misiles balísticos y de crucero, municiones merodeadoras o drones de combate, por su poder ofensivo. También explican por qué el presupuesto no responde a necesidades operativas, impide sostener la estructura de fuerzas y el catálogo de capacidades, por qué el fondo de contingencia para operaciones de paz es vital para sostener la fuerza o por qué se mantiene una estructura de gasto voluntariamente opaca que genera suspicacias entre la sociedad[17]. También revelan por qué, desde hace casi treinta años, cuando se derogó la Ley 44/1982 sobre dotaciones presupuestarias para inversiones y sostenimiento de las fuerzas armadas, no se ha elaborado ninguna ley que proporcione un escenario financiero estable para planear, programar y presupuestar los recursos[18]. Eso sin contar por qué la formulación, deliberación y evaluación de la política de defensa es deficiente cuantitativa y cualitativamente[19], por qué los factores sociales, políticos o industriales tienen más peso que las consideraciones militares a la hora de obtener los medios materiales, o por qué nuestras fuerzas armadas son comparativamente caras, escasamente sostenibles, carecen de algunas capacidades vitales y están hipotecadas por grandes programas que superan sus posibilidades financieras[20]. Estos factores han teni-

---

17 COLOM, G., "La defensa española tras Ucrania", en: *La Guerra de Ucrania. Los 100 días que cambiaron Europa*, Catarata-Ejércitos, Madrid, 2022, págs. 128-161.

18 COLOM, G., "From transformation to adaptation: analysing the Spanish military change (2004-2020)", *Defence Studies*, 21-1, 2021, 47-66.

19 Un repaso a los discursos, comparecencias parlamentarias y debates políticos permiten ratificar esta afirmación. Sobre el papel del legislativo en la deliberación y control de la política de defensa, véase: JORDÁN, J., "Una aproximación a la agenda institucional de la Comisión de Defensa del Congreso de los Diputados español, 2004-2016", *UNISCI Discussion Papers*, 44, 2017, 163-183.

20 COLOM, G., "El planeamiento de la defensa en España. Navegando hacia el horizonte 2035 con una pesada mochila". *Documento de Opinión del IEEE*, 121, 2021, 1-15 [en línea] https://www.ieee.es/en/Galerias/fichero/docs_opinion/2021/DIEEEO121_2021_GUICOL_Planeamiento.pdf [Consulta: 20/02/2023].

do funestos efectos sobre la política de defensa española, comprometido la viabilidad de su instrumento militar y llevado a las fuerzas armadas hacia un desarme estructural.

Aparentemente, este despertar estratégico también se estaría produciendo en España. Un despertar que, en nuestro país, coincide con la degradación de la frágil seguridad del Sahel, el reconocimiento de la soberanía marroquí sobre el Sahara Occidental, un nuevo paso en la zona gris alauita sobre España o el repunte de la conflictividad entre Argelia y Marruecos.

A nivel político, el presidente Sánchez ha pasado de considerar la defensa como algo innecesario a declarar que "…la seguridad no está garantizada de forma indefinida"[21], elevar el presupuesto de defensa un 26% y haber consolidado el mayor ciclo inversor de la historia. Por su parte, el Partido Popular ha propuesto un "pacto de Toledo" para modernizar los medios militares, aumentar el gasto en defensa, elaborar una ley de programación que garantice el sostenimiento de los materiales o ampliar la defensa colectiva a Ceuta y Melilla[22]. Paralelamente, representantes electos de distintos colores políticos también han reconocido su responsabilidad en el abandono sistemático de los asuntos de defensa[23]. A nivel popular, parte de la ciudadanía también está mostrando un creciente interés por los asuntos estratégicos y militares. La mayor demanda informativa y formativa sobre

---

21 *RADIO TELEVISIÓN ESPAÑOLA*, "40 años de España en la OTAN. Sánchez defiende ante Stoltenberg que España incrementará su gasto militar: 'Debemos hacer ese esfuerzo'", 30 de mayo de 2022 [en línea] https://www.rtve.es/noticias/20220530/sanchez-reafirma-ante-stoltenberg-compromiso-espana-otan/2355481.shtml [Consulta: 22/02/2023].

22 *EUROPA PRESS*, "El PP plantea garantizar por ley una 'adecuada financiación' de la defensa en el pacto que ofrecerá a los partidos", 14 de junio de 2022 [en línea] www.europapress.es/nacional/noticia-pp-plantea-garantizar-ley-adecuada-financiacion-defensa-pacto-ofrecera-partidos-20220614171700.html [Consulta: 24/02/2023]. Varias de estas iniciativas —como la necesidad de una ley de programación— constituyen una de las grandes necesidades de nuestro país. Otras, como la extensión del Artículo 5 sobre Ceuta y Melilla, fueron rechazadas *de facto* en la Cumbre de Madrid.

23 *INFODEFENSA*, "Foro Infodefensa: cultura de defensa y conciencia de Estado", 27 de enero de 2023 [en línea] https://www.infodefensa.com/texto-diario/mostrar/4155230/foro-infodefensa-cultura-defensa-conciencia-estado [Consulta: 20/02/2023].

estos temas, la proliferación de ofertas docentes de desigual calidad o la predisposición social a incrementar la inversión en defensa[24] podrían ser indicativos de ello. Finalmente, aunque escapan a los objetivos del trabajo, otras muestras de que España podría estar despertando de su letargo estratégico y está adoptando un perfil más activo en la contribución a la seguridad internacional sería la decisión de incrementar la presencia militar en el flanco oriental del continente para disuadir a Rusia; proveer asistencia letal a Ucrania o aceptar el despliegue de dos nuevos destructores estadounidenses en la base naval de Rota para contribuir a la seguridad europea.

Todavía es pronto para establecer conclusiones firmes, ya que estas decisiones podrían estar motivadas por factores como la presión de grupo, el oportunismo político o interés estratégico. Sin embargo, tampoco puede descartarse que, una vez termine la guerra, se vuelva a la situación prebélica. Por estas razones, a continuación, se repasarán brevemente las dos principales muestras de este posible despertar estratégico: el incremento presupuestario y las inversiones armamentísticas.

España y su despertar estratégico

El rasgo más distintivo de este despertar estratégico sería el repunte presupuestario experimentado estos meses. Décadas de infradotación crónica de la defensa y la crisis económica habían hecho mella en las fuerzas armadas, aquejadas de graves problemas de alistamiento, sostenimiento y obsolescencia de los medios materiales. El shock de la guerra no se hizo esperar: a las pocas semanas de su inicio, en una entrevista televisiva el presidente del gobierno afirmó que España intentaría alcanzar el 2% en los próximos años[25]. No era la primera vez que lo afirmaba, ya que en la Cumbre aliada de Bruselas de 2018 ya se comprometió a lograr este porcentaje en 2024 en línea

---

24 CENTRO DE INVESTIGACIONES SOCIOLÓGICAS, *Encuesta sobre cuestiones de actualidad. Abril 2022 (I)*, Estudio 3360, CIS, Madrid, 2022, pág. 5. Aunque es probable que se trate de algo coyuntural, un 45,3% de los españoles —más de un 70% de los votantes de VOX y PP y un 40% entre los del PSOE— estaría dispuesto a incrementar el gasto en defensa.

25 Entrevista en el programa “Al Rojo Vivo”, 14 de marzo de 2022.

con los compromisos de Gales[26]. En la misma entrevista también aseveró que España ya dedicaba el 1,4% del PIB a su defensa.

Sin embargo, la realidad era muy distinta: atendiendo a los criterios aliados, España era el segundo país, tras Luxemburgo, que menos invertía en defensa en relación con su PIB. Más concretamente, en 2021 había dedicado el 1,03%[27]. Aunque este error ratificaba el desconocimiento del presidente Sánchez y de sus asesores sobre los asuntos de defensa y hacía dudar de sus intenciones[28], el Programa de Estabilidad 2022-2025 remitido a la UE en abril propuso aumentar progresivamente la inversión militar —el 1,1% en 2023 y el 1,2% en el bienio 2024-25— hasta alcanzar el 2% del PIB en el año 2030. Eran objetivos modestos, especialmente cuando Alemania había anunciado inversiones de 130.000M€, Polonia pretendía rebasar el 4% del PIB y otros socios europeos lograrán este objetivo de gasto durante este quinquenio. Aunque esta sobriedad podría indicar que nuestras élites continuaban sumidas en sus vacaciones estratégicas y que estos tímidos aumentos representaban un calculado seguidismo de nuestros aliados, también implicaban un cambio de tendencia, especialmente para un gobierno de coalición con un socio antimilitarista y una situación económica incierta tras la crisis de la COVID-19 y el escenario que se abría con la guerra.

---

26 GONZÁLEZ, M. y ABELLÁN, L., "Sánchez asume el objetivo de aumentar el gasto militar al 2% del PIB", *El País*, 12 de julio de 2018 [en línea] https://elpais.com/internacional/2018/07/12/actualidad/1531404525_333392.html [Consulta: 04/03/2023].

27 Este porcentaje no incluye otras partidas directa o indirectamente relacionadas con la defensa —como el presupuesto de algunos organismos autónomos, el Instituto Social de las Fuerzas Armadas, la parte correspondiente de la Guardia Civil, los créditos de I+D, la contribución militar a la OTAN y la UE o las misiones internacionales— que incrementarían la factura final y contribuyen a explicar la brecha existente entre el presupuesto aprobado en las Cortes y el gasto consolidado. Sin embargo, la petición aliada se calcula sobre 1,03% que, basado en la encuesta sobre la Capacidad de Planeamiento de Defensa, sienta las bases para comparar el gasto militar entre sus miembros.

28 ROMERO, P., "Nadie, ni siquiera Pedro Sánchez, sabe cuál es el gasto militar total en España", *Público*, 16 de marzo de 2022 [en línea] https://www.publico.es/politica/nadie-pedro-sanchez-gasto-real-militar-defensa-espana.html [Consulta: 03/03/2023].

En cualquier caso, ya sea por factores endógenos o exógenos (desde cálculos políticos, presiones de la industria de defensa española[29], compromisos de los socios, imposiciones de las organizaciones o por convencimiento propio), a lo largo de 2022 el ejecutivo aprobó créditos extraordinarios por valor de 2.000M€ para mejorar las capacidades de defensa[30]. A ello le siguió la firma de nuevos contratos —como la nueva fase del *Sistema Aéreo Futuro de Combate* (FCAS), la modernización de los helicópteros de ataque *Tigre* o la sustitución de los aviones de patrulla marítima— y la aprobación del mayor presupuesto de defensa de la historia. Con 12.825M€, este repunta un 26% respecto el del año pasado y supera en un 0,1% el objetivo planteado para 2023. Sin embargo, si se pretende lograr el ansiado 2% del PIB en 2029, este deberá aumentar sensiblemente en los próximos años.

Tal y como expuso la Secretaria de Estado de Defensa (SEDEF), este repunte facilitará "…la transformación de las capacidades de las fuerzas armadas mediante el refuerzo de los programas de armamento y material"[31]. De hecho, este presupuesto incide tanto en la preparación de la fuerza para mejorar su instrucción, adiestramiento y alistamiento (los gastos corrientes ascienden a 1.026M€, un 13% más que 2022) como en la obtención de capacidades para recuperar, mantener y modernizar los medios militares[32] (las inversiones reales representan 5.868M€, un 61% más que el año pasado)[33].

---

29 CÓZAR, B. "¿Réquiem por la industria de defensa española?", *Ejércitos*, 14 de marzo de 2022 [en línea] https://www.revistaejercitos.com/2022/03/14/requiem-por-la-industria-espanola-de-defensa/ [Consulta: 03/03/2023].

30 Estos créditos elevan notablemente el gasto consolidado. Es probable que este año también se produzcan créditos adicionales de este tipo que, sumados a otros existentes —entre ellos, el de fondo de contingencia para operaciones de paz— permitan incrementar algunas décimas más el gasto consolidado.

31 Comparecencia de la secretaria de Estado de Defensa, Amparo Valcarce, ante la Comisión de Defensa (20 de octubre de 2022).

32 SÁNCHEZ, J. L., "El Presupuesto del Ministerio de Defensa español en 2023: Impacto en la industria de defensa y en las Fuerzas Armadas", *Defensa*, 30 de enero de 2023 [en línea] https://www.defensa.com/espana/presupuesto-ministerio-defensa-espanol-2023-impacto-industria [Consulta: 02/03/2023].

33 De este montante, 4.900M€ se destinarán a financiar los *Programas Especiales de Modernización* (PEM), que también contarán con 1.600M€ adicionales del Ministerio de Industria para su prefinanciación.

Paradójicamente, en la misma comparecencia, la SEDEF afirmó que estas inversiones contribuirían a crear 22.667 empleos, directos e indirectos, y que este repunte de gasto se hacía "…al servicio de la paz"[34]. Más representativa fue la reseña realizada por la *Revista Española de Defensa.* En esta publicación institucional del Ministerio desaparecieron las referencias a la transformación de las capacidades militares, quedando otras —como velar por el bienestar del personal, impulsar la cultura de defensa, fortalecer la transformación digital o contribuir a la sostenibilidad ambiental y la eficiencia energética en la gestión de los recursos[35]— que, si bien se mencionaron en la comparecencia y se vinculan con los objetivos del Ministerio para la legislatura, se asemejan más a las vacaciones estratégicas que a su despertar tras febrero de 2022[36].

En otras palabras, aunque existe una correlación temporal entre la guerra, el aumento del presupuesto y su empleo para mejorar la preparación de la fuerza y modernizar sus medios materiales, la causalidad parece menos clara. La inicial vacilación, la posterior moderación o la falta de claridad en algunas de sus justificaciones podrían indicar que nuestro shock estratégico ha sido menor que el de nuestros aliados, que otros factores internos o externos han sido más relevantes que la guerra para explicar este resultado o que el ejecutivo estaba preso de una trampa del discurso al haberse presentado como un gobierno pacifista cuando arrancó la legislatura. Sea cual sea la explicación, lo cierto es que nuestro país está incrementando el presupuesto de defensa y esta tendencia no será fácilmente reversible, al menos por presiones exógenas.

---

34 Obsérvense las similitudes con la justificación política del arranque del ciclo modernizador en 2018 (COLOM-PIELLA, G., "A new debt burden for Spain's defence planning", *The RUSI Journal,* 164-7, 2019, 32-41).

35 DEL VADO, S., "Un presupuesto al servicio de la paz", *Revista Española de Defensa,* 399, 2022, 12-14.

36 Sin embargo, la nota de prensa menciona expresamente el refuerzo de las capacidades militares (*MINISTERIO DE DEFENSA*, "Los presupuestos de Defensa refuerzan las capacidades de las FAS a través de programas especiales de modernización, en el contexto de la guerra de Ucrania", 7 de octubre de 2022 [en línea] www.defensa.gob.es/gabinete/notasPrensa/2022/10/DGC-221007-presupuestos-defensa.html [Consulta: 08/03/2023].

Estrechamente relacionado con el presupuesto, otro indicador de que estas vacaciones estratégicas están llegando a su fin podría ser la adquisición de armamento y material. Y no es para menos, ya que solo este año se han lanzado catorce nuevos *Programas Especiales de Modernización* (PEM)[37] valorados en 20.000M€[38], y se han presupuestado 4.900M€ para amortizar la deuda pendiente de los que se hallan en curso. Más concretamente, en 2023 se han iniciado los siguientes programas[39]:

- Ocho helicópteros multipropósito *MH-60R* por 900M€ a sufragar entre 2023 y 2029. Estos sistemas sustituirán a los *SH-60B* hasta la entrada en servicio de los *NH-90* navalizados.
- Cuatro aviones de patrulla marítima *C-295 MPA* por 580M€ financiados entre 2022 y 2027. Estos reemplazarán a los veteranos y más capaces *P-3 Orion* que, tras medio siglo en servicio, causaron baja en 2022.
- El *Sistema Conjunto de Radio Táctica* por 738M€ a sufragar en el próximo sexenio. Este programa pretende renovar las radios tácticas de los tres ejércitos con nuevos modelos definidos por software, más modernos, seguros e interoperables con las de nuestros aliados.
- La modernización del sistema de defensa antiaérea *Patriot* por 1.400M€. A sufragar entre 2023 y 2028, esta también inclui-

---

37 Justificados por sus necesidades estratégicas (los compromisos nacionales con la OTAN y la UE), operativas (el salto cualitativo en las capacidades militares), industriales (el desarrollo tecnológico-industrial, los retornos económicos y la carga de trabajo al sector) y económicas (su elevado coste de adquisición), los PEM se sufragan con un sistema de prefinanciación industrial que permite involucrar a varios ministerios en su gestión. Estos proyectos arrancan con la concesión de préstamos industriales para que los contratistas desarrollen el sistema, la calendarización de los pagos del Ministerio de Defensa al contratista coincidiendo con la entrega del material y la devolución de los anticipos al Tesoro Público.

38 Una relación de los grandes programas vinculados al 122B en curso, junto con su coste total, amortización anual, fecha de inicio y pago final, puede hallarse en el anexo "Inversiones reales y programación plurianual del Ministerio de Defensa" de los Presupuestos Generales del Estado de 2023.

39 CARRASCO, B., "Defensa inicia 16 nuevos programas de adquisiciones con la subida del presupuesto", *Infodefensa*, 7 de octubre de 2022 [en línea] https://www.infodefensa.com/texto-diario/mostrar/3918223/defensa-inicia-16-nuevos-programas-adquisiciones-subida-presupuesto [Consulta: 14/02/2023].

rá la adquisición de una cuarta batería y nuevos vectores que proporcionarán a las fuerzas armadas una capacidad contra misiles balísticos.

- Dos buques hidrográficos. Valorados en 332,7M€ a financiar en los próximos cinco años, reemplazarán a las naves de la clase *Castor* y *Malaspina* tras medio siglo de servicio.
- 1.680 misiles y 168 puestos de tiro del misil contracarro *Spike LR2* por 287M€. A sufragar en el próximo trienio, estos misiles complementarán a los *Spike LR* ya en servicio.
- La renovación del sistema de mando, control y comunicaciones del Ejército de Tierra por 970M€ a financiar entre 2023 y 2028.
- Morteros embarcados por 125M€ a sufragar durante este quinquenio. Se comprarán un mínimo de 258 morteros *Eimos* de 81 mm. montados sobre el vehículo 4x4 *VAMTAC* a distribuir entre los tres ejércitos.
- El *Sistema Remotamente Tripulado de Altas Prestaciones* (SIRTAP) por 348M€ repartidos entre 2023 y 2027. Este drone reemplazará a los *Searcher* en labores de inteligencia, vigilancia y reconocimiento.
- El *Sistema Lanzacohetes de Alta Movilidad* (SILAM) por 290M€ a financiar durante este sexenio. Este programa permitirá recuperar la tan necesaria artillería cohete tras la baja del sistema *Teruel* en 2011.
- El sustituto del C15M por 4.500M€ a sufragar entre 2023 y 2028. Probablemente, el proyecto Halcón II —el primero se lanzó en 2022 para sustituir a los C15 del programa CX— implicará la adquisición de 25 cazas *Typhoon* 3B mejorados para reemplazar a los *F-18* peninsulares.
- El sustituto de los cazas de despegue vertical *AV-8B Harrier* y los cazas *F-18 Hornet* restantes por 6.250M€ a financiar hasta 2028. Este controvertido programa implicará, muy probablemente, la compra de *F-35 Lightning II* en dos versiones, la “A” para el Ejército del Aire y la “B” para la Armada.

- Seis aviones de vigilancia marítima *C-295 VIGMA*. Este programa valorado en 560M€ y ejecutado en el quinquenio 2023-28 permitirá reemplazar a los *CN-235* en servicio desde 1988.
- La primera fase del *Vehículo de Apoyo de Cadenas*. Este programa valorado en 1.970M€ y ejecutado entre 2023 y 2025 reemplazará a los veteranos *Transportes Oruga Acorazados*[40].

No se trata de ocurrencias provocadas por el shock de Ucrania, sino que estas compras responden a necesidades identificadas y planeadas desde hace años, pero que no se habían ejecutado por motivos presupuestarios[41]. De hecho, continúan la saga iniciada en 2018 que, valorada en 12.900M€, permitió adquirir cinco fragatas *F-110*, 348 vehículos de combate *Dragón*, 23 helicópteros tácticos *NH-90*, incrementar el techo de gasto del submarino *S-80*, modernizar los cazas *Typhoon* y los helicópteros *CH-47* u obtener el derecho de uso de los satélites *Spainsat NG* por 19 años[42]. Estas compras fueron seguidas por el acuerdo entre la empresa Airbus y el gobierno de España en 2020 que, suscrito en plena pandemia para minimizar la pérdida de empleos y promover la industria de defensa[43], se plasmó en el lanzamiento de la segunda fase del FCAS, la producción de los drones *Euromale*, la compra de helicópteros ligeros *H135*, la conversión de tres aviones *A-330* comprados a Iberia a la versión *Multi Role Tanker*

---

40 Acuerdo del Consejo de Ministros, de 18 de abril de 2023. En esta sesión se aprobaron compromisos de gasto por valor de 3.929M€, incluyendo incrementos del techo de gasto de algunos programas en curso.

41 Paradójicamente, la abundancia de recursos, la administración de los fondos europeos y la puesta en marcha de nuevos programas tensionarán las capacidades de gestión del Ministerio de Defensa. Entre las medidas barajadas para afrontar este problema se halla tanto la externalización como la descentralización del modelo de gestión de los programas, algo que puede generar nuevos problemas (CALVO, C., "Regresión: los riesgos de tocar el modelo de adquisiciones", *Infodefensa*, 21 de febrero de 2023 [en línea] https://www.infodefensa.com/texto-diario/mostrar/4184618/regresion [Consulta: 27/02/2023]).

42 Este proyecto no constituye ningún PEM. Algo similar sucede con otras adquisiciones (como los aviones entrenadores o vehículos ligeros), que se financian con los recursos propios del Ministerio de Defensa.

43 Este acuerdo, que también incluía mejorar la financiación de los helicópteros *NH-90*, adelantar los pagos de los aviones *A-400M* o estudiar el desarrollo de un avión de entrenamiento para el FCAS, también pudo suponer una compensación para Airbus después de seleccionar a Indra como coordinador nacional del FCAS.

Transport y el desarrollo del helicóptero de ataque *Tigre* III[44]. Junto con el acuerdo para construir un buque de intervención subacuática *BAM-IS* y la compra de 20 cazas *Typhoon* del programa Halcón, esta segunda parte del plan inversor que arrancó en 2018 sumó 8.500M€ adicionales hasta los 21.400M€ a sufragar en menos de una década[45]. Un ciclo que, de no haberse producido este shock estratégico, habría terminado con estos proyectos y no volvería a abrirse hasta 2028[46]. Sin embargo, la guerra ha permitido lanzar esta tercera fase con catorce proyectos por un montante de 19.890M€, a la que podría sumarse otra con los programas actualmente en fase de proyecto.

En suma, desde 2018 hasta hoy se han lanzado PEM valorados en casi 40.000M€, a los que se deberían añadir otros compromisos —como las compras "llave en mano" de otro material militar— financiados con los propios recursos del Ministerio de Defensa. Esta cifra supera ampliamente los 24.000M€ en PEA del ciclo 1997-2008[47], algo paradójico viniendo de un gobierno autoproclamado pacifista; cuyo presidente había afirmado, como Secretario General del PSOE, que sobraba esta cartera o de una ministra proclive a reducir el gasto de defensa a favor de la sanidad y la educación y que, cuando comenzó este ciclo, rechazó porque "...sencillamente no es viable"[48].

---

44 Sin embargo, es probable que este programa acabe siendo cancelado tras la salida inicial alemana y la probable francesa (*REVISTA EJÉRCITOS*, "El Ministerio de Defensa de Francia se plantea cancelar el programa Tigre MKIII", 31 de enero de 2023 [en línea] https://www.revistaejercitos.com/2023/01/31/el-ministerio-de-defensa-de-francia-se-plantea-cancelar-el-programa-tigre-mkiii/ [Consulta: 03/03/2023]).

45 Las dos grandes excepciones son el *Euromale* y el *Tigre* Mk. III, cuyo pago se dilataría hasta 2035 y 2037 respectivamente.

46 Comparecencia de la secretaria de Estado de Defensa, Esperanza Casteleiro, ante la Comisión de Defensa del Congreso de los Diputados, 5 de noviembre de 2020.

47 Aunque se tiende a utilizar la cifra de 27.000M€ —a los que se tendrían que sumar 9.500M€ en compras directas con fondos del Ministerio de Defensa— el importe contractual autorizado fue de 24.000M€. Por esta razón, para facilitar las comparaciones, se ha empleado esta. Sin embargo, la reprogramación y actualización de precios de 2010 provocó que su montante alcanzara 33.000M€ en 2012. La revisión de 2013 redujo su factura hasta los 29.000M€ a costa de reducir las unidades adquiridas y ampliar el periodo de amortización de los créditos.

48 PARRA, E., "Defensa no ve "viable" el ciclo inversor de 10.000 millones del PP pero terminará proyectos como las fragatas F110", *Europa Press*, 26 de agosto de 2018

Las razones que podrían contribuir a explicar este cambio de opinión hasta consolidar el mayor ciclo inversor de nuestra historia van mucho más allá del shock generado por la guerra. De hecho, este despertar podría explicar la tercera fase de este ciclo modernizador, pero no las anteriores. Fases en las que el reemplazo de los materiales que habían llegado al final de su vida operativa y la actualización de los que estaban a la mitad de su ciclo vital se combinaba con otras consideraciones de tipo industrial, como la provisión de carga de trabajo a las empresas y su capacitación tecnológica para contribuir a su consolidación en el mercado europeo[49]. Quizás por ello, la ministra calificó las compras de la primera fase como "…un gasto social, además de militar"[50]. Algo similar sucedió con los programas de la segunda fase que, derivados del acuerdo suscrito entre el Gobierno y Airbus, pretendían sentar "…las bases de futuro crecimiento y desarrollo de tecnologías y capacidades sectoriales, a la vez que contribuirán a minimizar el impacto sobre el empleo en las factorías españolas"[51]. En otras palabras, los factores industriales tuvieron, al menos, la misma relevancia que las consideraciones militares a la hora de adquirir el material[52].

[en línea] www.europapress.es/nacional/noticia-defensa-no-ve-viable-ciclo-inversor-10000-millones-pp-terminara-proyectos-fragatas-f110-20180826113232.html [Consulta: 05/03/2023]. El PP barajó lanzar un ciclo modernizador valorado entre 10.000M€ y 30.000M€. Sin embargo, varias fuentes planteaban la necesidad de emprender un ciclo inversor "selectivo" para construir las fragatas *F-110* y los 8x8 *Dragón*, dos tractores tecnológicos cuyo desarrollo había arrancado en 2015.

49 MINISTERIO DE DEFENSA y MINISTERIO DE INDUSTRIA, ENERGÍA Y TURISMO, *La Industria Española de Defensa. Estrategia de Futuro*, Gobierno de España, Madrid, 2013.

50 *ONDA CERO*, "Margarita Robles defiende que el plan de inversión de Defensa es un gasto social además de militar", 14 de diciembre de 2018 [en línea] www.ondacero.es/programas/mas-de-uno/audios-podcast/entrevistas/margarita-robles-defiende-plan-inversion-defensa-es-un-gasto-social-ademas-militar_201812145c135c2c0cf22c1749c179e9.html [Consulta: 06/03/2023].

51 Comunicado conjunto del Gobierno de España y Airbus, 30 de julio de 2020 [en línea] www.lamoncloa.gob.es/presidente/actividades/Documents/2020/300720-Comunicado-Gob-Airbus.pdf [Consulta: 05/03/2023].

52 Tampoco debe extrañarnos porque, en todos los países, la adquisición de armamento es el resultado de las negociaciones, interacciones y compromisos entre los políticos, burócratas (funcionarios, militares u organizaciones internacio-

Aunque la tercera fase de este ciclo modernizador deriva del shock provocado por la guerra, tampoco parece que las compras deriven únicamente del despertar estratégico de nuestras élites. Ciertamente, este shock ha situado los asuntos militares en el centro del debate político y ha facilitado este repunte presupuestario que permitirá modernizar el material militar. Sin embargo, en su arranque se vislumbran otros factores como la oportunidad política, la emulación de otros países y, sobre todo, las motivaciones industriales[53]. Derivadas tanto de la consolidación del mercado único europeo de defensa, la potenciación de una base tecnológico-industrial de defensa autónoma y competitiva a nivel internacional, el desarrollo de la Cooperación Estructurada Permanente (PESCO), como la efervescencia inversora por la guerra de Ucrania y los cambios que se producirán en el ecosistema industrial europeo por el aumento de las demandas nacionales, estos motivos parecen tener un papel determinante para explicar este ciclo inversor[54].

Precisamente, en la exposición parlamentaria de los presupuestos para 2023, la SEDEF defendió estas inversiones porque mejorarán "...el tejido productivo, el talento, la innovación, el avance tecnológico y la competitividad de las empresas, favoreciendo su proyección internacional"[55]. También contribuirán a satisfacer las demandas de un sector industrial atomizado, con un Ministerio de Defensa como mercado cautivo, pero cuya supervivencia depende del incremento de su volumen de negocio, capacidades, competitividad e internacio-

---

nales) y grupos de interés (empresas, sindicatos, ONGs o actores locales) que conforman el "triángulo de acero" de la política industrial de defensa (ADAMS, G., *Iron Triangle: The Politics of Defense Contracting*, Transaction Publishers, New Brunswick, 1982).

53 FONFRÍA, A., "La industria de defensa española en el horizonte 2035", *Defensa*, 27 de octubre de 2022 [en línea] https://www.defensa.com/opinion/industria-defensa-espanola-horizonte-2035 [Consulta: 05/03/2023].

54 *CINCO DÍAS*, "El aumento del 25% del gasto militar empuja la economía mediante el I+D+i", 23 de enero de 2023 [en línea] https://cincodias.elpais.com/cincodias/2023/01/20/economia/1674212260_097856.html [Consulta: 06/03/2023].

55 Comparecencia de Amparo Valcarce ante la Comisión de Defensa del Congreso, 20 de octubre de 2022. Las inversiones realizadas por los países de nuestro entorno tienen objetivos similares (TOCCI, N., "The Paradox of Europe's Defense Moment", *Texas National Security Review*, 6-1, 2022, 99-108).

nalización[56]. De hecho, la propia ministra solicitó a las empresas un esfuerzo especial en estos asuntos porque "...la industria de defensa de otros países de la Unión Europea nos está ganando la partida"[57]. Quizás, ello contribuye a explicar tanto el protagonismo de las consideraciones industriales en el lanzamiento de la tercera fase de este ciclo inversor, como la elaboración de una nueva estrategia industrial de defensa que maximice este repunte presupuestario reforzando la base tecnológica, la competitividad, la autonomía estratégica, el empleo cualificado o la cohesión territorial[58]. En otras palabras, parece que los vértices político e industrial del "triángulo de acero" son más relevantes que el militar —encargado de plantear los requerimientos técnicos y priorizar las necesidades— a la hora de explicar el alcance de esta fiebre inversora.

En definitiva, el shock estratégico generado por la guerra ha permitido consolidar el mayor ciclo modernizador de la historia. Un ciclo que pretende sufragarse en una década[59] y que servirá para reemplazar varios sistemas que se encuentran al final de su vida operativa, recuperar capacidades que se habían perdido, potenciar otras que serán esenciales en los próximos años y que garantizarán la interoperabilidad con nuestros aliados.

---

56 NAVARRO, J., "Los sistemas de armas a los que se destinará el presupuesto de Defensa español 2023", *Defensa*, 4 de febrero de 2023 [en línea] https://www.defensa.com/espana/sistemas-armas-destinara-presupuesto-defensa-espanol-2023 [Consulta: 06/03/2023].

57 *EUROPA PRESS*, "Robles alerta de que la industria militar europea está 'ganando la partida' a la española", 21 de octubre de 2022 [en línea] https://www.europapress.es/nacional/noticia-robles-alerta-industria-militar-europea-ganando-partida-espanola-20221021113356.html [Consulta: 05/03/2023].

58 CARRASCO, B., "El Gobierno busca potenciar los desarrollos nacionales con la nueva Estrategia Industrial de Defensa", *Infodefensa*, 25 de enero de 2023 [en línea] https://www.infodefensa.com/texto-diario/mostrar/4151560/gobierno-trabaja-estrategia-industrial-defensa-potencie-desarrollos-nacionales [Consulta: 06/03/2023].

59 El ciclo modernizador 1997-2008 también asumía un incremento presupuestario sostenido y pretendía sufragarse en una década. Sin embargo, la falta de recursos obligó a realizar distintas reprogramaciones del calendario de pagos hasta más allá del 2030. Sería deseable que en esta ocasión no suceda algo similar.

Aunque lo óptimo habría sido aprovechar las lecciones que nos dejará la guerra para revisar los compromisos de este ciclo para alinear las necesidades militares presentes y futuras con los medios que se obtienen, decisiones de este tipo implicarían unos costes de oportunidad difícilmente asumibles política e industrialmente. En cualquier caso, parece que el despertar de las élites políticas está más relacionado con los efectos que puede tener la explosión de la demanda militar en Europa sobre la industria nacional, base tecnológica y competitividad en un mercado europeo en plena reconfiguración, que en consideraciones militares. No obstante, las fuerzas armadas también saldrán beneficiadas —siempre y cuando se garantice el sostenimiento y ciclo de vida de estos sistemas cada vez más caros y complejos[60]— de este escenario impensable años antes.

Conclusiones

El 24 de febrero de 2022 no sólo será recordado por la invasión rusa de Ucrania, sino también por el fin de unas vacaciones estratégicas europeas que empezaron el mismo día que cayó el Muro de Berlín. Esto sirve para recordar que la disuasión y el combate nunca han dejado de ser las principales funciones de los ejércitos, y que ello requiere disponer de unas fuerzas armadas alistadas, creíbles y preparadas para acciones de alta intensidad. Como han expuesto los capítulos anteriores, los países europeos ya han tomado nota de esta situación y están aumentando el presupuesto de defensa para mejorar la operatividad de sus fuerzas y dotarse de los medios materiales adecuados para el mundo que viene. Una decisión que también tendrá importantes efectos políticos e industriales sobre una UE que busca dotarse de una base tecnológico-industrial y un mercado de defensa único para fortalecer su autonomía estratégica.

Al igual que nuestros vecinos, los signos de cambio también se observan en España. Desde que empezó la guerra, el presupuesto de de-

---

60 El sostenimiento (financiado por el capítulo 2 del presupuesto) y ciclo de vida (como las modernizaciones de media vida y otras actualizaciones relevantes, sufragadas estas por el 6) del armamento y material del ciclo modernizador anterior ha condicionado la operatividad de las fuerzas armadas.

fensa ha repuntado un 26% hasta los 12.825M€, lo que se traduce en un 1,2% del PIB. De este montante, 1.026M€ (un 13% más que 2022) servirán para mejorar la instrucción, adiestramiento y alistamiento de la fuerza, y 5.868M€ (un 61% más que el año pasado) se invertirán en obtener nuevas capacidades militares. Precisamente, este año se han lanzado catorce nuevos programas armamentísticos que, valorados en casi 20.000M€, permitirán reemplazar varios sistemas que se hallan al final de su vida operativa, recuperar capacidades perdidas durante las décadas anteriores o potenciar otras que serán esenciales en los próximos años y que garantizarán la interoperabilidad con nuestros aliados. De hecho, con estos programas culmina —si no se lanzan otros que todavía se hallan en fase de proyecto— el mayor ciclo modernizador de la historia de nuestro país. Un ciclo que, valorado en 40.000M€ sin contar las compras "llave en mano" con los recursos del Ministerio de Defensa, no sólo reforzará la disuasión española, sino que también actuará como dinamizador del sector industrial de defensa. Un sector de alto valor añadido que necesita incrementar su peso específico, capacitación tecnológica, internacionalización y autonomía estratégica para sobrevivir a la consolidación del mercado único europeo y a su concentración industrial.

Junto con el incremento de los despliegues en el flanco oriental de la Alianza Atlántica, la provisión de ayuda militar a Ucrania o el renovado interés político y social hacia los asuntos de defensa, podría parecer que las vacaciones estratégicas españolas han llegado a su fin. Sin embargo, todavía es pronto para establecer una conclusión clara al respecto. Como sucede con la cultura política, la cultura estratégica se caracteriza por su constancia en el tiempo y es poco proclive a grandes cambios en breves periodos. Aunque la guerra de Ucrania ha supuesto un shock que nos ha despertado del sueño del "fin de la Historia", ha generado un inusitado interés por los asuntos de defensa y ha posibilitado cambios que hasta hace poco parecían impensables, todavía quedan años para que este despertar en materia de defensa se traduzca en cambios palpables en nuestra cultura estratégica. El tiempo dirá cuán profundos serán y qué impacto tendrán. Lo que sí parece claro es que la guerra proporcionará recursos económicos y materiales que permitirán resolver algunos de los problemas estructurales que afectan a la defensa española.

La guerra de Ucrania y su impacto sobre la teoría y práctica de la ciberguerra

Manuel R. Torres Soriano

Cada innovación tecnológica con repercusiones para la seguridad y la defensa genera un periodo de incertidumbre en el cual no existe una idea clara sobre cómo integrar sus potencialidades en el planeamiento estratégico. La reflexión teórica suele dilatarse en el tiempo ya que los efectos de una nueva herramienta no siempre son evidentes y suelen desplegarse lentamente. El ritmo de este debate puede verse entorpecido por la ausencia de evidencias empíricas sobre las cuales apoyarse para validar o refutar las diferentes teorías, lo que lo convierte en un conocimiento provisional que da como fruto unas predicciones que, una vez confrontadas con la realidad, podrían ser completamente erróneas.

El conocimiento disponible sobre el uso bélico del ciberespacio es esencialmente especulativo. El despliegue de las nuevas tecnologías de la información y la comunicación ha ido acompañado de una visión casi unánime de que esta tecnología transformaría profundamente la forma de combatir. Buena parte de las proyecciones sobre cómo se desarrollarían las guerras del futuro han asumido de manera acrítica que el ciberespacio era un nuevo dominio bélico y que este constituía la dimensión más importante del esfuerzo de la guerra. Como consecuencia, durante las dos últimas décadas han proliferado dentro de los estudios estratégicos los trabajos que tratan de sistematizar el conocimiento existente y entender cuáles son sus repercusiones.

Algunas de las conclusiones más recurrentes son, por ejemplo, la creencia de que en el ciberespacio el ataque es más fácil que la defensa, que los estados más tecnológicos son cada vez más vulnerables mientras que los actores menos avanzados tienen cada vez más poder, y que el anonimato de las operaciones cibernéticas impide una disuasión eficaz. Lo que ha llevado a muchos a creer que el ciberespacio está repleto de peligros sin precedentes.

Sin embargo, estas visiones se fundamentan en una base muy débil. El número de estudios de caso existente no sólo es reducido en número, sino también en magnitud. Las escasas evidencias disponibles sobre el uso ofensivo del ciberespacio se encuentran muy alejadas del umbral del conflicto armado. En consecuencia, las proyecciones sobre cómo se desarrollaría una ciberguerra son básicamente construcciones teóricas basadas en analogías[1] con un reducidísimo sustento empírico. Para añadir aún más problemas, existe un conjunto de incentivos perversos que lleva a funcionarios de seguridad, empresas de defensa, medios de comunicación y una floreciente industria privada de ciberseguridad a exagerar la amenaza, mientras que el extremo secretismo sobre las operaciones cibernéticas complica aún más realizar una evaluación ponderada[2].

La eclosión de conflicto bélico de alta intensidad tras la invasión rusa de Ucrania en febrero de 2022 supone un importante punto de inflexión en nuestra comprensión sobre lo que se ha denominado ciberguerra. Hasta el momento, los Estados habían utilizado el ciberespacio principalmente para actos de espionaje, subversión y el sabotaje. Pero nadie sabía realmente cómo se desarrollaría su comportamiento dentro de un conflicto militar a gran escala.

Por primera vez puede testarse en el contexto de un enfrentamiento abierto entre dos estados dotados de capacidades y objetivos en el ámbito ciber, hasta qué punto todas las previsiones que se han formulado a lo largo de estos años tienen un correlato con la realidad. Aunque en el momento de escribir este capítulo el conflicto continúa abierto, tras un año de hostilidades, puede formularse algunas conclusiones tentativas sobre cómo la realidad de la guerra ha

1 AXELROD, R., "A Repertory of Cyber Analogies" en Emily O. Goldman and John Arquilla, eds., *Cyber Analogies*, Department of Defense Information Operations Center for Research, Monterey, 2014.

2 LINDSAY, J. y GARTZKE, E., "Coercion through Cyberspace: The Stability-Instability Paradox Revisited"". en K. GREENHILL y P. KRAUSE (eds.)., *The Power to Hurt: Coercion in Theory and in Practice*, Oxford University Press, Oxford, (en prensa).

impactado en nuestro conocimiento sobre el uso bélico del ciberespacio.

La ciberguerra que no fue

Cuando los tambores de guerra empezaron a sonar con mayor intensidad, se estimó que era muy probable que Rusia recurriese a ciberataques a gran escala. Con estos sabotajes sobre infraestructuras críticas no sólo propiciaría el colapso de la resistencia ucraniana, sino que también lanzaría una clara advertencia a los países occidentales: absteneros de involucraros de manera activa, o también seréis también objeto de represalias en el ámbito ciber[3].

Sin embargo, este escenario no sólo no ha tenido lugar, sino que el empleo de capacidades ciber como complemento de la invasión militar ha tenido un perfil sorprendentemente bajo[4]. Aunque pueden atribuirse al aparato estatal ruso múltiples acciones tendentes a degradar las redes informáticas que sustentan las infraestructuras y servicios de su vecino, lo cierto es que, ni la intensidad, ni la magnitud de este tipo de ciber-ataques es sensiblemente diferente a la que el Kremlin había protagonizado durante los últimos años. Uno de los responsables principales de este hostigamiento había sido la unidad 74455 perteneciente a la Dirección Principal de Inteligencia de Rusia (también conocida por el acrónimo GRU). Durante años este grupo (apodado como Sandworm por parte de las empresas de ciberseguridad) había acumulado un amplio historial de ataques contra objetivos internacionales. El 23 de febrero, horas antes de que comenzara la invasión, Sandworm lanzó un *malware* que infectó varios cientos de ordenadores del gobierno ucraniano[5]. Sin embargo, la intrusión

---

3 TORRES, M. R. "Rusia vs. Ucrania: la ciberguerra que no fue", *Esglobal*, 23 de mayo de 2022 [en línea] https://www.esglobal.org/rusia-versus-ucrania-la-ciberguerra-que-no-fue/[Consulta: 11/04/2023].

4 Microsoft Digital Security Unit, "Special Report: Ukraine. An overview of Russia's cyberattack activity in Ukraine", *Microsoft*, 27 de abril de 2022 [en línea] https://query.prod.cms.rt.microsoft.com/cms/api/am/binary/RE4Vwwd [Consulta: 11/04/2023].

5 SCHWIRTZ, M. et al., "How Putin's War in Ukraine Became a Catastrophe for Russia", *The New York Times*, 16 de diciembre de 2022 [en línea] www.nytimes.

se detectó rápidamente y los daños se contuvieron. Su acción más significativa sería el ataque contra las comunicaciones por satélite del ejército ucraniano, utilizadas por los soldados sobre el terreno. Este sabotaje tendría éxito, provocando que a las 6:15 de la mañana del 24 de febrero, el sistema cayese, en un momento de especial vulnerabilidad para Ucrania. Los ataques a las plataformas Viasat y Ukrtelecom, aunque provocaron una interrupción de las trasmisiones gubernamentales, no dañaron gravemente la capacidad del país para coordinar sus fuerzas. En poco tiempo pudieron reanudarse las comunicaciones debido a que el gobierno había previsto este movimiento y tenía un plan de contingencia: un sistema independiente vía satélite, cuyo funcionamiento había sido testado tan sólo dos meses antes[6].

Otros sectores también sufrieron ataques, pero se recuperaron con razonable rapidez. Los servicios con base en internet ucranianos sólo han registrado una perturbación menor[7]. Esta situación no ha cambiado a lo largo del primer año de conflicto, incluso cuando tras el fracaso del plan militar inicial, Rusia decidió movilizar recursos de fuerza adicionales para recobrar la iniciativa[8]. Y aunque se registraría un incremento cuantitativo de las ciber-agresiones contra infraestructuras y servicios, su naturaleza y magnitud seguirían siendo modestas[9].

El transcurso de un año de conflicto ha descartado algunas hipótesis que inicialmente podían achacar al factor temporal la práctica ausencia de un componente ciber en las operaciones militares rusas. Así, por ejemplo, se pensó que tal vez el Kremlin había compartimentalizado sus planes de invasión, dejando a los operadores cibernéti-

---

com/interactive/2022/12/16/world/europe/russia-putin-war-failures-ukraine.html [Consulta: 11/04/2023].

6 *Ibíd.*

7 HARDING, E., "The Hidden War in Ukraine", *Center for Strategic and International Studies*, 15 de junio de 2022 [en línea] www.csis.org/analysis/hidden-war-ukraine [Consulta: 11/04/2023].

8 COLOM, G. (ed.), *La guerra de Ucrania. Los 100 que cambiaron Europa*, La Catarata-Ejércitos, Madrid, 2022.

9 *The Cyberpeace Institute*, "Cyber Dimensions of the Armed Conflict in Ukraine. Quarterly Analysis Report Q3 July to September 2022", 2022 [en línea] cyberpeaceinstitute.org/wp-content/uploads/Cyber%20Dimensions_Ukraine%20Q3%20Report.pdf [Consulta: 11/04/2023].

cos al margen, lo que les haría incapaces de contar con el suficiente tiempo para prepararse e integrar sus esfuerzos con los de otras unidades. Se pensó, igualmente, que la ausencia de lo ciber podía atribuirse a las expectativas infundadas que habían guiado la decisión de Vladimir Putin de invadir Ucrania. Puesto que la creencia del presidente ruso era que el gobierno ucraniano colapsaría en unos pocos días, pudo estimarse que no era necesario un componente ciber más allá del sabotaje inicial contra el sistema de comunicaciones ucraniano. Así, por ejemplo, un informe[10] elaborado por la unidad de análisis de amenazas de Google señalaba que los ciberataques con un propósito destructivo alcanzaron su punto álgido en el inicio de la invasión, sin embargo, después el ritmo de los ataques se ralentizó y parecían menos coordinados que la oleada de febrero de 2022. Este mismo informe aportaba otro dato que refuerza la tesis de que el planeamiento militar de la invasión no contemplaba el empleado de un componente ciber más allá de unas pocas semanas. Las oleadas iniciales de ciber-ataques se llevaron a cabo empleando los accesos a los sistemas ucranianos que se habían obtenido meses e incluso años atrás. Al emplearlos para estos propósitos se era conscientes de que esas brechas se cerrarían posteriormente y no serían reutilizables para una misión de obtención de inteligencia posterior. A pesar de ello, se decidió sacrificar estos recursos porque, posiblemente, se estimó que ya no serían necesarios una vez que la operación militar culminase con la instauración de un régimen afín en Kiev.

Una vez constatado este error de cálculo hubiese sido razonable pensar que lo ciber haría nuevamente su aparición, sobre todo cuando quedó claro para Rusia que tenía que modificar sus expectativas y adaptar su estrategia para librar un conflicto prolongado donde sería necesario involucrar todos sus recursos de poder.

En un periodo de enfrentamiento explicito, donde ya no hay necesidad de enmascarar la propia responsabilidad, no sólo no hay rastro de las capacidades más destructivas que, todo el mundo intuía estaban al alcance de Rusia, sino que incluso tampoco se han mani-

---

10 Threat Analysis Group, "Fog of war: how the Ukraine conflict transformed the cyber threat landscape", *Google*, 16 de febrero de 2023 [en línea] https://blog.google/threat-analysis-group/fog-of-war-how-the-ukraine-conflict-transformed-the-cyber-threat-landscape/ [Consulta: 11/04/2023].

festado en su versión más modesta. Así, por ejemplo, el presidente ucraniano Volodimir Zelenski ha podido realizar durante este tiempo una verdadera gira mundial de carácter virtual a través de decenas de video-conferencias, cuya señal digital no se ha visto interferida por la acción rusa ni en una sola ocasión. Todo ello a pesar de estar fijadas en horas conocidas y en auditorios predeterminados, lo cual hacia estos ciber-sabotaje una actividad no especialmente exigente.

La dimensión ciber tampoco ha estado particularmente presente a la hora de apoyar las tradicionales acciones de desinformación que Rusia ha venido protagonizando durante años en apoyo de sus objetivos hacia Ucrania. En un entorno de desaparición de la ambigüedad hubiese sido esperable que estas operaciones de intoxicación informativa hubiesen escalado a un nivel superior, integrándose en acciones de ciber-sabotaje de una mayor ambición y sofisticación. Sin embargo, el episodio más reseñable en este periodo tuvo lugar en marzo de cuando hizo su aparición en redes sociales de internet un vídeo "deepfake" en el que podía contemplarse una tosca recreación del presidente Zelensky que pedía a los ucranianos que se rindieran. Los operativos rusos habían accedido al canal de televisión, Ukraine 24, para ayudar a difundir la historia ficticia colocando una imagen fija del vídeo en la página web del canal. A pesar de esa aportación ciber, el vídeo era escasamente convincente y fue fácilmente desmentido[11].

Tampoco existen evidencias reseñables de que Rusia haya utilizado el ciberespacio para tomar represalias contra la coalición de países occidentales que sostiene materialmente el esfuerzo bélico de Ucrania e impulsan los diferentes paquetes de sanciones que pretenden presionar al gobierno ruso. Esta ausencia de lo cibernético es muy significativa si tenemos en cuenta que no ha sucedido lo mismo en otros niveles. Por el contrario, Rusia ha recurrido a la que se consideraba era su principal y más importante baza para coaccionar a los países europeos: el corte del abastecimiento energético de gas. Teniendo en cuanta que el Kremlin ha estado dispuesto a adoptar

---

11 GONZALO, M., "Cómo se desmontó el 'deepfake' de Zelenski, el primero de la guerra contra Ucrania", *Newtral*, 18 de marzo de 2022 [en línea] https://www.newtral.es/deepfake-zelenski-primer-guerra-contra-ucrania/20220318/ [Consulta: 11/04/2023].

esta represalia asumiendo un enorme coste económico: ¿por qué no ha sucedido lo mismo con acciones similares en el ciberespacio? ¿Si se ha asumido el coste mayor (el aislamiento económico), por qué no asumir el coste menor (el hostigamiento contra tus antiguos clientes)? La explicación reside en el hecho de que lo ciber no se encuentra desconectado de la lógica que impera para otros recursos de poder de un Estado. A pesar de todas las hipérboles y el adanismo que ha rodeado a la reflexión sobre la irrupción del ciberespacio en el ámbito de los conflictos armados, la realidad nos vuelve a mostrar que no se aleja demasiado de lo que ya conocíamos. Un ciberataque de gran entidad contra infraestructuras críticas estadounidenses o de sus aliados probablemente tenga poco sentido desde la perspectiva rusa. No obligaría a Estados Unidos a dejar de apoyar a Ucrania, no degradaría las capacidades militares estadounidenses y crearía presión política para una respuesta más contundente. Rusia prefiere avanzar en sus objetivos militares y evitar al mismo tiempo ampliar el conflicto hacia la OTAN. Un ciberataque limitado contra estos estados sólo empeoraría la situación, y aunque el Kremlin no ha tenido reparo en incurrir en todo tipo de excesos verbales, ha sido mucho más circunspecto en sus acciones.

En definitiva, la mayoría de los observadores coinciden a la hora de restar importancia al papel de las operaciones cibernéticas ofensivas en el esfuerzo bélico de Moscú. En lugar de desempeñar un papel específico, los ciberataques han estado orientados hacia los mismos objetivos que han sido atacados con armas convencionales, como las comunicaciones, la electricidad y las infraestructuras de transporte. Sin embargo, para casi todas estas categorías de objetivos, los misiles, el fuego de artillería y los bombardeos han causado un nivel de daños infinitamente más serio que las acciones en el ciberespacio.

Estamos, por tanto, ante un conjunto escaso de operaciones cibernéticas, poco sofisticadas, pobremente planificadas, mal integradas con actividades en otros dominios, pero, sobre todo, intrascendentes en comparación con el papel que ha ejercido el armamento convencional, incluyendo aquel que, como la artillería, hacía tiempo que venía menospreciándose, por considerarse que había quedado superado por la realidad de la guerra hiper-tecnológica.

Aunque parece que existe consenso sobre el escaso impacto de las operaciones cibernéticas rusas en el desarrollo de la guerra, hay menos unanimidad sobre el porqué. Cualquier reflexión sobre las causas que podrían explicar el bajo perfil del ciber-conflicto, debe tener presente que nuestra información al respecto todavía es prematura, parcial, y está envuelta en la inevitable "niebla" que acompaña a la guerra. Sin embargo, contamos con suficientes evidencias para apuntar hacia varias causas que podrían explicar lo que parece que es un inesperado desarrollo de los acontecimientos. Lejos de ser incompatibles entre sí, lo más probable es que todos estos factores hayan operado de manera simultánea, aunque desconozcamos el peso específico de cada uno de ellos.

Sobreestimado

Al igual que ha sucedido con el ámbito militar convencional, las capacidades ciber de la Federación Rusa han sido profundamente sobreestimadas. La evaluación de la amenaza en este terreno es intrínsecamente aproximativa. A diferencia de lo que sucede con el "hardware" militar, lo ciber no puede ser identificado y evaluado de manera empírica. Buena parte de las proyecciones sobre los recursos cibernéticos de un estado se basan en su comportamiento en el pasado, sus ambiciones y el nivel de agresividad y tolerancia al riesgo que ha demostrado hasta el momento. Sin embargo, existe un profundo desconocimiento sobre las realidades de la proliferación cibernética. No está claro si estamos hablando de unas pocas docenas de estados o de casi la totalidad de los países del planeta son los que pretenden llevar a cabo operaciones ofensivas en el ámbito ciber. El nivel de incertidumbre se debe en parte a la falta de claridad conceptual. Es posible que los responsables políticos no estén hablando del mismo fenómeno cuando hacen mención a conceptos como "ciber-arma" o "ciber-ataque". Sin embargo, los datos disponibles tampoco sirven de gran ayuda. La realidad es que sólo disponemos de una cantidad anecdótica de información de acceso público sobre los esfuerzos cibernéticos militares estatales[12].

---

12 SMEETS, M., *No Shortcuts: Why States Struggle to Develop a Military Cyber-Force*, Hurst Publishers, Londres, 2022.

Pero también existe una dimensión intangible, que al igual que sucede en el ámbito estrictamente militar, sólo puede ser diseccionada cuando se confronta con la realidad. Uno de los dilemas clave al que se enfrentan los Estados a la hora de desarrollar estos recursos es cómo conseguir integrar sus capacidades militares y de inteligencia para generar una ciber-capacidad significativa[13]. Esta es una meta especialmente exigente ya que la integración debe superar toda una serie de barreras relacionadas con la inercia y la competición dentro de las organizaciones que componen el entramado de defensa de un estado, así como la incertidumbre sobre cómo materializarla cuando no existen precedentes que permitan guiar este proceso de transformación.

Rusia había conseguido labrarse la imagen de ser uno de los pocos estados con un profundo y sofisticado nivel de integración de sus capacidades ciber y convencionales. Paradójicamente, había sido en la propia Ucrania donde el ejército ruso había empezado a gestarse esta reputación. Desde 2014, las tropas rusas habían utilizado a su vecino como un entorno de pruebas de bajo coste para mejorar los procedimientos asociados al empleo de capacidades ciber a nivel táctico[14]. Desde Occidente se asumió el relato interesado ruso de que sus tropas habían protagonizado ataques contra la infraestructura de telefonía móvil para distribuir software malicioso en los dispositivos personales de los soldados ucranianos que combatían en primera línea. En algunos casos, los combatientes recibían el *malware* en sus teléfonos en forma de fotos de sus cónyuges o familiares enviadas por mensajes SMS. Esta penetración se llevó a cabo no sólo para apoyar acciones de "guerra de la información" como aquellas donde los familiares recibían mensajes indicando que sus maridos o hijos habían muerto en el frente, o animándoles a que les pidieran que se rindieran y regresaran a casa. Estas acciones de desmoralización también iban orientadas a las tropas enemigas con informaciones engañosas

---

13 SMEETS, M., "Integrating offensive cyber capabilities: meaning, dilemmas, and assessment", *Defence Studies*, 18-4, 2018, 395-410.

14 BRANTLY, A. y COLLINS, L., "A bear of a problem: Russian special forces perfecting their cyber capabilities", *Army Magazine*, 28 de noviembre de 2018 [en línea] www.ausa.org/articles/bear-problem-russian-special-forces-perfecting-their-cyber-capabilities [Consulta: 11/04/2023].

donde se les indicaba que el personal de su batallón se había retirado y que estaban rodeados y, por tanto, debían rendirse. También se asumió que Rusia podía geolocalizar a su antojo los dispositivos móviles de las tropas ucranianas, analizar el flujo de datos y batir a su antojo esos objetivos con artillería casi en tiempo real, una capacidad que resultaba perturbadora si tenemos en cuenta que ningún ejército occidental poseía esa capacidad de integrar lo ciber y lo convencional con tal precisión y agilidad.

Teniendo en cuanta el pobre desempeño operacional del ejército ruso en la invasión de 2022 se ha puesto en duda la veracidad de este relato, el cual se empieza a contemplar a posteriori como una acción exitosa de "desinformación". Esto es algo que no debe resultar sorprendente ya que la pretensión de engañar al enemigo sobre el desarrollo tecnológico y las propias capacidades forma parte desde sus orígenes del concepto de "dezinformatsiya" tal y como fue elaborado en la doctrina soviética[15].

Las culturas organizativas, la moral, la capacidad de adaptación e innovación y otra serie de manifestaciones propias del componente humano pueden ser determinantes para la victoria. Es lógico pensar que los mismos problemas de incompetencia profesional, indisciplina y deficiente calidad del mando[16] que han quedado de manifiesto en las fuerzas armadas rusas, es extensible al personal que integra el componente ciber. Resulta plausible pensar que el bajo perfil de las operaciones ciber en este conflicto esté relacionado con la ineptitud de aquellos "ciber-guerreros" que aun habiendo recibido esa misión no lograron realizar ningún aporte significativo al desarrollo de las operaciones. Una muestra de la importancia de la calidad del capital humano puede percibirse en las palabras del General Paul Nakasone, jefe del Ciber Comando del Ejército de los Estados Unidos cuando afirmaba en un evento público sobre ciberseguridad:

---

15 SCHULTZ, R. y GODSON, R, *Dezinformatsia: Active Measures in Soviet Strategy*, Pergamon Press, Nueva York, 1984; COLOM, G., "Anatomía de la desinformación rusa", *Historia y Comunicación Social*, 25-2, 2020, 473-480.

16 REMNICK, D., "The Weakness of the Despot. An expert on Stalin discusses Putin, Russia, and the West", *The New Yorker*, 11 de marzo de 2022 [en línea] www.newyorker.com/news/q-and-a/stephen-kotkin-putin-russia-ukraine-stalin [Consulta: 11/04/2023].

"He estado en diferentes unidades del ejército. Trato de pensar: ¿hay un francotirador que haya conocido, o un piloto, o un conductor de submarino, o cualquier otra persona en el ejército que sea 50 veces mejor que su compañero? Es difícil de imaginar. Pero les diré que algunos de los programadores que tenemos son 50 veces mejores que sus compañeros"[17].

Sin sorpresas y rodeado de amigos poderosos

Si la sorpresa es el gran aliado de la victoria militar, en el terreno ciber, esta sentencia alcanza su máxima expresión[18]. Las ciber-capacidades ofensivas se construyen sobre las vulnerabilidades del oponente, y, por tanto, no se proyectan en términos absolutos. Unas mismas herramientas pueden ser devastadoras o complementar irrelevantes en función del actor contra las que van dirigidas. La falta de preparación, unas medidas de seguridad poco diligentes o una inversión insuficiente pueden marcar la diferencia. Tanto la guerra electrónica como la ciberguerra tienen curvas de aprendizaje relativamente rápidas[19]. En el ciberespacio, es muy probable que el primer ataque tenga efectos significativos, sobre todo si el propio ataque constituye una sorpresa estratégica al no existir una percepción de la inmediatez de la amenaza. En ese sentido, existe un abismo entre las vulnerabilidades que presenta un sistema configurado para funcionar en "modo tiempo de paz" que un sistema que ha sido reestructurado para resistir a un hostigamiento inminente.

Difícilmente puede considerarse que la invasión de Ucrania haya cogido a sus defensores desprevenidos. Tras la acumulación de años enfrentamiento de baja intensidad en los territorios fronterizos, los

---

17 TUCKER, P., "A Fight Is Brewing Between Congress and the Military Over Cyber War", *Defense One,* 16 de noviembre de 2017 [en línea] www.defenseone.com/technology/2017/11/fight-brewing-between-congress-and-military-over-cyber-war/142616/ [Consulta: 11/04/2023].

18 HEALEY, J. "Preparing For Inevitable Cyber Surprise", *War on the Rocks,* 12 de enero de 2022 [en línea] https://warontherocks.com/2022/01/preparing-for-inevitable-cyber-surprise/ [Consulta: 11/04/2023].

19 LIBICKI, M., "Cyberwar as a Confidence Game", *Strategic Studies Quarterly,* 2011, 132-146.

ucranianos se han preparado a conciencia para una intensificación de las hostilidades. Desde 2014 Ucrania se había convertido en el principal destinatario de las ciber-capacidades rusas, incluyendo ataques que no tenían precedentes en otros países como, por ejemplo, el ciber-sabotaje de las redes de suministro eléctrico[20]. Aunque es una experiencia que complicó notablemente la vida de sus habitantes, también les concienció de la necesidad de incrementar la resiliencia y preparación de su país ante la eventualidad de un ciber-ataque a gran escala.

Ucrania publicó su estrategia nacional de ciberseguridad en 2016[21] y estableció cierto grado de redundancia y resiliencia para los datos y la ampliación del uso del cifrado antes de la invasión. El elemento más importante de la defensa es la capacidad de identificar y reaccionar rápidamente. Ucrania (con ayuda externa) emprendió la supervisión en tiempo real de redes y sistemas críticos para detectar *exploits* en una fase temprana y actuar rápidamente para contrarrestarlos. Cualquier perímetro de red puede ser violado, y todos los programas informáticos tienen fallos explotables. La capacidad de responder inmediata y eficazmente a las intrusiones cibernéticas constituye la clave del éxito de una defensa[22].

Lindy Cameron, la responsable del Centro Nacional de Ciber Seguridad del Reino Unido (NCSC) reconocía en una conferencia[23]: "En muchos sentidos, Rusia ha hecho que Ucrania se adapte al juego en los últimos diez años atacándola constantemente". En esa mis-

---

20 ZETTER, K., "Inside the Cunning, Unprecedented Hack of Ukraine's Power Grid", *Wired*, 3 de marzo de 2016 [en línea] https://www.wired.com/2016/03/inside-cunning-unprecedented-hack-ukraines-power-grid/ [Consulta: 11/04/2023].

21 TKACHENKO, O., "Cybersecurity in Ukraine: National Strategy and international cooperation", *CFCE*, 7 de junio de 2017 [en línea] https://thegfce.org/cybersecurity-in-ukraine-national-strategy-and-international-cooperation/ [Consulta: 11/04/2023].

22 LEWIS, J., "Cyber War and Ukraine", *Center for Strategic and International Studies*, 16 de junio de 2022 [en línea] https://www.csis.org/analysis/cyber-war-and-ukraine [Consulta: 11/04/2023].

23 CAMERON, L. "Lindy Cameron at Chatham House security and defence conference 2022", *NCSC*, 28 de septiembr de 2022 [en línea] www.ncsc.gov.uk/speech/lindy-cameron-chatham-house-security-and-defence-conference-2022 [Consulta: 11/04/2023].

ma intervención reconocía que la falta de éxito de los ciberataques rusos, lejos de ser un desenlace sorprendente, era fruto en buena medida del decidido apoyo de su propio país, Estados Unidos, la UE y la OTAN. Efectivamente, en la tarea de protegerse frente a las ciber-capacidades rusas, los ucranianos no han estado solos.

Mucho antes de la invasión, el secretario General de la OTAN, Jens Stoltenberg, afirmó que el componente "ciber" de la OTAN estaban compartiendo información con funcionarios ucranianos y que algunos funcionarios de la organización incluso estaban apoyando a Ucrania "sobre el terreno". La Alianza y Ucrania llegarían a firmar un acuerdo "sobre cooperación cibernética reforzada" que incluía "el acceso de Ucrania a la plataforma de intercambio de información sobre *malware* de la OTAN"[24].

Pero, ante todo, debe destacarse la intensa colaboración de Estados Unidos, el país que cuenta con el conocimiento más íntimo de las ciber-capacidades rusas. El volumen y la frecuencia de los intercambios de inteligencia con Ucrania ha sido catalogado por algunos líderes militares estadounidenses como "revolucionario" y "sin precedentes" desde el fin de la Guerra Fría[25].

La llegada del presidente Joe Biden a la Casa Blanca también marcaría el inicio de una nueva determinación en la tarea de neutralizar[26] las actividades hostiles de Rusia en el ciber-espacio. El Comando cibernético del Ejército Estadounidense (CYBERCOM), el cual, por razones obvias, no es muy proclive a hablar abiertamente de las misiones que tiene encomendadas, no ha tenido problema, en cambio, en reconocer su participación en operaciones defensivas y ofensivas en apoyo al estado ucraniano. Así, por ejemplo, su máximo

---

24 HARDING, E., "The Hidden War in Ukraine", *Center for Strategic and International Studies*, 15 de junio de 2022 [en línea] www.csis.org/analysis/hidden-war-ukraine [Consulta: 11/04/2023].

25 MASSICOT, D., "What Russia Got Wrong. Can Moscow Learn From Its Failures in Ukraine?", *Foreign Affairs*, marzo/abril 2023 [en línea] https://www.foreignaffairs.com/ukraine/what-russia-got-wrong-moscow-failures-in-ukraine-dara-massicot [Consulta: 11/04/2023].

26 CONGER, K. y SANGER, D., "U.S. Says It Secretly Removed Malware Worldwide, Pre-empting Russian Cyberattacks", *The New York Times*, 6 de abril de 2022 [en línea] www.nytimes.com/2022/04/06/us/politics/us-russia-malware-cyberattacks.html [Consulta: 11/04/2023].

responsable reconocería en una entrevista[27] que a principios de diciembre de 2021 su organización ya había enviado a Kiev un equipo de técnicos para llevar a cabo una operación "hunt forward" consistente en escanear las redes informáticas del país para identificar *malware* y comportamientos anómalos que permitiesen identificar a los actores hostiles y proteger esas infraestructuras.

En el fortalecimiento de la resiliencia ucraniana también ha sido determinante el papel de las empresas privadas, las cuales han terminado colaborando con las administraciones públicas a un nivel inédito. Así, por ejemplo, Amazon Web Services, se puso a disposición del gobierno ucraniano para que le indicase qué sistemas gubernamentales querían migrar a la nube para proteger datos vitales y garantizar que pudiera seguir funcionando independientemente de los daños causados por un ciberataque. La empresa estadounidense ayudó a Kiev a mover más de 10 petabytes, una cantidad colosal de datos gubernamentales cruciales. Casi 30 ministerios migraron sus datos a la nube gestionada por esta empresa, quedando así fuera del alcance de las fuerzas invasoras[28]. Otros gigantes de la industria como Microsoft se sumaron igualmente al esfuerzo de proteger las redes ucranianas. Esta empresa admitió que, en el contexto de la guerra en Ucrania, se había utilizado por primera vez algunas herramientas de ciberseguridad que, a partir de Inteligencia Artificial, eran capaces de "identificar y detener con éxito nuevos ataques sin conocimiento previo del *malware* subyacente, incluso antes de que los humanos fueran conscientes de las amenazas"[29].

La capacidad del estado ucraniano para seguir comunicándose de manera efectiva durante este tiempo ha sido fruto en gran medida

---

27 BANCO, E. et al., "'Something Was Badly Wrong': When Washington Realized Russia Was Actually Invading Ukraine", *Politico*, 24 de febrero de 2023 [en línea] www.politico.com/news/magazine/2023/02/24/russia-ukraine-war-oral-history-00083757 [Consulta: 11/04/2023].

28 MACKINNON, A. e IYENGAR, R., "Whatever Happened to Russia's Vaunted Cyberoffensive?", *Foreign Policy*, 16 de diciembre de 2022 [en línea] https://foreignpolicy.com/2022/12/16/russia-cyber-offensive-cyberattack-war-ukraine-putin/ [Consulta: 11/04/2023].

29 *Microsoft*, "Microsoft Digital Defense Report 2022", 4 de noviembre de 2022 [en línea] https://query.prod.cms.rt.microsoft.com/cms/api/am/binary/RE5bUvv?culture=en-us&country=us [Consulta: 11/04/2023].

de la disponibilidad de Starlink, la empresa fundada por Elon Musk, que presta un servicio de internet de alta velocidad a través de una red de satélites comerciales. El máximo responsable ucraniano de ciberseguridad citaría a Starlink como la forma más útil de asistencia digital que Ucrania había recibido durante la guerra[30]. A través de este sistema, con una elevada resistencia a los ciberataques, Ucrania ha podido seguir desempeñando algunas actividades críticas para mantener el esfuerzo bélico como el control de drones, mantenerse en contacto con sus comandantes y facilitar las comunicaciones de Zelenskyy con líderes mundiales y el público global.

Contención

Al igual que sucede en el terreno convencional, los ciber-contendientes también eligen (o intentan hacerlo) cómo quieren escalar en el conflicto. Sería ingenuo pensar que Rusia ha desplegado todas sus capacidades cibernéticas. Basándose en un cálculo de coste-beneficio, el Kremlin ha podido decidir abstenerse (por el momento) de emplear algunos de sus recursos más valiosos.

Las "ciber-armas" tienen un carácter fungible. Su empleo genera una respuesta adaptativa que hace muy complicado que puedan utilizarse nuevamente esos mismos procedimientos frente a otros objetivos que han tomado buena cuenta de lo que sucede a su alrededor. Las vulnerabilidades que son explotadas para hacer viable dicha operación son rápidamente parcheadas, las potenciales víctimas aprenden de manera vicaria e imitan las medidas que pueden protegerles de una agresión idéntica. En palabras de un miembro de la inteligencia estadounidense, el problema de usar una ciberarma es que: "una vez que ha sido desvelada, es igual que usar un avión invisible por primera vez, has hecho sonar la campana, y no puedes

---

30 ROSEN K., "The Man at the Center of the New Cyber World War", *Politico*, 14 de julio de 2022 [en línea] www.politico.com/news/magazine/2022/07/14/russia-cyberattacks-ukraine-cybersecurity-00045486 [Consulta: 11/04/2023].

pretender que el avión ya no existe. La cuestión es: ¿para qué batalla aérea realmente quieres utilizar tu avión invisible?"[31].

Es probable que Rusia haya estimado que no es necesario consumir dichos recursos en el actual contexto bélico, sobre todo porque no está claro que su empleo pudiese imprimir un cambio drástico a los acontecimientos. Buena parte de la ciber-ataques que Rusia ha protagonizado en los últimos años se han beneficiado de las procelosas relaciones diplomáticas que mantiene con Occidente, donde en este último siempre primaba la voluntad de no degradar aún más los vínculos entre ambos, con la esperanza de que pudiera recobrarse en algún momento una relación más productiva. Esta predisposición facilitaba que sus agresiones (de carácter limitado) tuviesen un escaso coste político. La literatura sobre ciberseguridad ha entendido la cuestión sobre la atribución de responsabilidad de un ciberataque como una cuestión meramente técnica, centrada casi en exclusiva en el análisis forense[32]. La guerra nos revela que una de las supuestas ventajas de los recursos a los ciberataques deja de tener sentido en un contexto de enfrentamiento explícito, donde las consideraciones políticas se imponen por encima de la falta de contundencia de las evidencias técnicas.

La respuesta estadounidense ha sido decisiva para alterar el cálculo estratégico de Rusia con respecto al uso de los ciberataques dentro de este conflicto. Cuando tuvieron lugar los primeros ataques de denegación de servicio (DDoS) contra los sistemas cibernéticos del gobierno ucraniano, la Administración estadounidense se afanó en atribuir los ataques públicamente en tan solo dos o tres días, un plazo inusual. Junto con este señalamiento desde la Casa Blanca de advirtió a Rusia que "cualquier disruptivo se tomaría en serio"[33].

---

31 KETTER, K., *Countdown to Zero Day: Stuxnet and the Launch of the World's First Digital Weapon*, Random House, Nueva York, 2014.

32 SCHULZKE, M., "The Politics of Attributing Blame for Cyberattacks and the Costs of Uncertainty", *Perspectives on Politics*, 16-4, 2018, 954-968.

33 BANCO, *op. cit.*, nota 27.

En consecuencia, Rusia habría entendido que cualquier recurso a las ciberarmas que provocase un daño a Occidente generaría una respuesta similar a la que tendría ese mismo ataque protagonizado por recursos convencionales, donde no suele haber demasiadas dudas sobre la responsabilidad de quien los emplea.

Conclusiones

Buena parte de la literatura sobre seguridad y ciberespacio ha partido de la premisa de que el ciberespacio era una especie de compartimento estanco que no podía interactuar con el resto de los dominios del conflicto. Por tanto, si una agresión se originaba en el ciberespacio, la respuesta debía canalizarse necesariamente por este mismo ámbito. Este reduccionismo ha llevado inevitablemente a un punto muerto donde solo se apreciaban límites y dificultades para ejercer la disuasión frente a potenciales ciber-agresores: el problema para atribuir la autoría, la concurrencia de actores estatales y no estatales, los límites legales para ejercer una represalia, cómo medir la proporcionalidad, etc.

La invasión rusa de Ucrania nos ofrece lecciones de gran interés para entender los límites de la dimensión ciber de cualquier conflicto armado. Son cada vez más los analistas que piensan que se ha magnificado la importancia de lo ciber dentro de los recursos de fuerza de un estado. Que, tal vez, haya sido exagerado considerar al ciberespacio como un "quinto dominio" de la guerra, equivalente en estatura a la tierra, el mar, el aire o el espacio[34]. La humillante experiencia rusa debería motivar a muchos estados a utilizar la guerra de Ucrania como punto de referencia para reexaminar y refinar sus suposiciones previas sobre el papel que está llamado a ejercer el ciberespacio en los conflictos del futuro. Las guerras modernas siempre contarán con operaciones cibernéticas, pero eso no significa

---

34 BATEMAN, J., "Russia's Wartime Cyber Operations in Ukraine: Military Impacts, Influences, and Implications", *Carnegie Endowment for International Peace*, 16 de diciembre de 2022 [en línea] https://carnegieendowment.org/2022/12/16/russia-s-wartime-cyber-operations-in-ukraine-military-impacts-influences-and-implications-pub-88657 [Consulta: 11/04/2023].

que las operaciones cibernéticas siempre sean importantes para estas guerras. De hecho, parece ser que existe una correlación entre la magnitud que alcanza un conflicto armado y el impacto estratégico de las operaciones ciber. Cuando hacen su aparición los cañones, los bombarderos y el uso ilimitado de la potencia de fuego, parece que el rol de lo ciber pasa a un segundo plano.

Aunque no cabe duda de que el transcurso de la guerra seguirá ofreciendo sorpresas y enseñanzas de gran valor, hasta el momento pueden extraerse algunas conclusiones tentativas con un enorme potencial para orientar las estrategias de defensa:

1. Los ciberataques pueden ser muy útiles concentrados en un ataque sorpresa u una ofensiva de gran entidad, pero van perdiendo relevancia a medida que el conflicto se prolonga y el enemigo se adapta.
2. La obtención de inteligencia a través del ciberespacio parece tener un mayor potencial que su empleo para causar daños y perturbaciones. Los ejércitos con gran capacidad, profesionalidad y preparación en el uso combinado de sus distintos recursos de fuerza tienen muchas más opciones para extraer el potencial de esta tecnología. Sin embargo, el verdadero aporte del ciberespacio es su capacidad para hacer viable (a través de medios "kinéticos") el ataque contra objetivos de alto valor.
3. El uso combinado de armas siempre ha sido un desafío para cualquier organización militar. Esta dificultad parece acrecentarse cuando hablamos de llevar a cabo de manera simultánea una guerra convencional y una en el ciberespacio.
4. El poder de un estado en el ámbito ciber no se mide en términos absolutos sino en relación con otros actores. La ciberdefensa de Ucrania nos enseña que la parte que se defiende determina lo vulnerable que se quiere ser. Las mismas cibercapacidades que pueden ser demoledoras contra un determinado país, pueden ser irrelevantes cuando van dirigidas contra un estado que se ha empleado a fondo en limitar sus vulnerabilidades cibernéticas y adopta una postura proactiva a la hora de protegerse frente a las agresiones.

5. El poder cibernético por sí solo tiene una eficacia limitada como herramienta de coerción, aunque puede tener una utilidad significativa cuando se combina con otros elementos del poder nacional[35].

[35] BORGHARD, E. y LONERGAN, S., "The Logic of Coercion in Cyberspace", *Security Studies*, 26-3, 2017, 452-481.

Sobre los autores

Guillem Colom Piella es Profesor Titular de Ciencia Política en la Universidad Pablo de Olavide, en situación de servicios especiales en el Puesto de Mando del Jefe de Estado Mayor de la Defensa. Previamente estuvo destinado en la Unidad de Transformación de las Fuerzas Armadas del Estado Mayor de la Defensa. Es miembro de número de la Academia de las Ciencias y las Artes Militares, miembro del *Innovation Hub* del Mando Aliado de Transformación y editor de *Global Strategy*. Sus líneas de investigación versan sobre los estudios estratégicos y militares, así como política y planeamiento de la defensa.

Josep Baqués Quesada es doctor en Ciencia Política por la Universidad de Barcelona (UB), codirector del Máster en Prevención de la Radicalización y Violencia Global (UB) y coordinador del grado de Seguridad de la UB. Es también director de la Revista de Estudios en Seguridad Internacional y autor de varios libros sobre la materia, siendo los más recientes: *De las guerras híbridas a la zona gris: la metamorfosis de los conflictos en el siglo XXI* (UNED) y *La construcción de una Política Exterior y de Seguridad Común en Europa. ¿Por qué es tan problemática?* (Catarata).

Rocío Vales Calderón es investigadora predoctoral FPU en la Universidad Pablo de Olavide (Sevilla), donde está realizando un doctorado en Ciencias Jurídicas y Políticas. Sus líneas de investigación principal son las teorías de relaciones internacionales, la política exterior estadounidense y la competición estratégica entre grandes potencias.

Juan Tovar Ruiz es Profesor Titular de Relaciones Internacionales de la Universidad de Burgos. Sus principales líneas de investigación abarcan la política exterior estadounidense, las relaciones transatlánticas, la política exterior española y la competición entre grandes potencias. Es autor de *La política exterior de Estados Unidos y la expansión de la democracia 1989-2009* (Tirant lo Blanch) *La doctrina en la política exterior de Estados Unidos: de Truman a Trump* (Catarata) y *La política internacional de las grandes potencias* (Síntesis).

Javier Morales Hernández es Profesor Ayudante Doctor de Relaciones Internacionales en la Universidad Complutense de Madrid. Sus principales áreas de investigación son la política exterior de Rusia y la Teoría de las Relaciones Internacionales. Actualmente es vicedecano de Relaciones Internacionales, Cooperación y Movilidad de la Facultad de Ciencias Políticas y Sociología de esta universidad.

Rubén Ruiz-Ramas es profesor de Ciencia Política y vicedecano de Relaciones Internacionales e Institucionales en la Facultad de Ciencias Políticas y Sociología de la UNED. Anteriormente ha sido investigador senior en la Escuela de Estudios Internacionales de la Sun Yat-sen University (China), e investigador asociado en el Departamento de Política Internacional de la City University of London. Autor de numerosos artículos y capítulos de libro, es editor de dos libros *Ucrania. De la Revolución del Maidán a la Guerra del Donbass* (Comunicación Social) y *La Unión Europea y Rusia cara a cara: relaciones, conflictos, e interdependencias* (Tirant lo Blanch).

Javier Gil Pérez es Licenciado en Ciencias Políticas y de la Administración por la Universidad del País Vasco. Doctor en Paz y Seguridad Internacional por el Instituto Universitario General Gutiérrez Mellado. En la actualidad es el Jefe de estudios del Doble Grado en Relaciones Internacionales y Global Communication en la Universidad Pontificia de Comillas.

Natividad Fernández Sola es Catedrática de Derecho Internacional y Relaciones Internacionales de la Universidad de Zaragoza. Es investigadora principal del Grupo Estudios Europeos e Internacionales, editora de la Revista General de Derecho Europeo y Diplomada por el Colegio Europeo de Seguridad y Defensa. Sus últimas publicaciones son "OTAN, España y el Frente Sur. Análisis geopolítico tras cuarenta años de experiencia compartida" (*Revista de Estudios en Seguridad Internacional*) y "Russian Foreign Policy in the Greater Maghreb: implications for transatlantic security" (*NATO and the Greater Maghreb: Geopolitics, Threats, and Great Powers*).

Beatriz Cózar Murillo es doctoranda en Ciencias Políticas en la Universidad de Gante (Bélgica) y en Ciencias Jurídicas y Políticas en la Universidad Pablo de Olavide (España), además de graduada en Derecho por la Universidad de Sevilla y máster en Estudios de la Unión Europea por la Universidad de Salamanca. Autora de diversas publicaciones en el campo de los Estudios Estratégicos y, en particular, sobre la Política Común de Seguridad y Defensa de la Unión Europea.

Francisco J. Ruiz González es Doctor en Seguridad Internacional por la Universidad Nacional de Educación a Distancia, Máster en Estudios

Estratégicos y Seguridad del "US Naval War College" y el Curso de Alto Nivel del "European Security and Defence College". Ha sido analista del Instituto Español de Estudios Estratégicos, profesor del Centro de Estudios Superiores de la Defensa Nacional (CESEDEN) y consejero en la Representación Permanente de la Unión Europea. Sus principales áreas de estudio son Rusia y el espacio postsoviético y la Política Común de Seguridad y Defensa de la UE.

Alberto Bueno es Profesor Ayudante Doctor en el Departamento de Ciencia Política y de la Administración de la Universidad de Granada, y miembro del Instituto Universitario de Investigación de la Paz y los Conflictos de la misma universidad. Sus principales líneas de investigación se relacionan con el estudio de las relaciones civiles-militares, el pensamiento estratégico y el análisis de políticas militares y de defensa. También es profesor adjunto en el Instituto de Ciencia Política de la Universidad de Leipzig (Alemania) y editor de *Global Strategy*.

Laura García Moreno es graduada en Relaciones Internacionales, con mención el Política Exterior y Seguridad, por la Universidad Loyola Andalucía y máster en Geopolítica y Estudios Estratégicos por la Universidad Carlos III de Madrid. Actualmente trabaja como consultora en proyectos europeos y colabora como autora en publicaciones sobre defensa y estudios estratégicos.

Manuel Ricardo Torres es Catedrático de Ciencia Política en la Universidad Pablo de Olavide de Sevilla, donde dirige el Máster en Comunicación Política y Gestión de Campañas Electorales. Es autor de los libros: *El Eco del Terror. Ideología y propaganda en el terrorismo yihadista* (2009), *Al Andalus 2.0. La ciber-yihad contra España* (2014) y coordinador de *#Desinformación. Poder y manipulación en la era digital* (2019). Forma parte del Consejo Científico del Real Instituto Elcano, el Foro contra las Campañas de Desinformación en el ámbito de la Seguridad Nacional (Ministerio de la Presidencia) y ha sido miembro del Consejo Asesor del European Counter-Terrorism Centre (EUROPOL).